少年读史

小三国志

第一册

霸主一方

谢冕 解玺璋 主编

高翡 汤新钊 编著

文化发展出版社
Cultural Development Press
·北京·

Books Bear
布克熊童书

会 讲 故 事 的 童 书

前言

历史上的关羽真的使用青龙偃月刀吗？诸葛亮真的骂过王朗吗？刘备为什么要白帝城托孤？吴下阿蒙为什么令人刮目相看？赤壁之战的真相是怎样的？……

只有读过《三国志》，你才能得到真正的答案，认识真实的三国时代和那些个性卓然的乱世群雄。

经典名著，百世流传，不读《三国志》，不足以谈三国。《三国志》是三国蜀汉至西晋时期官员、史学家陈寿历经十年所著，与《史记》《汉书》《后汉书》合称“前四史”。《三国志》以国家为叙述单位，分为《魏书》《蜀书》《吴书》，尊曹魏为正统。

本套书《小三国志》遴选《三国志》中的精彩人物和事件，进行白话新译，为便于小读者阅读，进行了适当改写和补充，捕捉细节，渲染气氛，让小读者能够感同身受地理解当时的人物及其境况。

北宋大学者司马光说：“人之患，在于不读史。”历史是人所创造的，读史就是认识人本身，认识祖先的根、民族的根，认识世界，由此才能把握好现在，选择好未来的路。希望小读者在阅读《小三国志》时，能够拥有不一样的阅读体验。

本套书体量大，难免有不足之处，欢迎读者批评指正。

注：本书插图均为古人所绘，同一人物在不同古人笔下形象或有差异，读者可领略不同画师的风格，以下不再一一标注。

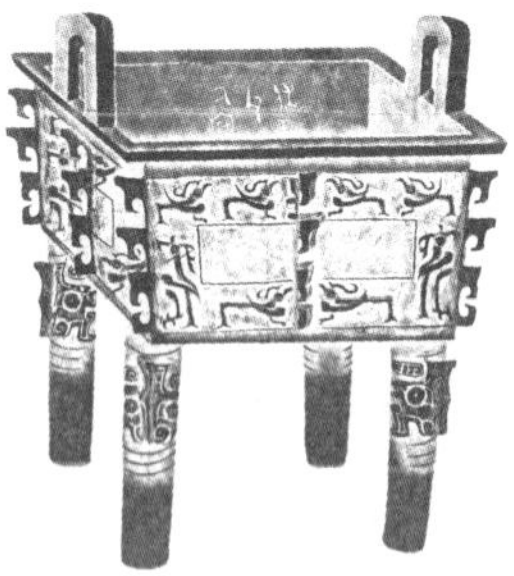

目录

霸主一方

魏书

董卓

吕布

袁绍

袁术

公孙瓒

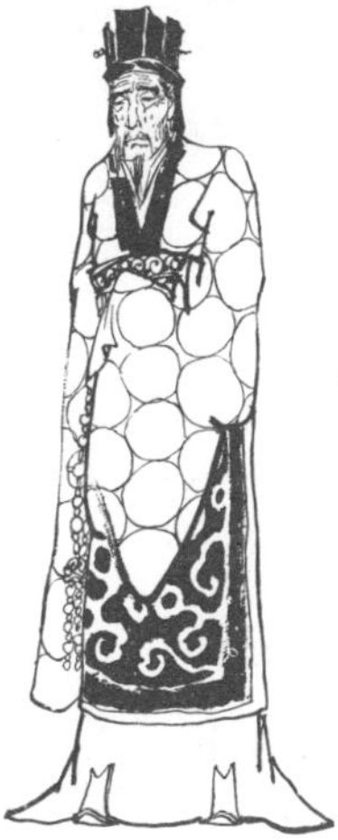

刘表

蜀书

刘备

吴书

孙坚

孙策

孙权

魏书

董卓

祸乱之始

领兵进京

一阵嗒嗒的马蹄声迎风传来，很快，一个探马进入了视线。在距离大军还有几米远的地方，这位负责侦察的探马翻身下马。

“报，将军，洛阳上空出现了浓烟，听当地的人说，有宦官杀死了何进，挟持陛下逃走了！”探马对面前的将军边施礼边说。

“他们逃哪儿去了？”骑在马上的将军高大肥壮，满脸胡须，一脸凶相地问道。

“尚且不知。”

“退下，再探！”将军怒斥探马，并命人抽打了探马一鞭。

“诺！”探马忍痛跳上马背，战马发出一声嘹亮的嘶鸣，向远处疾驰而去。

这位蛮横骄傲的将军便是董卓。

董卓，字仲颖，凉州陇西郡**临洮县**人。年少时，喜爱行侠仗义，曾经到羌胡部落游玩，与很多羌胡首领结交。后来，董卓在家耕地，很多羌胡首领来看他，他把耕牛杀掉款待众人。羌胡首领备受感动，回去后凑了上千头牲畜送给董卓。

汉桓帝时，董卓以六郡良家子出任羽林郎。他一

临洮县，今甘肃岷县。

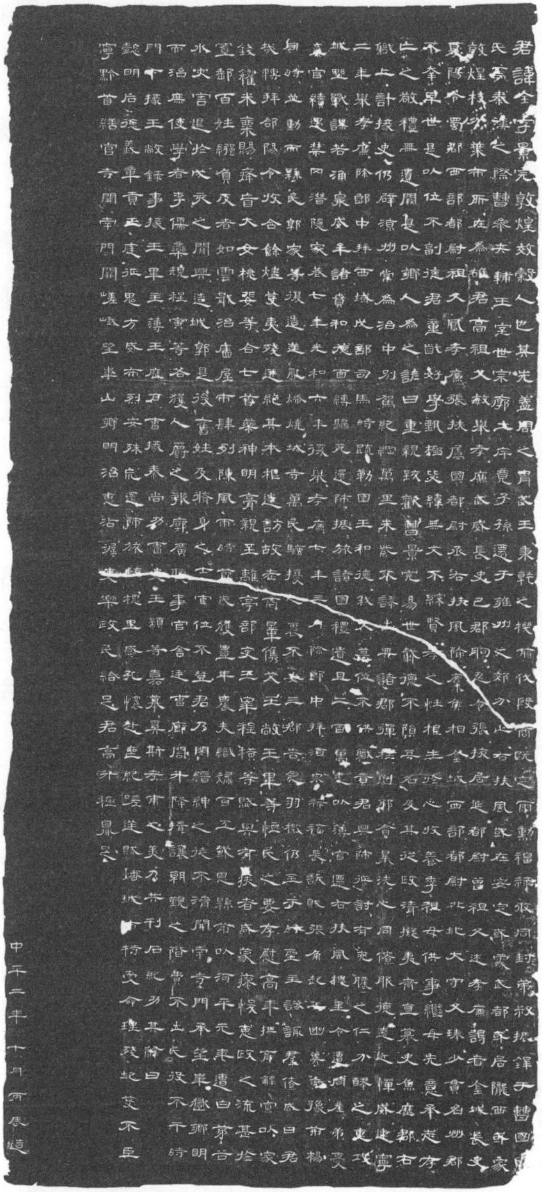

侧面记载黄巾起义事件的曹全碑

身武力，能在骑马飞驰时左右开弓射箭，后被任命为军司马。之后，董卓参与征伐并州之战，立下战功，升为郎中，他把自己获得的赏赐都分给了下属官吏和士兵。

汉灵帝时，黄巾起义爆发后，董卓被任命为中郎将，但很快因兵败而获罪，后因皇帝大赦天下而免罪。

后来朝廷再度起用董卓，让他担任并州牧。

灵帝病逝不久，大将军何进意图诛杀为非作歹的“**十常侍**”，但遭到**何太后**反对。于是，何进命令**凉州**军阀董卓进京，打算威逼何太后除掉宦官，然而，还没等董卓赶到京都，何进因为密谋泄露，反倒被宦官谋杀了。

何进的亲信们得知何进已死，召集士兵冲入皇宫，要杀死宦官。

中常侍段珪是宦官集团的重要人物，他慌忙找来素日朋比为奸的几位宦官，挟持着汉少帝刘辩与九岁的陈留王刘协逃出了皇宫。

十常侍，东汉灵帝时期操纵政权的十二个宦官，包括张让、郭胜、毕岚、段珪等人，他们的职务都是中常侍。

何太后，即灵思皇后，汉灵帝刘宏的皇后，性情强悍，有猜忌心，屠户出身，被选入宫后发迹，她的哥哥何进因此任大将军。董卓进京后，毒杀何氏。

凉州，今甘肃省武威市。

护帝回宫

“将军，陛下他们朝北邙山方向去了。”探马喘着粗气来向董卓报告。

北邙山，今河南省洛阳市北部，黄河南岸。

“全军听令，前往北邙山营救陛下！”董卓下令。

且说中常侍段珪等人挟持少帝与陈留王逃出皇宫，往**北邙山**跑去。行至半路，突然听到身后传来呼喊声。段珪回头一看，原来是河南中部掾（yuàn）闵贡。

时值破晓时分，闵贡从黄河岸边追了过来，厉声斥责段珪等人祸国乱政，然后带兵杀死了几位宦官。

众人簇拥着少帝，启程回宫，走了数里，天色渐渐发亮了。这时，忽见旌旗蔽日、灰尘滚滚，见此情形，少帝刘辩哭了起来。等到对方行至跟前，众人定睛一看，原来是董卓的军队，这才松了一口气。

“陛下在吗？”董卓大声问。

“陛下在此受惊，你们还不赶快过来护驾！”陈留王刘协呵斥道。

董卓听闻，慌忙下马叩拜。

董卓在询问原委时，十六岁的少帝刘辩泣不成声，反倒是九岁的陈留王刘协镇定自若，将事情经过一一说与董卓。

董卓心想，若是刘协做了皇帝，倒还会有些作为。

董卓率兵保护少帝等人一起回到了皇宫。

霸业初成

“将军在上，请受吕布一拜。”

“奉先快快请起。”董卓从座上起身走下来，亲自扶起吕布。

吕布，字奉先，高大威猛、一表人才，董卓见了，暗自窃喜：得到这样一员猛将，何愁天下不平。

“将军，这是丁原的首级。”吕布说着，双手捧上一个包袱。

“甚好！丁原不识时务，该当他身首异处。”董卓笑得合不拢嘴。

丁原本为**执金吾**，统领御林军，自从董卓进驻京都后，丁原常与董卓起冲突。董卓便用计离间丁原和他手下的猛将吕布，诱使吕布杀掉了丁原。这样一来，董卓不费一兵一卒，就收编了丁原的兵马。

“奉先啊，以后你我勠力同心，定能共举大业啊。”董卓拍了拍吕布的肩膀。

“布愿跟随将军，为将军鞍前马后驱使。”

“好！奉先入座，我们畅饮一杯。”

两人把酒言欢。董卓为拉拢吕布，认吕布做义子，并提拔他为中郎将，封都亭侯，从此让吕布跟在身边。

大将军何进死后，部属失去了主帅，也都归附了董卓。董卓迅速掌握了京都的兵权。

过了几天，董卓邀请袁绍等人商议国事。

“诸位，**少帝**懦弱无能，不足以安邦定国，众人

执金吾，保卫京城的官员。

少帝，即刘辩，汉灵帝刘宏与何皇后的嫡长子，十四岁继皇帝位。由于年幼，由皇太后何氏临朝称制，母舅大将军何进等人辅佐朝政。董卓入京后，废刘辩为弘农王，立刘辩同父异母的弟弟陈留王刘协为帝（汉献帝），自任相国，控制朝政。一年后，刘辩被董卓胁迫自尽。

皆知。依我之见，不如请他退位，以陈留王为帝。”董卓腰佩宝剑，坐在正中间的座位上说。

此时，袁绍的叔父袁隗为朝中太傅，袁绍便假装同意，说道：“另立新君是一件国家大事，我回头找太傅商量一下。”

董卓不高兴，蛮横地说：“刘氏江山摇摇欲坠，

刘家的种没必要再保存下去了。"

袁绍没再吭声，抽出佩刀却握在手里，后离开了。

事后，董卓本想杀掉袁绍，但身边的谋士说袁绍家族累世公卿，势力遍布天下，杀了他很可能会引起暴乱。董卓听后，只得悻悻作罢。

后来，董卓又去找太傅袁隗，向他提出废立之事。袁隗惧怕董卓，便同意了董卓的要求。

又一次在朝会上，董卓以伊尹、霍光自比，要求废掉少帝刘辩，立刘协为帝。百官无不畏惧董卓，一时间，满朝文武鸦雀无声，无人敢提出异议。

这时，尚书**卢植**挺身而出，说道："夏桀残暴无道，才有伊尹协助商汤灭夏的壮举。昌邑王刘贺沉迷酒色，荒废社稷，霍光才废黜了他。如今陛下年少，并没有犯下什么过失，来日方长啊。"

董卓大怒，拔剑就要刺杀卢植。幸好侍中蔡邕极力劝阻，才使董卓收手。

卢植经过这件事后，深感朝中已经没有了忠君爱国的贤臣，便辞官回乡了。

就这样，在董卓的主持下，少帝刘辩被废为弘农王，陈留王刘协接过玉玺，登基为帝，即汉献帝。至

卢植，字子干，东汉末年名臣、经学家，曾与蔡邕等人一起校勘儒学经典。黄巾起义爆发，卢植任北中郎将，与起义军交战，后任尚书。权臣董卓作乱时，群臣不敢有异议，唯卢植挺身抗辩，董卓想杀卢植，被蔡邕等人救下，卢植于是隐居山林，后被袁绍请为军师。卢植文武双全，勇比荆轲，刚直清廉，去世时，身上仅有一件单衣。

并州牧董卓率军入都后，欺主弄权，残暴不仁，很多人都想刺杀他。在《三国演义》中，有一个曹操献刀的情节，讲的就是刺杀董卓的故事，大意是：曹操从司徒王允那里借来七星宝刀，进入董卓府邸，准备刺杀董卓，因镜子反光而被发现。幸亏曹操随机应变，以献刀为名糊弄过去，之后便逃走了。

此，董卓正式成为东汉王朝的实际掌权人，他把汉献帝牢牢地控制在自己的手中。

不久后，董卓派人杀害了弘农王刘辩与何太后，并自封为相国。从这时起，他每次上朝，都佩带宝剑，用来威慑众人。百官对此敢怒不敢言。

董卓握有武库甲兵、国家珍宝，威震天下。但他本性残暴，经常对臣民施以重刑，而且睚眦必报，令朝野惶恐不安。他麾下的将士也常常骚扰百姓，暴虐横行。

各地的诸侯们十分不满，最终在袁绍的统领下，集结起来，组成反董联军。联军推举袁绍为盟主，向京都洛阳杀奔而来。

迁都长安

各路诸侯豪杰纷纷起兵，讨伐董卓。熊熊烽火，再次弥漫开来。

董卓害怕在洛阳不得安宁，便胁迫汉献帝和朝臣把京都迁到长安。

公元190年，董卓离开洛阳，临行前，他命人纵火，烧毁了洛阳的宫殿，又大肆挖掘历代王公贵族的陵墓，得到了很多宝物。

董卓站在马车前，眺望着燃烧中的宫殿。他初至洛阳时，就看见宫城上空飘荡着浓烟，如今在联军的步步紧逼下，他不得不像当初的宦官一样，挟持皇帝出逃。

董卓走到马车旁，对年少的汉献帝刘协说："陛下不要悲伤，洛阳暂时不能安居，且去长安，一样可以君临天下。"

汉献帝刘协没说话，低着头，一脸沮丧。

随着一声“驾”，马车出发了，身后跟着一大群身披铠甲的武士。不少百姓也跟在车队后，他们衣着破烂，身上背着包袱，有的推着车，在士兵的推搡下向前走。一路上充满了哭声与惨叫声，许多体弱、走不动的百姓，要么被遗弃在路边，要么死于乱军之中。

董卓到达长安后，自称尚父，把自己比作姜子牙，出入乘坐皇太子专用的青盖金华车，并将家族中的子弟都封为朝官，权倾朝野，不可一世。

他命人修筑了郿坞，把搜刮来的钱财与粮食都囤积在郿坞内，囤积的粮食足够吃三十年。董卓说：

“我若成就霸业，整个天下都是我的；便是不成，我在郿坞也可享受一辈子。”

一日，董卓与群臣宴饮。席间，他令人押上几百名反叛的士兵和百姓，施以酷刑。受刑将死的人痛苦挣扎、哀号，场面惨烈不堪。文武官员吓得浑身发抖，拿不住筷子，董卓却又吃又喝，仿佛自享其乐。

董卓专权期间，法令严酷，与他的士兵一起制造了数不清的冤案，导致成千上万的人冤死，民怨沸腾。

命丧宫门

很多人都想手刃董卓。一天，表面上恭恭敬敬的越骑校尉伍孚（fú）突然挥刀奔向董卓，董卓反应及时，伍孚被侍从抓住。董卓骂道："我待你如上宾，你居然敢造反！"

"你非我君，我非你臣，哪来的造反！你才是大汉的乱臣贼子，不把你车裂不足以谢天下！"伍孚挺起胸膛，痛斥董卓。

董卓大怒，下令将伍孚当场处死。

之后，董卓命人追查余党，结果追查出荀攸、华歆等很多人。董卓不敢相信，平日他对这些人礼遇有加，没想到一个个居然都在策划暗杀他。

此后，董卓不再敢相信朝中的人，连义子吕布也不例外。一次，因为一个小小的过失，董卓甚至向吕布投出手戟，害得吕布差点儿丧命。吕布因此怀恨在心。

司徒王允与吕布共同谋划铲除董卓。据说，王允使用了美人计、连环计，使吕布与董卓彻底决裂。

公元192年，吕布和他同郡的骑都尉李肃等十数人一起，打扮成宫中卫士模样，埋伏在皇宫的北掖门准备刺杀董卓。

伍孚，字德瑜，东汉末年大臣，年少时就有大节，品性高洁好义，性格刚毅不屈，且勇壮有力。董卓专权时，伍孚身穿朝服，前去行刺，被董卓杀死。有诗赞他"冲天豪气世间无""万古堪称大丈夫"。

清晨的阳光明亮耀眼，董卓像往常一样，乘坐豪华车驾进宫。到了北掖门，马车忽然停下，只见李肃手拿长戟，朝董卓刺去。

“李肃，你敢行刺我！”董卓面目狰狞，大声叫骂，“你小子想造反吗？”

董卓被士兵们团团围住，李肃上前将其擒住。

董卓内心害怕，慌忙大叫：“奉先我儿，快来杀了这帮反贼！”

“我来了！”吕布持戟高喊。

听到吕布的声音，董卓欣喜若狂，可眼前的吕布却紧握长戟，向他扑过来。

“你这是做什么？！”董卓惊恐地叫道。

“奉陛下之命，特来铲除叛臣贼子！”吕布说着，从怀里拿出诏书，“这是陛下的诏书，老贼，你的末日到了！”

“奉先我儿，连你也这样对我……”

话音刚落，利戟已经刺入董卓的胸膛，董卓怒视着吕布，却再也无力骂出声来。

吕布

第一猛将

飒爽飞将

一人身穿百花战袍，骑着赤兔马，英姿飒爽地疾驰而去。在飞驰中，他拉弓搭箭，嗖地射了出去——不偏不倚，箭正中靶心！

这位弓马娴熟、膂力过人的大将，就是吕布，人称“飞将”。

吕布是五原郡九原人，字奉先，因骁勇善战，受到当时的并州刺史兼骑都尉丁原的器重，被任命为主簿。丁原升为执金吾后，仍然重用吕布。

九原，今内蒙古包头西北。

不过，吕布为了讨好董卓，背叛了丁原，杀害了这位对他有恩的人。

吕布投靠董卓后，发现董卓并不信任他，有一次还差点儿杀了他，这令他很懊恼。一日，他与司徒王**允**说起了此事。王允一向认为吕布勇猛，对他从来都是厚礼相待。

王允，字子师，东汉末年大臣，曾遭宦官陷害，两次入狱，被大将军何进等人救出来后，改名换姓，隐居民间。汉献帝即位后，官至尚书令。董卓专权时，王允联合吕布，诛杀董卓，董卓的部下攻打长安，王允死于乱军中。在小说《三国演义》中，王允为美女貂蝉的义父，王允设下美人计，使吕布刺杀了董卓。

当下，王允正有意诛杀董卓，听了吕布对董卓不满的话之后，便借机说服吕布。

王允说："董卓挟权自重，致使朝廷乌烟瘴气，天下群雄并起。朝中有识之士皆痛心疾首，现在我想除掉叛贼董卓，以正朝纲，不知奉先可否助我等一臂之力？"

吕布犹豫道："董卓为父，我为子，我岂能做大逆不道的事啊。"

"有父亲因为愤怒而想杀儿子的吗？况且你姓吕，他姓董，你们没有骨肉之亲，何谈父子？良禽择木而栖，事关国家安危，你要明断啊。"

"言之有理！"

吕布被王允说服，最终将董卓杀死。事后，王允任吕布为奋武将军，享受三公规格的礼仪。不久，吕布又被进封温侯，与王允一起处理朝中事务。

亡命天涯

董卓来自边陲凉州，自从吕布杀死董卓后，凉州兵旧部对吕布十分怨恨，吕布也对其又怕又恨。

董卓的部将发兵造反，一举攻陷了长安。吕布战败，此时，距董卓死去还不到两个月。

吕布带着几百人，在混战中出逃，去投奔袁术。

吕布原以为，自己杀了董卓，袁术会厚待他，谁知，袁术瞧不上吕布忘恩负义，压根不收留他。

吕布无可奈何，只好又去投奔袁术的哥哥袁绍，袁绍想要利用吕布的武力，便接纳了吕布。

袁绍和吕布一起攻击邻近的**张燕**，大破张燕的军队。吕布野心不死，想要乘机扩大自己的势力，他手下的将士也开始劫掠，袁绍非常不满，对吕布起了疑心和怨恨。

吕布觉察到了袁绍的不满，便主动提出，想要离开。袁绍没有挽留。

张燕，本姓褚，东汉末年黑山军首领。黄巾起义爆发时，张燕聚集一帮少年为强盗，之后队伍壮大，与多地叛匪联结，发展到万人，号称“黑山军”。张燕剽悍过人，言行敏捷，被军中称为“飞燕”。官渡之战时，张燕投降曹操，任平北将军，封安国亭侯。

吕布走后，袁绍并不安宁。他担心吕布暗中害自己，当夜，就派人去追杀吕布，但夜黑风高，追杀的人没有找到吕布。

吕布很快知道了这件事，急忙跑去了河内。

袁绍还没有死心，再次派兵追杀吕布。这一次，士兵追上了吕布，但是，人人都害怕吕布，谁也不敢逼近，最终又退回去了。

吕布开始了颠沛流离的生活。他先是跑到了陈留郡，当地的太守张邈热情地接待了他。但他没有久居，离开后，又去投奔了张杨。

军阀之路

曹操有一位谋士，名叫**陈宫**。陈宫觉得曹操心术不正，想要背叛曹操，正好吕布逃亡至此、无处可去，他决定拉拢吕布。

陈宫劝说陈留太守张邈："当今雄才四起，天下纷争，你拥有宽广的土地和众多的兵士，抚剑四顾，也是一位人中豪杰！但是，你却受制于人，这不是有损身份吗？而今，兖（yǎn）州城空虚，而吕布善于带兵打仗，如果迎他前来，共据兖州，他日或许能成就霸业呢！"

陈宫，字公台，东汉末年谋士，性情刚直，足智多谋，初为曹操心腹，后来不满曹操，游说张邈背叛曹操，归附吕布，辅助吕布取得兖州与徐州，被曹操活捉，宁死不降，被杀。

张邈，字孟卓，东汉大臣、名士，任陈留太守时，参与讨伐董卓，汴水之战后，归附曹操。曹操讨伐陶谦时，张邈与陈官背叛曹操。张邈被曹操击败后，向袁术借兵，半路上被部下杀死。

兖州，今山东省济宁市。

张邈听了，深以为然，于是背叛了曹操，请吕布做了**兖州**牧，一起对抗曹操。

曹操正在徐州征伐陶谦，听说陈宫联合吕布等人反叛的消息后，大为震惊。无奈之下，他只得放弃徐州，回师攻打吕布失败了。

吕布勇猛无敌，骑着赤兔马，挥舞长戟，带领士兵将曹操的军队打得溃散如沙。

曹操甚为焦急，临时招募破敌勇士，大将典韦和其他几个人挺身而出。他们穿着重装铠甲，不拿盾牌，只持长矛作战。

吕布下令发射弓弩，一时间，矢箭如雨，但典韦如若不见。他对随从说："贼军来到五步之内告知我。"随从报告后，典韦手持大双戟，大叫着掷向吕布的士兵，所中者顿时都应声而倒。

战了多时，已是日暮时分，曹操不愿意增加伤亡，便引军而去。

曹操在濮阳被吕布击败，自己也差点儿被俘虏，幸亏吕布的骑兵没有认出他，他才得以侥幸逃脱。

濮阳之战后，曹操与吕布展开了一百多天的对峙。不巧，这一年爆发了严重的旱灾与蝗灾，庄稼颗粒无收，吕布被迫移兵到山阳。

第二年，吕布与曹操展开决战，曹操用计，将吕布打败，收复兖州。吕布决定前往徐州，投奔刘备。

争夺徐州

"主公，吕布反复无常，不可收留他！"张飞拍桌而起。

"三弟言之有理。吕布反复无常，几次易主，我怕主公养虎为患。"关羽也劝说刘备。

张飞和关羽是刘备的义弟，也是刘备手下的大将。

“二位贤弟不必担忧，如今吕布走投无路，掀不起什么风浪。眼下正是用人之际，吕布是一员猛将，所率铁骑实属精锐，可助我等共抗曹操。况且，他诛杀董卓，也算是匡扶汉室的忠臣。如不收留他，不好向天下人交代。”刘备说。

刘备安抚完关张二将后，将吕布迎入徐州城内，设宴款待。

吕布恭敬地对刘备说：“久闻主公为人宽厚，尊崇仁义，今日一见，果然名不虚传！我铲除董卓、匡扶汉室，关东诸将却想杀了我，唯独您愿意在此危难之际收留我。”

“将军言重了，你杀了董卓，为民除害，大智大勇实为我等敬佩。能与将军合力抗曹，是备的荣幸。”

吕布听了，喜不自禁，酒宴过半，开始以贤弟称呼刘备，全然没有了先前尊敬的模样。

不久后，袁术攻打徐州，刘备迎战，双方相持于盱眙（xū yí）、淮阴，对峙了一个月，互有胜败。

袁术得知吕布在刘备那里，便写信给吕布，许诺送给吕布二十万斛（hú）米及兵器等物资，只要吕布肯带兵袭击**下邳**（pī），断绝刘备后路。

吕布收到袁术的信后，一会儿想着刘备的恩情，

下邳，东汉时东部重镇，管辖十七城，北到山东南部，南到安徽嘉山，西到江苏铜山，东到涟水。

一会儿想着那二十万斛米及兵器和下邳的城池。最终，野心战胜了一切，吕布横下心，率领军队大破留守下邳的张飞，攻占了下邳，俘获了刘备的妻妾儿女。

吕布夜袭徐州后，鸠占鹊巢，自封徐州牧。

刘备失去下邳作为退路，顿时元气大伤。在吕布派兵助阵下，袁术趁机发动了迅猛的攻势，将刘备打得走投无路，刘备只好归降了吕布，成了吕布的手下，驻扎在**小沛**。

小沛，今江苏徐州沛县境内。

辕门射戟

袁术没有善罢甘休，依旧对刘备穷追不舍，派将军纪灵领兵三万攻打小沛。

眼看大军压境，刘备当即向吕布求救。

议事堂上，众将士劝说吕布："我们夺取了徐州，刘备必然怀恨在心。不如借袁术之手除掉他，以绝后患！"

"不可！如果袁术占领了小沛，下一步便是攻打徐州，到时候我们就危险了！"吕布斩钉截铁地拒绝了将士们的提议，亲自率领千余步兵、骑兵，往小沛奔去。

纪灵听说吕布前来救援刘备，只好停止了进攻，不敢轻举妄动。

吕布在小沛城外驻扎，派人请来刘备、纪灵等将领一同饮酒。

吕布对纪灵等人说："玄德是我的贤弟，如今他被诸位围困，我不能见死不救。我生性不爱看别人争斗，只喜欢劝架。"

吕布停下来，命人在营门中竖起一支戟，接着又说："诸位请看，如果我能射中戟上的小支，诸位就罢兵休战；如果射不中，那么，你们就留下来继续攻

战，如何？”

诸将不作声，吕布大笑一声，张弓搭箭，对准目标，只听咻的一声，箭矢正中戟上小支。

“好箭法！”纪灵等将领大为震惊，直呼，“天神般的威力！”

次日，纪灵遵守约定，退兵了。刘备暂时解除了危机。

刘备在小沛招兵买马，吕布猜忌他别有所图，便派人去攻打刘备。刘备势单力薄，打不过吕布，不得不带着关羽和张飞投靠曹操。

败亡下邳

公元198年，曹操的军队浩浩荡荡抵达彭城，直逼徐州。吕布急得团团转，对陈宫说："曹操大军压境，我们如何是好啊？"

陈宫说："曹操远道而来，士兵旅途劳顿，粮草也成问题。将军不如率兵去城外列阵驻扎。如果曹操攻打将军，我便领兵偷袭他的背后；如果曹操前来攻城，将军再来救援。如此，定能破曹。"

"果然是良策！"吕布听后，连连赞叹，即刻打点行装，准备出发。

吕布的妻子听说后，内心不安，拦住吕布说："你就这么相信陈宫？"

"陈宫计策高明，为何不信？"

"当年，陈宫为曹操出谋划策，曹操待他不薄，可他背叛了曹操。如今你对待陈宫的礼遇远不如曹操，你能保证领兵出城后，陈宫不行叛逆之事？"

吕布闻言，内心动摇起来，最终选择了固守城内。

很快，曹操率军来到下邳城外，曹操写了一封信给吕布，说吕布讨伐董卓有功，但又背叛朝廷、割据自立，实属不应该，劝吕布投降。

吕布看了信，想要投降，陈宫劝阻了他。

吕布率兵出城，但未战几回合就大败而归了。他虽然骁勇刚猛，但是缺少谋略，他的部将各怀心思，相互猜忌，不能齐心战斗。

吕布想派人去向袁术求救。但曹军层层围困，根本无法将信件送出去，就这样，吕布困守城池足足三个月。吕布手下的很多将领都起了投降之心。吕布的骑将侯成为了活命，撺掇他人活捉了陈宫，送给曹操，向曹军投降。

曹操趁机发动总攻。箭矢暴雨般射向城上的守军，喊杀声响彻天空。吕布登上白门楼，眼见黑压压的曹军，知道大势已去，索性率军出城投降。

刚一出城，吕布便被曹军捆绑起来，押送到曹操跟前。

吕布说："绑得太紧了，稍微松些。"

曹操说："捆虎不得不紧。"

吕布说："明公担心的不就是我吕布吗？我臣服于明公，从今往后，就没有你忧虑的事了。明公统领步兵，由我率领骑兵，定能统一天下！"

这话让曹操犹豫起来，因为吕布的确是罕见的猛将。

"不可！明公没见吕布是怎样对待丁原与董卓的吗？"一个声音传出来。

吕布抬起头，看见说话的人是刘备，立刻破口大骂："你是最无信义的小人！"

曹操不想杀陈宫，想要劝降，被陈宫拒绝了。

最终，吕布、陈宫被曹操杀死。

袁绍

一时之杰

出身名门

惠风和畅的午后，祥和的袁宅内传出一阵急促的脚步声。一个衣着华贵的中年男人推开房门，怒气冲冲地走进来，冲里面的人喊道：“袁绍，你这小子故意装病，拒绝朝廷的征召，意欲何为？”

来人是东汉太傅袁隗，也就是袁绍的叔叔。

“大丈夫有所为，有所不为，我不愿与他们同流合污。”袁绍说道。

“你这个逆子，袁家迟早毁在你手里！”

“叔父，不要动怒。”袁绍不卑不亢地说，“你看，战国时期的孟尝君、平原君、信陵君、春申君，他们广纳门客，门客助他们成了一方势力。我常常以他们为榜样。”

“纵然如此，也抵不过那些宦官乱嚼舌根啊，你好自为之吧！”说完，袁隗拂袖而去。

袁绍出身高贵，是汉末名门“汝南袁氏”的后代。他年幼时，因伯父袁成膝下无子，父亲袁逢便将他过继给袁成。袁绍的母亲是婢女出身，身份卑微，但袁绍天资聪颖，年纪轻轻就当上郎官，后来升为濮阳县长。

东汉末年，天下大乱，外戚专权，宦官专政，朝廷乌烟瘴气。袁绍虽有平定天下的志向，但凭他一人，难以实现大志。于是他隐居起来，暗地里却招揽人才，准备对抗宦官。

公元184年，黄巾起义爆发，袁绍受到大将军何进的辟召，入朝为官。何进是汉灵帝皇后的哥哥，统领羽林军，对宦官专政十分不满。袁绍出身显赫，又反对宦官专政，二人一见如故。

引狼入室

汉灵帝有两个儿子，一个是皇后生下的嫡长子刘辩，一个是王美人生下的皇子刘协。汉灵帝不喜欢刘辩，想立刘协为太子，但废嫡立庶违背礼法，因而举棋不定。

公元189年，汉灵帝去世，宦官**蹇**（jiǎn）**硕**等人为了夺权，打算杀掉何进，立刘协为帝。蹇硕假意请何进进宫议事，想把他骗进宫杀掉。何进有所觉察，便谎称生病，没有入宫。最终，汉少帝刘辩继位，何太后垂帘听政，太傅袁隗和何进辅佐理政。

一日，袁绍派人游说何进，说宦官把持朝政，胡作非为，大将军何进应该整顿朝纲，为天下除害。何进本来与宦官积怨已久，听完这番话，便任命袁绍为

蹇硕，东汉末宦官，初为上军校尉，后为西园军元帅，领导袁绍、曹操等八校尉，虽握有兵权，但对大将军何进非常畏惧。汉灵帝死后，蹇硕为托孤大臣。蹇硕数次想杀何进，均未成。何进知道后，杀死蹇硕。

司隶校尉，借机杀掉了蹇硕。

袁绍对何进说：“应该斩草除根。”

何进说：“宦官把持朝政多年，势力盘根错节，不便贸然行事。”

袁绍再三劝说，何进于是进宫请何太后下旨，诛杀宦官。然而，这些宦官每天陪伴在何太后身边，蒙蔽哄骗太后，太后信任他们，不肯听从兄长的主张。

何进从何太后所住宫殿出来后，迎面碰到袁绍。

袁绍见何进满脸犹豫，便说：“大将军可以招揽四方豪杰，率兵来京，兵谏太后。到那时，就能将阉党斩尽杀绝。”

“此计甚妙。传我命令，引各路英雄进京！”何进道。

主簿陈琳得知此事，急忙劝阻：“万万不可！将各地的诸侯豪强召集到京城，就如引狼入室。他们一

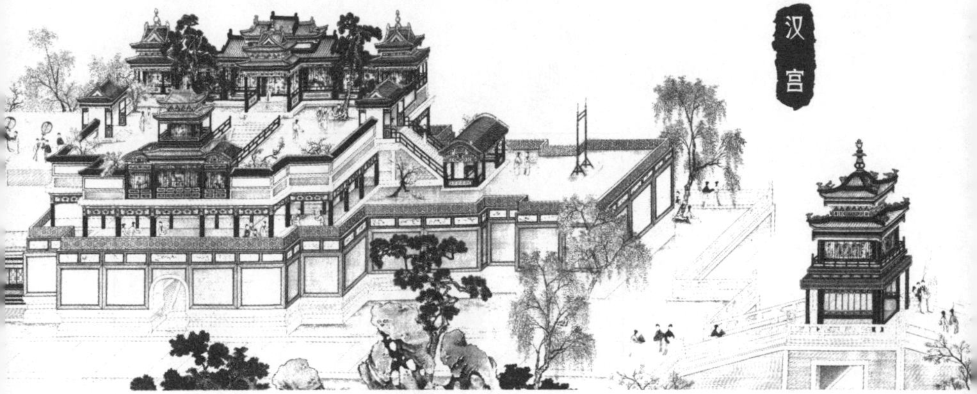

旦不受管制，必然会引发混乱。”

何进说：“我不过是吓唬一下太后而已，不会出事的。”

不料，何进谋划不周，董卓的军队还没抵达京都洛阳，中常侍段珪就已经知道了何进的计划，便假传太后懿旨，召何进入宫。何进入宫后，被埋伏的宦官杀死了。袁术得知此事，下令放火烧宫，逼段珪等人出来。段珪等人便劫持了少帝刘辩、陈留王刘协出逃。

正值半夜时分，大臣们惊慌失措，都不敢护卫少帝，幸亏大臣王允挺身而出，派河南中部掾闵贡带人跟随尚书卢植去追赶、护驾。闵贡等人在河边追上了少帝，捉住、杀死了段珪等宦官。

此时，进京兵谏的董卓正好遇到被劫持的少帝，便簇拥着少帝和陈留王回宫了。

有人对袁绍说："董卓手握重兵，有篡位的野心，如果不趁早动手，后患无穷。趁他刚到京都，兵将疲惫，我们来个突袭，一定可以生擒董卓。"

然而，袁绍害怕董卓，不敢行动。

董卓逼迫少帝刘辩退位，立刘协为帝，自己当上了最高军事官太尉，总领诸军。

袁绍担心董卓谋杀他，逃到了冀州。董卓也担心袁绍反叛，为安抚袁绍，封他为渤海太守，赐邟乡侯。

冀州，古代管辖区域较大，包括今北京市、天津市、河北省、山西省、河南省北部及辽宁省与内蒙部分地区。

入主冀州

董卓自称相国，做事越发凶狂残暴，无法无天，还放纵手下士兵奸淫掳掠。

各地讨伐董卓的呼声日渐高涨，其中最有号召力的便是袁绍。当时，袁绍自封车骑将军，又被推举为盟主，与各路豪杰一起讨伐董卓。

董卓听说袁绍起兵，勃然大怒，把留在洛阳的袁氏一族全部杀掉，然后挟持汉献帝刘协，逃到长安。

各路豪杰的军队进入洛阳，城内百姓的欢呼声震天动地。

但事情真的就这样结束了吗？

袁绍攻入洛阳后，打算另立一位皇帝来代替被挟持走的献帝，他选中了刘虞。但袁绍的弟弟袁术想要自立为帝，与袁绍产生了矛盾。刘虞胆小，自己也不敢答应取代皇帝，还打算跑到匈奴的地盘里藏起来。

讨董联盟的各路豪强也各怀鬼胎，有些人的目的并不是除掉董卓，而是借着讨董的由头，趁乱扩张自己的地盘。他们各自占据地盘，互相争夺。

有一个叫**韩馥**（fù）的人，占据了冀州，负责供给联盟军军粮。他不愿袁绍扩张军队，时常克扣袁绍的军粮，一度导致袁绍方面军心涣散。袁绍怨恨韩馥，又垂涎他手中物产丰富的冀州，一心想攻打他。

袁绍的谋士逢纪说："大丈夫纵横天下，却依靠他人供给粮食，若不占据一州，无法安身。现在冀州钱粮充盈，韩馥又是个庸才，我们可趁机占据冀州。"

"韩馥兵精粮多，我军兵马饥饿困乏，如果失败，我就没有立足之地了。"袁绍说。

韩馥，字文节，东汉末年诸侯。韩馥担任过御史中丞，被董卓举荐为冀州牧，也参与了对董卓的讨伐。袁绍见冀州富庶，便用计夺取了冀州，韩馥逃到张邈那里。一日，张邈与袁绍的使者见面，韩馥误以为他们要联合起来杀害自己，便在厕所用刻书小刀自杀了。

逢纪，字元图，东汉末年袁绍部下，因有智谋，被袁绍重用。逢纪提议利用公孙瓒攻击韩馥，官渡之战时，统管军事。袁绍死后，逢纪等人私改袁绍的遗命，拥立袁绍三儿子袁尚继位。袁绍二儿子袁谭屯兵黎阳，要求配兵被拒绝，一怒之下杀死逢纪。

“可秘密差人给公孙瓒（zàn）送去书信，与他联合两面夹攻。”**逢纪**说。

袁绍大喜，立即写信给一名叫公孙瓒的诸侯，说要与他一同攻打冀州，平分土地。公孙瓒收到信，即刻起兵。韩馥被打得抱头鼠窜，狼狈地逃回了邺城。

袁绍马上又请高干、荀谌等人前去游说韩馥。

“将军觉得，在临危决策方面，你比袁绍怎么样？”荀谌问韩馥。

韩馥道："我不如袁绍。"

"那在历代广施恩德上，你比袁绍怎么样？"

韩馥摇摇头："还是不如。"

"袁绍智勇过人，公孙瓒的军队锐不可当。假如他们两个联手，那将军的危亡就在旋踵之间。"荀谌望向韩馥，见他早已汗流浃背、呆若木鸡。

荀谌接着说："不过，将军与袁绍是旧交，又曾经是同盟。依我看，将军不如把冀州让给袁绍，袁绍必定对你感恩戴德。"

韩馥的部属们一听，立刻反对。"冀州囤粮无数，是兵家必争之地。怎么能把冀州让给袁绍呢？"

韩馥却说："让位给才能超过自己的人，是古人崇尚的品德，你们为什么要阻拦呢？"

韩馥被吓破了胆，不顾众人的反对，坚持"让贤"，把冀州白白送给了袁绍。

界桥之战

袁绍不费一兵一卒就得到了冀州，有了落脚之地。这可把公孙瓒气得不轻，因为他也想得到冀州，二人因此结怨。

袁绍的弟弟袁术与袁绍向来不和，便与公孙瓒联合起来。

一日，公孙瓒率大军攻打袁绍。两军在界桥南二十里处交锋。

界桥，今河北省邢台市威县一带。

公孙瓒指挥数万步兵和骑兵列阵，袁绍只有几万步兵，很难对抗公孙瓒的骑兵。但他有一员名叫麴（qū）义的大将，多年驻扎凉州，熟悉羌人的战法。于是，袁绍令麴义领八百精锐弓箭手为先锋，用一千多支强弩压制公孙瓒，自己引领大军在后接应。

只听擂鼓阵阵，战旗迎风飘扬。公孙瓒派严纲带

麹义，东汉末年军阀袁绍的将领，生于凉州，能征善战，屡立战功，精通羌人战法。统领袁绍的精锐部队，之后，麹义自恃功高，骄纵不轨，被袁绍杀死。

领骑兵冲锋。不料，**麹义**早早埋伏好了弓箭手，等公孙瓒的骑兵距离不到十米时，伴随声声呐喊，八百弓箭手一齐搭弓射箭，箭雨直冲向严纲带领的骑兵。麹义快如闪电地纵马冲上去，挥舞着大刀，将严纲斩于马下。

公孙瓒见状，急忙率兵逃走。麹义一路追到公孙瓒的军营，拔掉他们的牙门旗，军营中剩余人马四散逃走。

袁绍在离界桥十多里处，得知公孙瓒大败，欣喜若狂，带着几百人狂追不舍。不料，公孙瓒已经重整旗鼓，聚集了两千多人，把袁军团团围住。正当危难之际，麹义带领军队前来接应，袁绍这才脱离了危险。

挟天子以令诸侯

董卓逃到长安后，并未安枕无忧，司徒王允暗通董卓的义子吕布，合谋杀死了董卓。

然而，一些军阀别具野心，他们与董卓的旧部联合起来，围攻长安城。吕布在激战中败走。王允被杀死在街头。

之后，李傕（jué）、郭汜（sì）、樊稠三人挟持

杨奉，东汉末年将领，曾帮助李傕对抗郭汜，后背叛李傕因护送汉献帝刘协东归洛阳有功，被升为车骑将军，屯兵于梁县。曹操迎汉献帝至许昌后，杨奉也跟随前往许昌，从此失去权力。先后依附于袁术、吕布，后开始劫掠，有一年，侵犯刘备领地，被刘备诱杀。

汉献帝刘协，控制了朝政。不久，李傕又把天子扣押在他的军营里做人质。

一位军阀从中调解，李傕又把天子放了出来。

汉献帝逃出了叛将之手，不敢待在长安，匆匆逃到新丰、霸陵间，躲进**杨奉**的军营。

李傕、郭汜后悔不该放走天子，又追击杨奉，劫掠了很多大臣和后宫嫔妃回去。

汉献帝渡过黄河，车马全无，只得徒步行走，身边只有皇后和贵人、十几个大臣和随从。

后来，天子派人去和叛将谈判，要回了一些宫人

郭图，字公则，东汉末年袁绍帐下谋士。官渡之战时，主张偷袭曹营，计谋失败，为免于责罚，归罪于偷袭曹营的将领张郃、高览，致使二人离开袁绍，投靠曹操。郭图后被曹操所杀。

邺城，今河北邯郸市临漳县一带。

和大臣。

袁绍派谋士**郭图**前去朝拜，汉献帝非常感动。

郭图回来后，对袁绍说："当速迎天子，在**邺城**定都，然后挟持天子以令诸侯，恢复汉室就有望了。"

然而，其他谋士坚决反对，说："汉室衰败已久，想要恢复，谈何容易！如果把天子迎来，以后做任何决定都要向他请示。听从他，权力就会削弱；不听从，就是以下犯上。"

郭图说："现在迎回天子，是至高无上的道义。如果不早点儿行动，一定会被别人抢占先机！"

不过，郭图未能说服袁绍，袁绍觉得天子已经没那么重要了。

这一年，黄河以北闹起了蝗灾，庄稼几乎颗粒无收。汉献帝的大臣们没有饭吃，到处采摘青枣和野菜充饥。军粮也没了，士兵们开始骚动。于是，杨奉等人决定护送天子回到旧都洛阳。

然而，洛阳的宫殿之前被董卓烧成了一片废墟，到处都是荒草，没有粮食，也没有房屋住，只能砍去荆棘、荒草，在断壁残墙或土堆旁半躺半卧。

各地军阀都拥兵自重，无人来朝见天子，尚书郎以下的大臣每天去郊外寻觅野果填腹，不断有人饿死

许昌，古称许县，位于今河南省中部。天子被迎到许县后，许县为都，也叫许都。

鄄城，隶属于今山东省菏泽市。

在断墙残垣间。

公元195年，曹操先人一步，把汉献帝接到**许昌**，从此走上了挟天子以令诸侯的道路。

不久，曹操以天子的名义，收复了黄河一带的土地，关中的割据势力也纷纷归附了曹操。

这时，袁绍才醒悟“挟天子”的重要，深为自己当初不听郭图的话而后悔。

袁绍绞尽脑汁，试图挽回局面，他想让曹操把天子送到**鄄（juàn）城**，这样一来，自己就有机会接触天子和文武百官了。不过，曹操干脆地拒绝了他。

汉献帝还记得危难之时袁绍曾经朝拜过他，他为了安抚和奖励袁绍，任命袁绍为太尉，又加封大将军。

称帝之心

公元198年，袁绍打败了老对手公孙瓒，吞并了他的人马和领土，占据冀州、青州、幽州、并州。

袁绍让长子袁谭到青州当都督，让次子袁熙掌管幽州，外甥高干掌管并州。他把自己偏爱的小儿子袁尚留在冀州，跟在自己身边，准备日后让他继承自己的位置。

谋士沮授劝说袁绍：“几个儿子年纪相仿，要立他们之中最贤能的人为嗣才好。”

袁绍却说：“我就是想让他们各占一个州郡，看看他们的能力如何。”

“这就是祸患的开端啊。”沮授摇头离开了。

此后的几年，袁绍拥兵几十万，仿佛一柄越磨越亮的宝剑，锐气逼人。

袁绍也渐渐有了称帝的心思。他的弟弟袁术早在前一年就已经称帝，但搞得民不聊生，于是，袁术写了一封信寄给袁绍，表示愿意把帝位送给哥哥。

袁绍收到信后，暗中让主簿耿苞为自己称帝寻找依据。

耿苞说："汉朝是火德，而袁氏是黄帝的后裔，代表土德。土德代替火德是天意。"

袁绍的部属听了这番话，觉得耿苞妖言惑众，理当斩首。袁绍知道，称帝的时机尚未到来，于是，便叫人杀了耿苞。

错过战机

公元199年，华北几乎被袁绍和曹操瓜分。一山不容二虎，一场大战正悄然酝酿。

出乎众人预料的是，曹操并没有急着攻打袁绍，而是先将矛头对准了刘备。公元210年，曹操亲征刘备，给袁绍带来了一个绝佳的机会。

谋士田丰对袁绍说："曹操东征刘备，许昌空虚，可派兵偷袭，既可迎回天子，又可解刘备的危机。"

"我也知道这是个好时机，可我的爱子袁尚患病，我无法起兵啊。"袁绍满脸悲痛。

田丰，字元皓，东汉末年袁绍部下，官至冀州别驾。为人刚直，多次向袁绍进言，不被采纳，令袁绍不满。后来阻止袁绍征伐曹操，被袁绍关入监狱。官渡之战失败后，被袁绍杀害。

田丰走出屋子，“砰砰砰”，用手杖连连击打地面，喊道：“因为小儿的疾病而错失良机，可惜啊，可惜啊！”

没多久，曹操打败了刘备。刘备一路逃来，投靠了袁绍。袁绍对刘备礼遇有加，可刘备并不快活，整日唉声叹气。

“玄德，为何常常烦恼？”袁绍问。

“我二弟音信全无，家中妻小也落入曹贼手中；

我上不能报效国家，让天子被挟持，下不能保家，怎能不忧愁。”刘备说。

“我打算进兵许都已经很久，现在春暖，正好起兵。”袁绍集结部属，商量攻曹的计策。

田丰劝谏道：“万万不可轻视曹军。与其正面对战，不如等待时机，有隙可乘时再动手不迟。”

袁绍拿不定主意，又去见刘备。

刘备说：“曹操欺君害民，如果明公都不讨伐他，恐怕失信于天下。”

袁绍点了点头，决定亲征曹操。

沮授提议：“应在黎阳屯兵，兴建船只，锻造武器，其间不断派出精锐骑兵，骚扰边境，使曹军不得安宁。三年之后，必胜曹操。”

审配一脸不屑，道：“兵书上说，兵力超过敌人十倍就可以包围他，超过五倍就可以集中攻击他。凭主公的英明勇武和如此强大的军队，讨伐曹操易如反掌。如果不快速决战，以后讨伐他就更困难了。”

沮授对袁绍说：“曹操的才干远在公孙瓒之上，现在放弃万全之策，而发动没有正当理由的战争，我为您感到担忧。”

沮授跪在地上苦苦劝说。

审配，字正南，东汉末年袁绍部下，正直刚烈，为袁绍心腹，统管总幕府。力主袁绍与曹操决战，自率弓弩手在官渡大破曹军。官渡之战战败后，审配二子被俘。袁绍病死后，袁军被曹操击破，审配死守邺城，数月后城破被擒，拒不投降，慷慨受死。

郭图偷偷对袁绍说："沮授在军中威望很高，权力很大，再这样下去，万一叛乱，后果不堪设想。"

袁绍听后大怒，把沮授的权力一分为三，其中一部分分给了郭图和淳于琼。心灰意冷的沮授没有再劝。

他回到家中，召集族人，把自己的家产分给他们，感慨道："我此次前去讨伐曹操，怕是回不来了，所以料理一下后事。"

"哥哥怕是杞人忧天了，"沮授的弟弟沮宗说，"曹军压根儿打不过我们，你怕什么！"

沮授说："曹操雄才大略，又挟持着天子。我们虽打败了公孙瓒，看似风光无限，实则士兵疲惫、将领骄纵。"

谋士田丰也再三劝谏袁绍不要贸然出兵，袁绍认为他有意扰乱军心，把他囚禁起来。

官渡之战

袁绍从邺城出发，进军黎阳，派大将颜良作急先锋，攻打曹军将领刘延。

沮授又一次冒死进谏："颜良性格狭隘、浮躁，

虽然骁勇善战，但是不能独当一面。”

但袁绍一意孤行。结果，颜良兵败被杀。

袁绍要渡过黄河，与曹军大战。

沮授苦苦劝谏：“现在应该驻军屯粮，再分派士兵到官渡，如果此战能克敌制胜，再渡黄河也不晚，倘若有什么不测，全军都回不来了。”

袁绍依旧不理睬，坚持渡河。

沮授，东汉末年袁绍的监军，少年时就有大志，多谋略。袁绍入主冀州后，沮授监统内外，帮助袁绍夺取青州、并州、幽州，统一河北。沮授提出奉迎天子、三年疲曹的战略，不被袁绍采纳，反被削弱兵权。袁绍在官渡之战中大败，沮授被曹操俘获，拒绝投降，被杀。

渡过黄河后，袁绍驻扎到延津南边，让刘备、文丑去攻打曹操，文丑又被杀死。

沮授又劝袁绍："停止冒进，暂与曹军相持，不用几个月，曹军粮尽，必不战自败。"

袁绍不听，指挥大军进逼官渡。

袁绍命士兵修造了很多座望敌楼，又筑起土山，让弓箭手埋伏在山上，看见曹营里有人走动便弓矢齐发。曹军士兵出门都要持盾牌。曹操便命人制出一种发石车，用它抛射石块，摧毁了袁绍的望敌楼。发石车抛射石块时会发出隆隆的巨响，袁军恐惧地称之为"霹雳车"。

袁绍又命人挖地道，直通曹营，曹操则命人挖壕沟，截断袁军的地道。

双方就这样僵持着，日子一天天过去，眼看粮草将要消耗殆尽。袁绍下令往前线运送粮食，让淳于琼护送。

沮授最后一次劝诫道："不可光靠淳于琼一人护送，最好另派蒋奇率一支军队做外援，防止曹操抢粮。"

袁绍已经彻底不信任沮授了，坚持让淳于琼运送粮草。

就在粮草车距袁军大营仅四十里路程时，意外发生了，袁绍的谋士许攸突然投奔了曹操。

许攸知道袁绍的军粮囤积在乌巢，建议曹操夜袭乌巢，放火烧粮。

当天夜里，曹操亲自率领五千骑兵，奔向乌巢，点燃了粮仓。粮仓浓烟四起，火光冲天。

袁军从梦中惊醒，淳于琼忙叫人去向袁绍求援。

袁绍得知消息后，派出骑兵前去增援。他认为，这是进攻官渡、一举歼灭曹操的大好时机，又集中兵力攻打曹营。

但曹营坚固，久攻不下。乌巢的粮草也被烧得一干二净，淳于琼被杀。

袁绍的一些部下见袁绍大势已去，纷纷向曹操投降，士兵们乱成一团，各自逃散。

眼见军队溃逃，袁绍也只得骑马逃走，渡过黄河。

沮授在渡河时，被曹军抓住。曹操怜惜他的才华，劝他归顺。

沮授说："我的叔父、母亲、弟弟的性命都掌握在袁绍手中，你如果对我存有怜悯之心，就让我快点儿死吧。"

火烧乌巢

曹操说："如果我早点儿遇到你，我可能已经平定天下了。"后来，沮授想逃回河北，曹操就命人杀了沮授。

此前，谋士田丰阻拦袁绍出兵，被袁绍关押起来。当袁军溃败后，有人对田丰说："你预言成真，这下大将军会看重你了！"

田丰叹道："如果袁公打了胜仗回来，我尚且能活命；如今大败而归，我必死无疑。"

果然，袁绍只是外表宽容文雅，内心却充满猜忌，嫉贤妒能。他回到邺城后，说："当初我不听田丰的劝阻，眼下要被他耻笑了。"于是传令把田丰杀了。

官渡大败使袁绍元气大伤，第二年，即公元201年，曹操继续攻打袁绍。双方爆发了仓亭之战，曹操大胜，彻底挫败了袁绍的主力军。

公元202年，袁绍忧愤而死。

袁绍几个儿子之间积压已久的矛盾也随之爆发，曹操趁机将他们逐一击破，彻底占据了北方。

仓亭战败后
袁绍

袁术

有勇无术

南阳避祸

袁术，字公路，是袁绍之弟。袁术少年时，性格豪放，喜欢行侠仗义，长大后，被推举为孝廉，又入朝为官，一直升迁到折冲校尉、虎贲中郎将。

东汉末年，董卓领兵进京，掌控朝政。为了巩固自己的地位，董卓任命袁术为后将军，想要拉拢他。袁术担心会引火上身，便逃往南阳。

“来者何人？”南阳守军大喊。

袁术勒马道：“请转告张太守，汝南袁术前来投奔！”

“张太守已死！他在南阳纵兵扰民，已被孙坚将军铲除，孙将军才是南阳之主。”

话音方落，城门突然打开。只见孙坚走出城门，欢迎袁术的到来。

“袁将军，有失远迎，还望将军恕罪！”孙坚说。

在军士的簇拥之下，二人有说有笑，进入南阳城。

“听说董卓任你为后将军，你怎么突然来南阳了？”孙坚举起酒杯笑道。

“董卓不过一个叛贼，竟敢行废立之事，各路诸侯必会讨伐他！如此大逆不道之徒，我岂能从他！”

袁术愤然道。

“好！这才是好汉！”孙坚举起酒杯，一饮而尽。

酒过三巡，孙坚又问：“将军今后有什么打算？”

“如今董卓倒行逆施，已是天怒人怨，不趁此带兵讨伐叛贼，还待何时！”袁术豪气万千地说。

“将军家族累世公卿，深得天下人拥戴。若将军举兵起义，孙坚必定誓死相随。”

“好！”袁术抚掌说道。

很快，袁术向朝廷上表，请求朝廷封孙坚为破虏将军，同时担任**豫州**刺史。

豫州，今河南省大部。

讨董纷争

对董卓的征讨开始了，大军集结在一起，朝洛阳杀去。袁术在后方提供粮草，孙坚则率领大军，一路高歌猛进。击败吕布，斩杀华雄，捷报接连传来，袁术欣喜若狂。

就在这时，一位谋士对袁术说：“主公，孙坚在前线节节胜利，你就没有担忧吗？”

“孙将军讨伐董卓有功，我哪来的担忧？”

“一山难容二虎，这江东猛虎若是立下了盖世之功，朝中还有将军你的席位吗？”

袁术听完，独自沉吟许久。

“报！孙将军遣使求见。”一名兵士走进来，打断了袁术的沉思。

不一会儿，使者进来，拜倒在袁术面前，说：“破董指日可待，但粮草吃紧，烦请将军加紧支援！”

袁术说："粮草很快便到。"

可是，等使者走后，袁术非但没有往前线运送粮草，反而在城中饮酒作乐。

粮草迟迟未到，影响到了战事。孙坚只好连夜赶回来。

当他得知袁术的顾虑后，愤愤不平道："我之所以共举义旗，是为了国家社稷，眼见就要讨贼成功，你却听信谗言猜忌我，如此还怎么成就大业？你若不相信我，现在就杀了我！"

袁术听完，十分惭愧，立即给孙坚运送了军粮。

孙坚带领大军攻入洛阳后，驻兵函谷关。

在各路诸侯凶猛的攻势下，董卓挟持汉献帝，逃到了长安。

征讨董卓胜利后，孙坚没有回豫州。袁绍是讨董联盟的盟主，他担心孙坚的势力会威胁到自己，便派周昂夺取孙坚所管辖的豫州，由周昂担任豫州刺史，以削弱孙坚的力量。

消息传到袁术耳中，袁术非常恼怒。

虽然袁术和袁绍是兄弟，但袁绍是庶出，母亲身份卑微，袁术一直看不起他。所以，他立刻出兵，击退了周昂。

不久，袁绍想立刘虞为新皇帝，希望袁术支持他。但袁术想要自己称帝，一口拒绝了。

从此，袁术与袁绍结怨。

赶走董卓后，各路豪杰陷入混战。袁术也想趁机扩大地盘，但袁绍实力强大，许多军阀都依附了袁绍，只有与袁绍为敌的公孙瓒答应和袁术结盟。

袁术大骂："目光短浅的鼠辈，不跟随我，反而跟随我家的奴仆吗？"

于是，袁术写信给公孙瓒，说袁绍不是袁家的后代。

公元192年，孙坚攻打襄阳，死于袁绍的盟友刘表之手。袁术收编了孙坚的主力部队后，联合公孙瓒与刘备，一起攻打袁绍。不料，却败于袁绍与曹操的夹击。

第二年，袁术又联合黑山贼、匈奴于扶罗等势力，与曹操在匡亭会战，结果被曹操打败。袁术不得不率部向九江撤军。撤退途中，他杀死了扬州刺史陈温，占据扬州，并自称"徐州伯"。

董卓的部下**李傕**挟持了汉献帝后，有意结盟袁术，遣太傅马日磾（dī）带着符节去见袁术，请袁术担任左将军。

袁术见了马日磾，盯着马日磾手中的符节，说："先把符节给我看一下。"

李傕，字稚然，东汉末年将领，官至大司马、车骑将军。李傕本为董卓部将，董卓被杀后，李傕归无所依，于是与其他将领攻占长安，把持朝廷，与郭汜等人劫持汉献帝，之后，又与郭汜交战，释放汉献帝，之后又反悔，去追击汉献帝。曹操迎汉献帝到许昌后，派人攻杀李傕，灭三族。

马日磾，字翁叔，东汉大臣，以才学入仕，曾与蔡邕、卢植等人典校儒学经典，后任太尉、太常等职。李傕把持朝政后，马日磾为太傅、录尚书事，出使袁术时，因多次有求于袁术，被袁术轻慢侮辱，不让他离开，马日磾忧愤发病而亡。

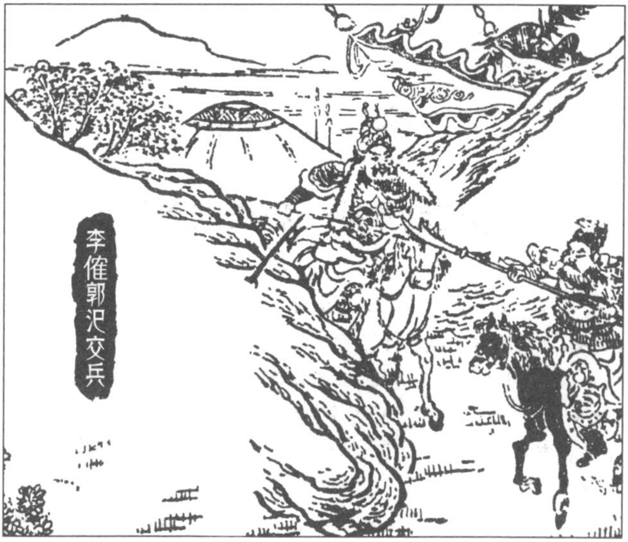

马日磾双手呈上符节。

袁术拿过符节，突然将它塞进袖子，然后将马日磾拘禁起来，致使马日磾忧愤而死。

自立为帝

袁术抢了符节后，打算称帝。

一位谋士说：“如今大汉皇帝尚在，主公若贸然称帝，只怕会成为天下诸侯共同讨伐的目标啊。”

袁术不听，斥退了谋士。

袁术命部属们翻阅典籍，寻找好听的年号与国号。

这时，有军报传来，杨奉的凉州军打败了李傕，皇帝在混乱中逃到了黄河以北。

袁术认为，此时登基最为适宜。

不料，他没有听到积极拥护的声音。

主簿阎象进言道："汉室虽然衰微，但是并没有殷商的残暴啊。"

袁术听后，一言不发，心里很不高兴。

孙坚的长子孙策听说后，给袁术写了一封信，劝他放弃这个想法，说这是大逆不道的僭越行为，会遭到诸侯们的围攻。袁术越看越气，将信撕得粉碎。

公元197年，一个叫张炯的术士说袁术有皇帝命，袁术再也不顾众人反对，在**寿春**，自立为帝。

寿春，今安徽省淮南市寿县一带。

呕血而亡

袁术称帝后，生活越来越荒淫无道，整日沉湎于酒色之中。在他的统治下，百姓怨声载道。

曾经的盟友孙策在江东独立，赶走了袁术任命的太守。

袁术为了稳固局势，想要与吕布结为亲家。吕布却扣押了袁术的使者韩胤，送给已在朝廷担任丞相的曹操发落。

袁术按捺不住心中的怒火，下令攻打吕布，却大败而归。不久，他又被曹操打败，损失惨重。

同一年的冬天，袁术所统治的江淮地区发生了灾荒。粮食缺乏，军队不断出现士兵逃亡的现象。

公元199年夏天，走投无路的袁术下令烧掉宫室，去投奔陈兰与雷薄，结果被二人拒绝。

袁术无奈，只得写信给袁绍，表示愿意将帝号送给袁绍。

袁绍读信后，回复袁术，愿意接纳袁术。

于是，烈日炎炎下，袁术率领自己的疲惫之师出发了。行至半路，袁术遇到了刘备的截杀。刘备奉曹操之命，前来阻止袁术与袁绍会合。

几经拼杀后，袁术在部下的拼死掩护下，仓皇退至江亭。

袁术坐在竹床上，看着身边的残兵败将，悲戚地喊了一声："我袁术竟然落到了今天这个田地！"说完，突然跌下床，吐血身亡。

公孙瓒

白马将军

不离不弃

顺着小路远远望去，一辆小车正缓缓地爬上山坡。山路崎岖，车子颠簸着。焦躁的车夫举起鞭子，抽打了几下马屁股。

终于走上陡坡，车夫长长地松了口气。

“前面的马车！请快快停下！”一声呼喊从远处传来。

车夫吓了一跳，急忙停下马车。

很快，一队骑兵来到马车前。为首的一个骑兵问：“车里坐的可是刘其大人？”

车里的长须老者说："在下就是刘其，不知诸位将士有何贵干？"

骑兵们下了马，纷纷对刘其施礼。

"公孙将军正在北邙山祭祀祖先，让我等在此迎请大人。"骑兵道。

"既然如此，烦请众位将士在前面带路吧。"

"驾，驾——"马车跟着骑兵队伍出发了。

不一会儿，车队便到了北邙山一处祭坛。

刘其下了车，看到一个相貌堂堂的年轻人正向祭坛跪拜。

"从前是人家的儿子，而今是人家的臣下，眼下，刘太守被贬日南郡，瓒为人臣，理应一同前往。但听说日南郡多有瘴气，此番前去，恐不得归，故在此拜别列祖列宗。"他跪拜道。

周围的人听了，敬佩他的忠义，无不动容。刘其听了，不禁潸然泪下。

这位祭祀先祖的年轻人就是公孙瓒。他是**辽西令支**人，字伯珪，出身贵族，但母亲身份低微，所以他刚出仕时，官职很低。后来，因为他相貌英俊，机智善辩，声音洪亮，被太守刘其看到后，专门培养他，后在刘其手下为官。刘其遭贬后，被流放到偏远之

辽西令支，今河北迁安。

地，公孙瓒毅然跟随，坚持同往。

一行人启程后，走到半路，忽然遇赦，刘其恢复原职，二人大喜过望。

此后，公孙瓒的官职一路提升，先为孝廉，后来担任**辽东属国**长史。

辽东属国，西汉元帝时期所置，以安置、管理归附汉廷的乌桓人。

公孙瓒智勇双全，在辽东任上，兢兢业业。一次，他带领几十名骑兵巡逻，突遇几百名来势汹汹的鲜卑骑兵。敌众我寡，公孙瓒却一点儿都不慌乱。

只见他举起长矛，大喝一声，催马向前杀去。骑兵们受到感染，高喊口号，奋勇杀敌。公孙瓒豪迈的气魄，让鲜卑骑兵傻了眼。最终，公孙瓒带兵冲出鲜卑人的包围。

经此一战，公孙瓒名声大振，从此，鲜卑人再也不敢来侵犯边塞。他因此而被任命为涿县县令。

白马义从

凉州军阀韩遂等人反叛朝廷时，朝廷任公孙瓒为都督，让他率领三千幽州骑兵，前去镇压叛乱。

公孙瓒行至蓟中沙漠一带时，遇到中山太守张纯引诱**乌桓**部落叛乱。

乌桓，亦作乌丸，古代北方游牧民族之一，原与鲜卑同为东胡部落之一。

黄沙漫漫，大漠孤烟，一群髡（kūn）头赭衣的乌桓兵身着精钢铁甲，冲杀过来。

公孙瓒沉静指挥，随着震天动地的鼓声，随即策马奔突。冲在最前面的乌桓将领瞬间被公孙瓒一刀斩下了马。

看到首领被杀，乌桓士兵顿时乱了阵脚，仓皇逃窜。

公孙瓒领兵穷追不舍，一直追到明月初升。

大胜乌桓后，公孙瓒被朝廷升为骑都尉。

公孙瓒继续率军猛烈打击乌桓，很多乌桓兵都归降了公孙瓒，公孙瓒又被升为中郎将，封都亭侯。

公孙瓒统领兵马，守护边境。每次听到胡人来

袭，立刻疾声厉色，使用双头铁矛，奋勇追杀，一直打到夜深。

乌桓人畏惧他，一见他就奔走相告，不敢再来进犯，并做了公孙瓒的画像，用来练习射击，每次射中画像，都会高呼“万岁”。

公孙瓒喜欢骑白马，还挑选了几十个弓马娴熟的勇士，人人都骑白马，互为左右翼，自号“白马义从”，十分漂亮有风度，也极为凶猛强悍。

白马义从在白马将军的带领下，不断扩充，一时威震塞外。

结怨刘虞

丘力居，东汉末年辽西乌桓大人，拉拢中山太守张纯反叛东汉。骑都尉公孙瓒追杀张纯，被丘力居围困，大败。丘力居后来投降幽州牧刘虞。

东汉末年，黄巾起义后，乌桓首领**丘力居**趁乱而出，率兵到青州、徐州、幽州、冀州大肆抢掠，公孙瓒一时抵抗不住。朝廷派刘虞前去镇抚，并任刘虞为幽州牧。公孙瓒心中大为不悦。

公孙瓒自恃兵力强大，一向放纵自己的将士，多次掠夺百姓，而刘虞对汉人和胡人百姓都很仁爱，在胡人中很受拥护。丘力居等也派出使者，前来沟通归附事宜。因此，公孙瓒担心刘虞谈判成功，从而立功，便派人暗杀了前去谈判的使者。

刘虞，字伯安，东汉宗室大臣，曾为东海郡吏、幽州刺史，为政宽仁，安抚百姓，善待游牧民族，深得人心，累授大司马，封襄贲侯。董卓之乱时，拒绝袁绍拥立为帝，后攻打公孙瓒，兵败被杀。

不过，这件事很快被乌桓人得知了。乌桓便派人偷偷去见**刘虞**，商讨停战。最终，乌桓撤军，刘虞也撤回了兵马，只留下公孙瓒驻守右北平。

不久，刘虞被任命太尉，封容丘侯。

后来，董卓进京，为拉拢刘虞与公孙瓒，升刘虞为大司马，封为襄贲侯，公孙瓒为奋武将军，封蓟侯。

董卓掌握朝中大权没多久，就在袁绍讨伐董卓联军的逼迫下，迁都长安。讨董联军开始激烈地争夺地盘。

此时，袁术想要联合刘虞，让刘虞出兵，一起进攻长安。公孙瓒听说后，便写了一封信给刘虞，请他不要和袁术联合，因为袁术有叛变的野心，根本靠不住。

使者回来后，告诉公孙瓒："刘虞坚持要和袁术联合。"

公孙瓒的内心有些不安，担心袁术知道此事后，会怀恨自己。于是，他赶紧叫来从弟公孙越。

公孙瓒说："我们和刘虞素有矛盾。我劝刘虞不要与袁术联兵，刘虞不听。我担心袁术知道后与我们结怨，所以，你可率兵前去结好袁术，劝说袁术扣留刘虞的儿子，从而离间袁术和刘虞。”

公孙越听了，立刻前往袁术那里，依计而行。

袁术听信了公孙越的话，没有和刘虞联盟，这使刘虞与公孙瓒之间的矛盾越来越深。

界桥大败

袁术派人攻打袁绍的部将，公孙越前去助战，不料中箭身亡。公孙瓒大怒，说：“我弟之死，祸起于袁绍。”于是，带领军队驻扎在磐河，准备报复袁绍。

袁绍知道公孙瓒勇猛，非常惊恐，请公孙瓒的从弟公孙范去讲和。

公孙范背叛了袁绍，协助公孙瓒攻城略地，使公孙瓒兵势日盛，进驻界桥。随后，公孙瓒自行任命严纲为冀州刺史。

公元191年，界桥之战开始了。

公孙瓒率领他的士兵和白马义从，在界桥列阵，由严纲打头阵。袁绍也派出了精兵，还埋伏了强弩手。

公孙瓒欺袁绍兵少，让彪悍的白马义从出战。袁绍的大将麹义十分冷静，命强弩手埋伏不动，等到白马义从冲到跟前时，再让强弩手同时发射，白马义从纷纷坠马，公孙瓒大败。

公孙瓒逃到**蓟县**，筑了一座小城自守。此处与刘虞的地盘邻近，刘虞决定出兵攻打公孙瓒。

蓟县，今天津一带。

公孙瓒听说刘虞要来攻打自己，便在夜里派出数百精兵，人衔枚，马摘铃，带着火把，偷偷地来到刘虞军的帐外放火。随着“呼呼”的风起，刘虞的军帐燃起熊熊烈火，士兵们乱成一团。

趁这个机会，公孙瓒大军杀了进去，刘虞仓皇地逃到了居庸县。公孙瓒猛追不舍，很快包围了居庸县，将刘虞杀死了。

公孙瓒的兵马再次强盛起来，他日益骄横了。

自焚而死

刘虞死后，刘虞的部下联合乌桓、袁绍的大将麹义，一起讨伐公孙瓒。

公孙瓒屡战屡败，逃回**易京**坚守。

两军相持一年多，麹义的粮尽了，只得退走。公孙瓒乘势出击，击败了麹义。

之后，公孙瓒命令士兵挖战壕，又在战壕内筑土堆，土堆上建造宫殿。公孙瓒住在最高的土堆上，用铁门严封，不准七岁以上的男人进入，只与妻妾住在

易京，今河北省雄县西北。

里面。他让妇人练习大声说话，使声音能传出数百步，用来传达命令。他疏远了宾客，身边没有一个亲信，谋臣猛将也都疏远了。此后，他很少出兵打仗。

公元198年，袁绍集结兵力，包围易城，誓要击败公孙瓒。

公孙瓒感觉大事不妙，让儿子公孙续前去联络黑山军，打算夹击袁绍。援兵还未到，公孙瓒担心兵败，写信给公孙续。

袁绍的哨兵截获了带给公孙续的信件，上面写着援兵一到、举火把为号，作为响应。

袁绍依计而行，命兵士按时点起火把。公孙瓒不知内情，看到火光，以为公孙续和黑山军来了，便领兵出城迎接，等到他发现上当的时候，一切都晚了。

四周都是袁绍的军队。在袁绍军队的围攻下，公孙瓒拼死冲杀，才勉强退入易城。

公孙瓒还没缓过神儿来，就见一个士兵慌慌张张地跑来，说道："不好了，袁绍派人挖开了地道，就快挖到这里了！"

"什么！"公孙瓒大惊。

公孙瓒知道自己必死无疑了，于是引火，自焚而死。

刘表

坐谈之客

初露锋芒

随着一阵庄重的鼓乐声，一群峨冠博带的豪强不紧不慢地步入荆州府衙。

“不知朝廷又派了个什么人来当刺史？”

“不管谁来，还不得看我们的脸色行事。”

几个人边走边笑谈着。只见迎面走来一位头戴法冠、身长八尺、姿貌温厚的后生，拱手对他们施礼道：“承蒙诸位赏光，快快请坐。”

“你就是刺史大人？果然是少年才俊啊！”几人说道。

“诸位说笑了，刘某初到贵地，有不周之处还望恕罪。”刺史拱了拱手。

不一会儿，侍从给席上的酒杯斟满美酒。众人推杯换盏，大快朵颐，好不自在。

“今日的酒如何啊？”刺史笑着问。

“甚好甚好！”

刺史击掌而笑，道：“这是为诸位送行的宴席。既然诸位觉得满意，刘某就放心了。”

众人听了，面面相觑，没等他们反应过来，只听当的一声，刺史把酒杯重重地摔在地上，一群持刀的武士奔了进来。

山阳高平，今山东省微山县。

刺史慨然道：“如今，朝廷被叛贼董卓把持，国家处于水深火热之中。你们不思维护一方安定，反而贪赃暴虐，不除掉你们，不足以平民愤！”

话音刚落，武士们已将这些醉醺醺的豪强擒住。

这位刺史便是西汉鲁恭王刘余之后刘表，字景升，**山阳高平**人。

决策荆州

蒯良，字子柔，东汉末年刘表主簿，辅佐刘表打下基业。

蒯越，字异度，东汉末年刘表部属，在刘表初上任时帮助刘表铲除荆州一带的豪强。刘表死后，投降曹操。

刘表从小饱读诗书，少年时就很有名，长大后，被誉为汉末名士“八俊”之一。入仕后，他出任北军中候。公元190年，董卓专权，命刘表去荆州当刺史。

刘表乔装成普通百姓，独自赶往荆州，一路上走得异常小心。幸好，他有惊无险地来到了宜城。**蒯**（kuǎi）**良**与**蒯越**已经在城门前等候多时。他们三人走进府衙，不一会儿，蔡瑁也到了。

刘表说：“我在来的路上，亲眼看到民不聊生，不少百姓走投无路，做了盗贼。荆州正是征兵的时候，百姓难以响应啊。”

蒯良说：“这是因为缺乏仁政和义气。”

蒯越说：“现在要做的，便是诛杀无道之徒，安抚其他人，恩威并重，自然能壮大荆州。”

刘表于是宴请了豪强们，来了一招瓮中捉鳖，将前来的五十多人全部斩杀。

之后，刘表收编了他们的兵将和民众，愿意归降的，给予奖赏；负隅顽抗的，就地正法。这样一来，江南地区基本平定了。

袁术一向觊觎荆州，刘表便向朝廷上表，请求任命袁术为南阳太守，以此缓和了他与袁术的矛盾。

坐拥数千里

和平是暂时的。不久，袁术与江东的孙坚组成联盟，想要夺取荆州。

开战后，箭像飞蝗般射来，伴随着一阵战马的嘶鸣，孙坚、袁术一马当先，身后的兵士们也纷纷咆哮着，紧随其后，冲向刘表的军阵。

刘表的步兵们慌了神，很快就被突破了防线。孙坚和袁术带领着兵士像决堤的洪水一样，涌入刘表的军阵中。

刘表战败，他和将士们一起撤入了襄阳城中，被孙坚、袁术层层围困。

刘表原以为自己得到了荆州民众的拥护，就能保一方平安，谁知外面的强寇也一样能成为心腹大患。

天色渐渐地暗了下来，黑暗笼罩了一切。刘表走下城楼，来到府衙。

他叫来**黄祖**，小声吩咐几句后，黄祖便领命而去。

黄祖，东汉末年将领。刘表任荆州牧时，黄祖出任江夏太守。黄祖与长沙太守孙坚交战时，他的部下将孙坚射死，因此，与东吴结下仇怨。之后，黄祖多次与东吴交战，后兵败被杀。

刘表回想起刚才的激烈场面，暗自祷告："上苍保佑黄祖突围成功，只要救兵一到，便可反败为胜。"

第二天东方快发白时，几个士兵跑进来，兴奋地喊道："主公，万千之喜！"

"快说！"刘表一听，跳起来说道。

"黄将军请来了援兵，和孙坚交战时，孙坚被射死了，袁术残部退兵了！"

刘表大喜，至此，袁术再也无力攻伐刘表了。

而朝廷那边，自从董卓被吕布杀死后，他的部将李傕等人造反，软禁了汉献帝。李傕为了拉拢刘表，任命刘表为镇南将军、荆州牧，封成武侯。

此后，刘表出兵，收取了长沙郡、零陵、桂林等地，坐拥数千里地盘、十几万兵马。

他讲求仁义，资助学者，爱惜百姓，在群雄并起、四处战乱的时代，创造了一个相对安全的"世外桃源"。

韩嵩献计

公元200年，袁绍与曹操对峙于官渡。袁绍派出使者向刘表求助。

使者来到荆州，拜见刘表，说：“眼下官渡之战一触即发，特请将军一同诛杀曹贼。”

“好，不日我便出兵，到时我们一南一北合围曹操。”刘表道。

使者满意而去，但刘表并没有出兵。他想守住江汉，让袁绍与曹操鹬蚌相争，自己坐收渔翁之利。

从事中郎韩嵩、别驾刘先对刘表说：“袁绍、曹操两雄对峙，匡扶汉室的重任自然落在了主公的身上。如果能趁机成就一番事业，自然是好，如若不能，就该在两雄间选择一个依附。如果主公答应了却不去做，只是隔岸观火，那袁绍和曹操最终会把怨恨集中在主公的头上。”

刘表说：“这倒是我没有想到的。你速去许都，探一探曹操虚实，回来报我。”

韩嵩走后，刘表疑虑重重。虽然韩嵩的话很有道理，但是无缘无故怂恿自己归附曹操，让刘表开始怀疑韩嵩是否与曹操有所勾结。

韩嵩，字德高，年少时好学，家徒四壁，不改其志，因见天下将要大乱，便与几位好友隐居郦西山中。后为刘表部属，汉献帝时，任侍中、零陵太守等职。曹操攻打荆州时，韩嵩卧病在家，被曹操拜为大鸿胪。

韩嵩迅速启程，不久就返回了荆州。他说：“曹公有威有德，非他人可比，主公可献整个荆州归附曹公。”

韩嵩不仅反复劝说刘表，还劝说刘表将儿子送到曹操那里，充当人质，以表忠心。

刘表外貌儒雅谦和，但内心狭隘多疑，他猜忌韩嵩是在为曹操游说，尤其是，韩嵩此行之后，还被曹操封为了零陵太守。

刘表怀疑韩嵩怀有二心，当即动怒，下令把他拉出去斩首，大骂韩嵩私通曹操。

韩嵩拒不承认。

刘表又命人拷打韩嵩的随从人员，一直把人打死，也没有得到韩嵩私通曹操的口供。刘表没杀韩嵩，但还是将他关进了大牢。

刘表

收留刘备

官渡之战，袁绍大败，从此无力抗衡曹操。曹操开始亲率大军讨伐刘备，刘备抵抗不住，逃奔刘表所在的荆州。

刘表亲自出城迎接。

“备拜见刘将军。”刘备向刘表施礼。

“不必多礼，你我都是汉室宗亲，是一家人！”刘表笑道。

刘表对刘备厚礼相待，但是，他怀疑刘备野心大，必然不会久居人下，所以，他不相信刘备，也不想重用刘备。他决定把刘备安顿到一个不起眼的小地方。

刘表说：“玄德兄文韬武略，才智过人。我想把**新野**交给你把守，你看如何？新野是荆州的北大门，守住了新野，才可保荆州安定啊。”

新野，今河南省南阳市一县，位于南阳盆地中心。

刘备说：“备感激涕零，定将不辱使命。”

就这样，刘备便驻守边地去了。

公元207年，曹操出兵征讨柳城。刘备听说后，劝说刘表趁这个时候攻打曹操的大本营许都，但刘表没有听从建议。直到曹操得胜还军，刘表才深感后悔，但后悔也无济于事了。

病死襄阳

公元208年。七月，曹操挥师南征，直指荆州。刘表闻讯，大吃一惊。

然而，此时的刘表健康状况每况愈下，常常神志不清。刘表的长子**刘琦**驻守在江夏，他决定去襄阳探望父亲。得知刘琦要来，**蔡瑁**、**张允**早早等候在门口。

刘琦，荆州牧刘表的长子，母为陈氏，甚得刘表宠爱。刘表另娶蔡氏后，蔡氏屡次中伤刘琦，导致刘表厌恶刘琦。刘琦于是请求出镇江夏。后来，刘备向朝廷上表，保举刘琦为荆州刺史，并以刘琦的名义夺取了荆南四郡。同年，刘琦病逝。

“你不在江夏驻守，怎么跑襄阳来了？”蔡瑁对刘琦说。

“舅舅，我听说父亲病情加重，特来看望。”

“你现在见他，怕是会适得其反啊。”

“此话怎讲？”

“现在曹操直指荆州。你父亲对你信任有加，才会派你驻守江夏，那是荆州东边的屏障。你现在不全力守城，反而跑到襄阳来，你父亲能不生气吗？我劝你速速回去，待我们打跑了曹贼，再聚不迟。”

刘琦是一个仁慈孝顺的人，听到这里，便原路折返了。刘表本来很喜欢长子刘琦，无论在长相还是性格上，刘琦都与自己很像，只是后来刘表迎娶了蔡夫人，蔡夫人生下刘琮后，刘表更喜欢刘琮。蔡夫人及蔡夫人的弟弟蔡瑁自然也都偏向刘琮，希望刘表去世后，刘琮能接替刘表。刘表也是因此才让长子刘琦出任江夏太守。

刘表这次病重，蔡瑁极力将刘琦劝返，就是怕刘表见到刘琦后会委任后事。八月，曹操大军还没有到达荆州，刘表就病死了，终年六十六岁。

蔡夫人与蔡瑁拥立刘琮做了荆州之主，不过，待曹操一到襄阳，刘琮便率领全州军民投降了曹操。

蔡瑁，字德珪，东汉末年荆州名族，姐姐为刘表继室蔡氏，曾协助刘表平定荆州，后任刘表军师。刘表死后，拥护亲外甥刘琮继位。曹操进军荆州时，胁迫刘琮投降曹操，任司马等职，封汉阳亭侯。

张允，东汉末年刘表部将，也是刘表的外甥，后归降曹操。降曹后，虽有官职，但未得好死，曹丕曾大骂他和蔡瑁等人“为百世戮试”。

曹操

一代枭雄

桀骜少年

夜幕降临，树影摇曳，太尉曹嵩站在门口，板着脸。

不一会儿，少年曹操就手舞足蹈地回来了。走到门口，见父亲脸色不对，立刻垂下了头。

“你最近都在忙些什么？”曹嵩严厉地问。

“禀告父亲，除了读书习武，别无其他。”

“读书习武？怎么你叔父说你游手好闲，专好飞鹰走狗！”曹嵩大声呵斥，“男儿日后要建功立业、光耀门楣，你如此不学无术，怎能成大事？”

曹操一声都不敢辩解，内心对叔父多有怨愤。从这日起，曹操一改往常的放浪形骸，这让曹嵩很欣慰。

有一天，曹操看到叔父走过来，便大叫一声，倒在地上。叔父急忙上前，只见他口眼歪斜。

“叔……父……我……中风了。”

叔父赶紧跑去找曹嵩。二人急匆匆赶来，却见曹操端坐在院中，正在读书。

“你不是中风了吗？”曹嵩万分疑惑。

“父亲，我没有中风的毛病，应该是叔父不喜欢我，诬陷于我。”

曹操的叔父听了，胡子都要气歪了。

从此之后，曹操的叔父再说什么，曹嵩也不那么相信了。曹操又恢复了以往的肆意妄为。后来，曹操和袁绍甚至把别人的新娘劫走了。在逃跑途中，他们误入了荆棘丛，袁绍跌了一跤，爬不起来。眼前追赶他们的人越来越近，曹操大叫了一声："贼人在这里！"吓得袁绍一下子就爬了起来。由此可见曹操性情。

曹操是**沛国谯县**人，字孟德，小字阿瞒，是西汉相国曹参的后代。他从小就很机灵，也很能干，善于随机应变，但是，又总是任侠放荡，意气用事，不注意德行，也不好好读书。很多人都认为曹操是个坏小子，没出息，只有**桥玄**、**何颙**（yóng）觉得他有雄才。

桥玄曾对曹操说，天下大乱时，能治国安邦、拯救天下的，恐怕就是你了。

曹操二十岁时，被举为孝廉。此后他做过郎官、县令、骑都尉、议郎等。他严肃法纪，就算是皇帝宠信的人，一旦犯错，他也要严惩。在朝期间，他得罪了很多权贵，备受排挤，先后几次离开朝廷，回乡隐居。

沛国谯县，今安徽省亳州市。

桥玄，字公祖，东汉时期名臣，曾任将作大匠。汉桓帝时，任度辽将军，击败鲜卑、南匈奴、高句丽。汉灵帝时，升太尉，因有感于国势日衰，称病请辞，七十五岁去世。桥玄性格刚强，不阿权贵，谦逊清廉，去世时连下葬的钱都没有。

何颙，字伯求，东汉末年名士。宦官掌权时，遭到诬陷，逃亡汝南郡，之后，任相国长史。参与谋刺董卓失败，忧愤而死。

征讨董卓

东汉末年，黄巾起义爆发。曹操起兵镇压，被任命为东郡太守。他看不惯官场黑暗，弃官回到故里。

当时天下纷乱，冀州刺史王芬等密谋叛乱，想联合曹操，但被拒绝了。最终，王芬兵败自杀。再后来，西凉韩遂叛乱，天下动荡，曹操被任命为典军校尉。

凉州军阀董卓入京后，犹如嗜血的野兽，暴虐不堪，夺取政权，废汉少帝，改立陈留王刘协，即汉献帝，并控制汉献帝，纵容抢掠。

曹操十分厌恶、憎恨董卓。董卓却很欣赏曹操，为了拉拢曹操，董卓封他为骁骑校尉。曹操不愿与董卓同流合污，改名换姓，逃往家乡。半路，他被抓住，但有人暗中认出了他，为他求情，他又被释放了。

曹操逃到陈留，开始招募义军讨伐董卓。

公元190年春天，各路诸侯起兵，以袁绍为盟主，共同讨伐董卓。曹操率领他的军队加入讨伐董卓的联军，被任命为奋武将军。

联军逼近京都，董卓挟持汉献帝迁都长安，并将洛阳的宫室焚毁。

然而，让曹操失望的是，董卓逃走后，各路诸侯只想争夺地盘，联军变成了散沙。

曹操怒斥道：“董卓焚烧皇宫，劫走天子，海内震动。如今我们应该一鼓作气，诛杀董贼，一战定天下，机不可失！”

然而，众军阀不理，只有一路人马支持曹操。

曹操继续追击董卓，与董卓部将发生激战。曹操被流箭射中，坐骑也受了伤，幸亏他的从弟把自己的战马让给了他，他才趁着夜色逃出了包围。

曹操回到联军驻地酸枣，看见十多万人正在设宴喝酒，不禁勃然大怒，教训了他们一番。然后，他提出下一步作战计划，但无人采纳。

曹操愤然道："你们如此不思进取，让天下人失望，令人感到耻辱！"

他的斥责换来的只是嘲笑。曹操彻底失望，离开了联军。不久，各路军阀间开始了争权夺势的内战，联军解散。

逐鹿中原

曹操在击破黑山贼时有功。于是，袁绍上奏朝廷，推举曹操为东郡太守，郡治设在东武阳。曹操驻扎在东郡。

不久，董卓被吕布杀死，董卓的部将劫持了汉献帝，把持朝政。此时，黄巾起义也更加水深火热，足有上百万黄巾军攻破并进驻兖州，兖州刺史在抵抗时被杀，兖州一时群龙无首。

消息很快传到了东郡。

"西边，皇上被叛贼挟持；东边，黄巾军陈兵百万，真是天下大乱、狼烟并起啊。"曹操感慨道。

"时势造英雄，如今虽是乱世，但也是成就霸业的好时机。”谋士陈宫说。

“先生说得是。”

陈宫趁热打铁道：“眼下兖州群龙无首，若主公能接管在手，便可借此成就霸业。”

曹操点头，派陈宫前往兖州，劝说当地的官吏。

陈宫到了兖州，对坚守兖州的**鲍信**说：“州中不可一日无主，我家主公怀有济世之才，若由他来统领兖州，定能匡扶汉室、安抚黎民！”

鲍信，东汉末年济北相。袁绍、曹操等人起兵讨伐董卓时，鲍信起兵响应。讨董联盟破裂后，鲍信劝告曹操静观其变。兖州刺史刘岱死后，鲍信迎曹操为兖州牧，后与黄巾军交战，为救曹操而战死。

鲍信说：“当年曾有幸与曹公一起追讨董卓，两军对峙时，联军各怀鬼胎、按兵不动，唯有曹公领军攻伐。尽管最终失利，但勇气令人钦佩。”

其他官吏也纷纷赞叹曹操抵御黑山贼有功。黑山贼寇猖獗，原先的东郡太守不能抵御，还是曹操将贼寇击败，才保一方安危。

一番交谈下来，兖州官吏都愿意由曹操接管兖州。最终，鲍信等人迎曹操为兖州牧。

曹操指挥兵将攻打黄巾军，鲍信力战身亡，但最终黄巾军被击败。曹操将投降的三十万黄巾军选择精锐编为“青州兵”，一时风头极盛。

后来，曹操与袁绍结盟，一起对付袁术。袁术与公孙瓒、陶谦结盟。曹操大败了他们的联盟，这让陶

陶谦，字恭祖，东汉末年大臣，任幽州刺史、议郎等职，性格刚直，有大志。徐州黄巾反叛朝廷时，陶谦任徐州刺史，击破徐州黄巾。随后他遣使进京，向天子朝贡，被升为安东将军、徐州牧，封溧阳侯，后被曹操打败，大半徐州为兵祸所害，陶谦过度忧劳而死。

谦怀恨在心。

一日，陶谦得知，曹操的父亲曹嵩要从琅琊前往兖州，于是，他偷偷派出骑兵，杀死了曹嵩。

曹操大怒，领兵东征**陶谦**，攻打徐州，为父报仇。

双方交战激烈，曹军所到之处，大多进行了残酷的屠杀，数十万百姓被迫卷入战争，丢掉了性命，甚

至连看门的小狗也没能幸免，堆积如山的尸体断绝了泗水。

前线大战如火如荼时，曹操的后方发生了变化。谋士陈宫认为曹操心术不正，离开曹营，前往吕布那里，为吕布出谋划策，偷袭了兖州。

消息传来，曹操只得回兵，与吕布作战。两军陆续大战几回合。

吕布用骑兵冲散了“青州兵”，使曹操阵势大乱。曹操飞马冒火突围，结果摔下了马，左手掌被烧伤。一个部下急忙扶他上马，带他冲出了重围。

这边众将由于没有见到曹操，不免慌乱，十分害怕。曹操强撑着伤痛之躯，去慰问大家。

激战继续进行，曹操毫不退缩，最终击溃吕布。吕布连夜逃走，曹操连夜追击，最终，吕布投奔了徐州牧刘备。

此时，汉献帝正在旧都洛阳，曹操赶到洛阳，保卫京都。

洛阳城已经残破不堪，曹操想把汉献帝接到许昌。半路，有军阀想要劫走天子，但错过了时机。

天子任命曹操为大将军，封武平侯，袁绍很生气，曹操便把大将军一职让给了袁绍。天子又任命曹操为司空，代理车骑将军。

曹操控制了汉献帝，从此“挟天子以令诸侯”。

刘备此时为徐州牧，吕布为了取代刘备，发兵攻

打刘备，刘备只好投奔曹操。

谋士程昱劝说曹操：“刘备有雄才大略，深得民心，不会久居人下，不如趁此除掉他。”

曹操回答：“现在正是招揽贤才之时，杀一人而失天下人心，得不偿失。”

刘备就这样保住了性命。

义释关羽

刘备投奔曹操后，二人联手攻灭了吕布。

曹操虽然拒绝杀掉刘备，但是暗地里对刘备提防万分。

后来，曹操派刘备去攻打袁术，谋士程昱、郭嘉听说后，急忙对曹操说：“不该放走刘备。”

曹操后悔不迭，忙派人追赶，但没有追上。

刘备借机背叛了曹操，杀掉了徐州刺史车胄（zhòu），占领了徐州，并命关羽镇守下邳，自己驻军沛县。

公元200年，曹操亲征刘备。刘备战败，逃命中，连妻儿都抛下了，自己去投奔袁绍。

曹操攻陷下邳，生擒了关羽。

关羽是义薄云天之人，曹操非常赏识他，拜他为

车胄，东汉末年将领。曹操占据徐州后，任车胄为徐州刺史。刘备率军攻曹，到了下邳，便杀死车胄，屯驻小沛。

偏将军，想把关羽纳入麾下。为此，曹操特意派遣关羽的老相识张辽前去游说。

但不管张辽如何劝说，关羽都不为所动，只希望能有机会为曹操立下战功，报答他的恩情，然后去寻找刘备。

二月，袁绍进攻曹操，关羽主动请缨打头阵，击杀了袁绍的大将，并趁机逃奔刘备。

“是否要派人去追关羽？”张辽问道。

“云长是一位令人敬佩的义士，既然各为其主，就随他去吧。”曹操说。

官渡之战

曹操与袁绍在官渡展开大战。

袁绍前后连营，依着沙丘扎寨，军营长达几十里地。曹操把阵营分开，与袁军对抗，但交战失败。

曹公只有一万的兵将，其中，两三千人已经受伤。

袁绍下令往曹营放箭，箭如雨下，曹军士兵非常恐慌。

曹军的粮食又快没有了，曹操心里不安，不知如何是好，于是给谋士荀攸（yōu）写了一封信，打算撤退。

《三国演义》中有一个重要的故事：千里走单骑。大意是，关羽在曹营时，得知刘备投奔了袁绍，便离开曹操，单人匹马保护二位嫂嫂，去寻找刘备了。途中，他受到五关六将的阻拦，无奈过五关斩六将，最终与刘备相会。

荀攸飞快地回了信，不让曹操撤退。

荀攸说：“主公用最弱的军队抵挡最强的军队，

若不能胜，则被敌胜，所以定要胜。况且，袁绍不过一个普通人而已，他不能很好地调用兵将。”

曹操听从了建议，坚持作战。

江东的孙策见曹操与袁绍酣战，想偷袭曹操的大本营许昌，还不等出兵，就被刺客杀死了。

公元200年，袁绍命淳于琼带领一万多人运送粮草，囤积在乌巢。这是机密的事。但谋士许攸对袁绍不满，就偷偷跑到曹操那里，告诉曹操可偷袭淳于琼。曹军将领都不信，只有荀攸、贾诩相信，他们极力劝说曹操行动。

曹操于是亲自率领五千人，夜里行军，天没亮就赶到了乌巢。

淳于琼在营内固守，并请求袁绍增援。袁绍火速派去了骑兵。

曹军士兵慌张地向曹操报告：“敌人的骑兵越来越近了，请多派兵来。”

曹操恼怒地吼道：“等敌人到了背后再来报告！”

曹军只得殊死奋战，把袁军打得一败涂地。

曹操追赶袁军时，缴获了很多辎重、图册书藏，还有袁绍的来往书信。曹操发现，很多自己的部属都暗中给袁绍写信，但他没有看信，而是立刻把信全部

祢衡，字正平，东汉辞赋家、名士，性情刚傲，蔑视权贵。孔融称赞他“淑质贞亮，英才卓跞”，多次举荐他。曹操召见祢衡，祢衡拒绝，曹操强召他为鼓史，以侮辱他。祢衡裸身击鼓，也侮辱曹操。曹操想借他人之手杀死祢衡，便把他送给荆州牧刘表，刘表又将他送给江夏太守黄祖，终被黄祖所杀，年仅二十六岁。

烧掉了，也没有再追究此事。

这个举动，让众人安心，避免了动荡。

曹操打败袁绍之后，再也没有人能抵挡曹操的锋芒了。不久，曹操统一北方。众多军阀、士人都纷纷依附曹操，但仍有人反抗曹操，包括名士**祢衡**等人。祢衡曾裸身击鼓，侮辱曹操。

曹操
祢衡

赤壁之战

公元208年，曹操废除三公官职，恢复丞相制度，并自任丞相。

七月，曹操率军南下，讨伐荆州的刘表。大军还没抵达荆州，刘表就病死了。九月，刘表的儿子投降了曹操。

公元208年，曹操征讨荆州前后，杀死了神医华佗。据说是因为华佗要为头痛的曹操做开颅手术，引起曹操误解而下狱拷打。华佗临死前，将一卷医书送给善待他的狱吏，狱吏害怕，不敢接受，华佗于是忍痛烧毁。关于华佗之死，史书中还有其他说法，至今尚无定论。

曹操占据荆州后，刘备逃到夏口，打算与江东的孙权联合。

曹操给孙权写了一封信："我受天子之命，讨伐叛逆，现统领水军八十万，将要与将军在吴地狩猎。"

孙权读信后大怒，命令周瑜率军与刘备汇合，共抗曹操。

听到这个消息，曹操笑道："区区几万士兵，还想和我几十万大军对抗，真是自寻死路。"

曹操继续南下，与孙刘联军在赤壁展开阵势。

曹军大多是北方人，不习惯南方的水土，也不习惯在船上作战，没多久，不少人就病倒了。一个谋士建议曹操，可以把战船用铁索连接起来，日夜操练，让士兵们渐渐习惯水战。曹操立刻照办了。

过了一段时间，曹操收到一封来自江东的信，是江东老将黄盖的投降信。黄盖还在信中约定了投降的时间与旗号。

黄盖，字公覆，东汉末年东吴名将，为人严肃，善于训练士卒，每次征讨，他的部队都最为勇猛善战。赤壁之战时，送伪降书给曹操，然后纵火焚烧曹军船只和军营，升武锋中郎将。后又破武陵诸贼、长沙益阳县山贼，后官至偏将军。

曹操反复读信，怀疑其中有诈，命全军严加防范。

然而，在约定之日的夜里，果然有十几艘小战船悄悄地向曹军战船驶来。

曹操看着疾驰而来的小船，高兴地说："十几艘小船能兴起什么风浪？看来，这黄盖是真的要归降了！"

小船越来越近，到了江心时，突然刮起一阵猛烈的东南风。小船上突然燃起了熊熊烈火，直奔曹军战船而来。眨眼间，十几艘战船变成了火海，向曹操的战船扑来。

曹操惊慌地下令："赶快解开锁链！赶快解开锁链！"

但为时已晚，火船借着风势，撞上了曹军战船，大火瞬间弥漫了整个船队。船队为了保持稳定，首尾相连，根本来不及分散逃跑。

周瑜等人率领水军紧随而来，喊杀声震天，曹军大败。

曹操只留下曹仁等人守江陵城，自己带着剩余的部队回北方了。

华容道，通向华容县城的路线，当时还是一片沼泽，曹军需一边割草填地一边逃跑，不少士兵惨被活埋，极为惨烈。《三国演义》中记述，诸葛亮派关羽事先埋伏在华容道，关羽感念曹操昔日厚待自己，不忍擒杀，放走了曹操。

大破马超

赤壁之战过后，曹操返回北方。

公元211年，**张鲁**占据汉中郡。曹操派钟繇、夏侯渊进攻汉中，讨伐张鲁。

曹军经过凉州时，凉州大将马超认为这是曹操的假道伐虢之计，以借道之名，实则是想吞并凉州。于是，马超联合韩遂等诸多将领，起兵反曹，将曹军挡在了潼关。

曹操得知后，亲自出征，来到潼关。

曹操命令军队北渡黄河，偷袭马超，但被马超的探子发现。曹军刚刚渡河一半，就遭到了马超军的痛击，幸亏校尉丁斐命人放出牛羊，造成混乱，才保下了部分渡河的曹军。

好不容易渡过黄河，曹操沿河安营扎寨，并设下伏兵。

马超率兵前来进攻，结果，被曹操事先埋伏下的士兵打败。

两军交战日久，马超、韩遂的粮草渐渐供应不上了。他们想和曹操讲和。曹操假装同意，让韩遂过来和谈。

韩遂到了之后，曹操却绝口不提议和的事，反而

张鲁，字公祺，东汉末年割据汉中一带的军阀，传说是西汉留侯张良的十世孙，雄踞汉中近三十年后，投降曹操，任镇南将军，封阆中侯。

说起从前的旧事。

韩遂回去后，马超问曹操都讲了什么，韩遂摇头说，什么也没讲。马超顿时起了疑心，认为韩遂背叛他，偷偷和曹操结为同盟对付他。

几天后，曹操又给韩遂寄了一封劝降信，故意在信上做了很多涂改痕迹。马超看到后，更加怀疑韩遂。

就这样，曹操成功离间了马超与韩遂。之后，曹操与他们约定会战日期。

由于马超怀疑韩遂，双方不能合力，很快被曹军精锐打败。此战被称为“渭南之战”。

趁着胜利，曹操下令直取汉中，一路紧锣密鼓，逼降了汉中的张鲁。

张鲁没有像其他军阀那样将粮草烧毁，而是封存了起来，这让曹操十分感动，于是封张鲁为镇南将军。

接着，曹操又命令大将张郃等攻取益州的刘备，但刚入蜀地不久，就被张飞击败。

刘备不甘示弱，与曹操争夺汉中。最终，刘备胜出，占领了汉中，但曹操把汉中的大量百姓迁到了北方。

力保襄樊

公元212年，曹操被封为魏公。他在邺城建了**铜雀台**，后来他又被封为魏王。公元219年，曹操的夫人**卞氏**被立为王后。同年，曹操撤往长安。关羽趁襄阳、樊城一带兵力空虚，带兵攻打。曹操派大将于禁前往樊城救援。

铜雀台，位于今河北省邯郸市临漳县城西南。曹操曾建铜雀、金虎、冰井三台，为建安文学发祥地。其中，铜雀台最盛时，台高十丈，台上还有五层楼，离地共二十七丈，高达六十三米。楼顶又有铜雀高一丈五。明朝末年，铜雀台久经毁坏，只留下台基一角。

卞氏为歌舞伎出身，因才貌过人，被曹操纳为妾室。卞氏见多识广，有主见，曾为曹操挽留住想要离开的将士。曹操的原配丁夫人离异后，曹操不能忘怀，常请丁夫人回宫赴宴。卞夫人请丁夫人坐在嫡妻位置上，自己退居妾位。丁夫人死后，卞夫人又给她操办丧事。卞夫人生有曹丕、曹彰、曹植、曹熊四子。丁夫人死后，卞氏被立为正妻，七十岁去世。

寒秋将至，风越发冷了，曹操略微感觉到寒意，侍从急忙给他披上衣服。

“看来是老了，弱不禁风啊。”曹操笑道。

这时，一人急匆匆跑来，手中拿着一封信。“报！樊城曹仁将军的告急文书！”

曹操打开信一看，大惊失色，脱口而出：“于禁率领七军前去救援，竟然全军覆没了？”

“魏王，天降暴雨，樊城被水淹没，关羽利用大水进攻我军，于将军被迫投降。”

“庞德呢？”

“庞德将军宁死不屈，被关羽杀害了。”

“知道了，下去吧。”曹操静静地站了很久，秋风的寒意越发浓烈。

曹操思忖着，襄阳被围，樊城危在旦夕，这样下去，许都可能保不住了。

司马懿的看法不同，他说：“于禁的七军不过是亡于洪水，洪水很快就会退去，而关羽长时间攻伐，正是疲乏不堪之时，若丞相派出援军围攻，定能打败关羽。”

曹操赞同地点点头，随即下令，由徐晃等率军前去支援死守樊城的曹仁，后又派兵增援徐晃。

果然如司马懿所料，曹操的援军抵达后，关羽的军队过于劳累，不能抵抗。

之后，两支军队夹击关羽，关羽退到临沮，被孙权的军队俘获。

孙权杀死关羽后，将他的首级送给了曹操，以表忠心。

曹操感慨万千，回忆起当年关羽在自己麾下时的情景，万分惋惜。他下令，以诸侯之礼安葬关羽之首，并对文武百官说："关将军是世上难得的忠义之士。"

烈士暮年

关羽之死给刘备带来了沉重的打击。本来，曹魏、东吴、蜀国三足鼎立的局面已经形成，现在刘备逐渐虚弱，东吴孙权为了避免曹操攻打自己，便一再向曹操示好。

一天，孙权派使者去给曹操进贡，并表示，希望魏王能取代汉朝，建立魏朝，自己愿意对他俯首称臣。

曹操读过信后，对众臣说："孙权小儿是要把老夫放在火上烤啊。"

很多大臣都劝道："如今汉朝气数已尽，你为何不顺应天命呢？"

曹操说："即便天命如此，我也只愿做周文王。"

冬去春来，曹操的身体越来越虚弱，时常头痛不已。公元220年正月，曹操自觉大限已至，留下遗言，希望死后，一切从简，不得陪葬金银珠宝，各地驻军不得离开驻地，各级官吏要恪尽职守。**曹操死后，谥号为武王，终年六十六岁。**

曹操是曹魏政权的奠基者，曹魏建立后，被追谥为武皇帝。曹操懂兵法，善书法，能作诗，诗歌气魄雄伟，慷慨悲凉，开建安文学之风。曹操之才世所罕见，后世对他的评论分歧极大，也世所罕见。

曹丕

终结东汉

得遇甄氏

公元204年，被袁氏盘踞十几年之久的邺城，终于被曹军攻破。

邺城内，百姓四散逃窜，兵器、粮食、衣物……散落一地。

袁绍府邸却寂静得出奇，门口站着曹军大将许褚的几位士兵。

临近正午，一支骑兵扬鞭飞驰，旋风一般刮入邺城，直奔袁氏府邸而去。

“丞相有令，任何人不得进入袁府。”

“我奉父亲口谕，特来协助将军。”领头的年少骑兵说。

只见来者一身戎装，气质沉郁，他正是曹操的长子曹丕。

曹丕生于谯县，天资聪颖，文武双全，箭术炉火纯青，这一年刚刚十七岁。

曹丕下马，走入袁宅。袁家的成年男子大多都跟随袁尚逃走，奴婢也趁乱逃出了。

突然，内院传出一阵哭声。曹丕随着哭声，走进一间屋子。屋内有两名妇人正抱成一团，瑟瑟发抖。

曹丕拔出佩剑，问道：“你们是什么人？”

“妾是袁将军（袁绍）的妻子刘氏。”年龄较大的女人说。

“她呢？”曹丕又指了指躲在刘氏身后的年轻女子。

“她是我二儿子袁熙的妻子**甄氏**，为照顾我才留在这里。”

甄氏，姿貌绝伦，先嫁袁绍次子袁熙为妻，后被曹丕所纳，甚得宠爱。曹丕称帝后，甄氏被冷落，流露出怨恨之语，曹丕大怒，赐死甄氏。曹丕死后，甄氏的儿子曹叡即位，追谥甄氏为文昭皇后。

曹昂，字子脩，曹操的长子，刘氏所生，但刘氏早亡，由正室丁夫人抚养长大。曹昂随父亲曹操出征张绣时，遭到偷袭，曹操的战马死了，曹昂将自己的坐骑让给曹操，步行保护父亲逃脱，自己则战死。丁夫人得知曹昂死讯后，痛哭着大骂曹操，怒回故乡，与曹操断绝关系。

此时，甄氏微微抬头，曹丕一见，不禁惊为天人。

没多久，曹操也来到袁氏的宅邸。曹丕向曹操提出，想迎娶甄氏。曹操见甄氏出身高贵，容貌姣好，便答应了。

曹操为了彻底清除袁氏的残余势力，继续挥军北上，留儿子曹丕把守邺城。曹丕度过了一段快乐时光。

手足之争

公元211年，曹丕二十四岁时，因为曹操的关系，被任五官中郎将、副丞相。尽管如此，曹操并没有明确他就是自己的继承人。

曹操有二十五个孩子，最出色的是**曹昂**、**曹冲**、曹丕和曹植。曹昂为长子，曹操出征时，曹昂为救曹操而战死。曹冲则少年早夭。这样一来，继承人就要从曹丕和曹植两个人中挑选了。但曹操举棋不定，始终不说由谁来继承他的位置。

曹操的犹豫不决使曹丕和曹植各自形成了自己的势力集团。拥护曹丕的有贾诩、崔琰、司马懿等人，拥护曹植的有丁仪、杨修等人。他们各自设计谋，制

曹冲，字仓舒，曹操和妾室环夫人之子，从小聪明仁爱，与众不同，留有“曹冲称象”的典故。曹操非常喜爱曹冲，有让他继嗣之意，但曹冲十三岁就病死了。

杨修，字德祖，东汉文学家，为丞相曹操主簿时，总揽内外，总能准确地揣摩出形势变化。曹操与刘备相拒于阳平，进退两难，出令曰“鸡肋”，众人不解。杨修解释为：食之无肉、弃之有味，是回师之意。曹操得知后，很不高兴。后来，杨修帮助曹植争夺太子之位，曹操更加不满，借故杀之。

造舆论，尔虞我诈，互相倾轧。

杨修是一位智谋过人的奇士，帮助曹植在争夺战中占据了上风，但曹植率性放旷，不注意节制自己，这让曹操很生气。

公元217年，曹丕三十岁时，被立为太子，曹植被排除在继承人之外了。

曹丕三十三岁时，曹操病逝，曹丕继承了曹操的丞相之位、魏王之位。

建魏称帝

曹丕继位后，想继续曹操未完的事业，一统天下。

公元220年，曹丕率领大军，开始了征讨东吴的征程。

出征之际，负责财赋的霍性再三拦阻，说曹丕刚刚继位，不要轻易用兵。

这番话触怒了曹丕。他命人处死了霍性。霍性死后，曹丕后悔莫及，但已无法回头。

大军出发了，渡过黄河，一路向南，直到谯县才

停下。

曹丕到了谯县，突然停止南征，设宴款待六军将士和当地百姓。

不久后，当地传闻有凤凰出现，众人都议论着这是祥瑞之兆。曹丕为此举行了一场盛典，免去谯地两年租税。

不知不觉，秋天来临。曹丕带领军队离开了谯县，去了曲蠡。

曲蠡的不远处，就是汉献帝所在的许县。

汉献帝明白了曹丕的用意，曹丕带兵而来，是逼他禅位，由曹丕受禅。他从九岁开始，被董卓立为傀儡皇帝，被各路军阀挟持，如今已经四十岁，看破世事。他召集百官，颁布了禅让诏书，还制作了一个受禅碑，为自己正名。

同年十一月，曹丕接受了禅让，汉献帝被降为山阳公。魏朝建立了，曹丕成了魏文帝。

曹丕称帝后，追谥曹操为魏武帝，但曹丕并未立他曾经惊为天人的甄氏为皇后。此时，甄氏已经生下一儿一女。

第二年六月，甄氏因为说了一些不恰当的话语被赐死。

受禅碑

过了一段时间，曹丕封甄氏生下的皇长子曹叡为平原王。又过了几个月，立贵嫔**郭氏**为皇后。

郭氏，即文德郭皇后，字女王，幼时十分秀慧，其父奇之曰：“这是女中君王啊。”于是以女王为字。被曹丕所纳后，深受宠遇。郭女王有谋士之才，经常向曹丕献上良策，为人节俭、孝顺，不嫉妒，常为后宫妃子弥补、掩饰过失，但也时常僭越，礼仪直逼天子，为群臣所不满。

三征东吴

此前，东吴孙权因为杀害了关羽，害怕刘备报复，便假意与曹丕修好，共抗刘备。

孙权派使者带着丝绸和礼品献上文书，还送回了活捉的于禁等将领。魏文帝曹丕接受了，拜孙权为大将军，册封为吴王。

曹丕废汉献帝

曹丕

刘备要为关羽报仇，亲自出征，讨伐东吴。孙权再三请和，刘备盛怒不许。孙权赶紧给曹丕上书，请求曹丕出兵。

曹丕颔首而笑，写了回信，鼓励孙权奋勇杀敌。

曹丕对群臣说："刘备作战，用树栅连营七百余里，这是兵家大忌啊，他必定速亡。"

群臣半信半疑，结果，七天后，孙权攻破刘备的文书就传到了朝廷，朝中顿时欢声雷动。

孙权打败了刘备后，势力又见长，原打算送长子到曹丕那里做人质，现在不送了。

面对孙权的背叛，魏文帝曹丕十分恼怒，决定御驾亲征。

曹丕指挥诸军并进，几乎攻下了江陵，孙权的几条战线都溃败了，并且，军中突然暴发了疫疾，很多将士都病亡或病倒了。

孙权一见，赶紧重新进贡，示好言和，曹丕便退兵了。

魏文帝曹丕称帝后，共三次亲征东吴，都没有取得太大的效果。但是他整顿了官场不正之风，还恢复了太学，鼓励文化复兴，他自己文采不凡，留下了诸多诗文。

公元226年春天，曹丕去巡访许昌，但许昌城南门突然无缘无故地崩裂，这让他心里感觉厌恶，于是没有进城，直接返回洛阳宫了。

六月，曹丕病重，指定几位大臣辅佐太子曹叡，然后，让后宫的淑媛、昭仪等宫女都各自离开、回家了。

第二天，魏文帝曹丕驾崩，终年四十岁。

蜀书

刘备

知人之君

少年大志

太阳如同一个大火球，炙烤着大地，也炙烤着刘备家篱笆外的一棵大桑树。

一个人从远处走过来，对树下的几个大人说："这棵桑树太高了，足有五丈多高吧。从远处看就像车盖一样，这是不凡之物啊，此家必出贵人！"

树下的一位老者说："路过这里的人都这么说。"

另一个乘凉的人说："说了很多年，不知贵人何时才出现？"

刘备的叔叔刘子敬也坐在众人中，在一旁静静地听着。几个孩子正在旁边追闹玩耍，听了大人的话，突然有一个男孩跑了过来。

他指着桑树叫道："将来我长大了，一定要乘坐像这棵桑树一样大的羽盖车！"

这个男孩正是刘备。

刘子敬一听，大吃一惊，连忙站起来，把刘备拽回了屋。

"别胡说八道，一旦被当官的听到，我们会被灭族的！"刘子敬训斥刘备说。

刘备不吭声了，眼睛眨巴眨巴，不知道他心里在想什么。

刘备，字玄德，生于涿郡**涿县**，是汉景帝之子中山靖王刘胜的后人。刘备的祖父刘雄、父亲刘弘都在州郡做过官。不过，他的父亲很早就去世了，他和母亲为了活下去，不得不卖草鞋、织芦席，他的叔叔刘子敬有时会照应他们。

涿县，今河北涿州。

此时的刘子敬压根无法想到，他这个穷困潦倒的侄儿，日后会成为三分天下的蜀汉皇帝。

杖打督邮

刘备十五岁时，母亲让他外出游学，他与公孙瓒等人便一起拜同郡人卢植为师。

刘备与公孙瓒结下了深厚的交情，但他不喜欢读书，喜欢走狗跑马、听音乐、穿美服。

平时，刘备总是沉默寡言，不轻易表现自己的喜怒哀乐，但对所有人都很友好。他喜欢结交豪侠之士，很多年轻人都跑来找他。

有几位巨商在贩马时，经过涿郡一带，见到刘备，觉得他不是寻常之人，就赠送给他很多钱财。刘备有了钱财后，就招募了一支队伍。

公元184年，黄巾起义爆发，朝廷无力镇压，不得不允许各地豪强自主招兵，镇压起义。刘备听说后，立刻带着自己的小军队参加了战斗。

刘备不仅打败了黄巾军，还得到了关羽、张飞两大得力干将，并结拜为兄弟。

之后，刘备被朝廷任命为**安喜县**县尉。

安喜县，今河北定州市。

督邮，代表朝廷督察地方的官员。

有一天，朝廷下令要淘汰一部分因军功而成为官吏的人，该郡**督邮**打算遣散刘备。刘备前去拜见他，结果被拦在了门外。

关羽沉思道："据说那督邮每到一处便收受贿赂，给得多就能保住官位，给得少就可能官职不保了。"

张飞咬牙切齿地说：“我看那督邮不是什么好人，要我说，这小小的县尉也没什么稀罕的，不如教训教训这鸟督邮，再投奔别的地方去。”

刘备拎起一根棍棒，径直闯入了驿馆，把督邮绑了起来，大骂：“朝廷就是让你们这种人弄坏的！”

“大胆，赶紧把本官放了！不然绝不饶你！”督邮喊道。

刘备毫不理会，挥舞棍棒就杖打督邮，督邮很快就奄奄一息了。

“不可不可！”关羽急忙拦阻刘备，“此人是朝廷命官，打死了要按律惩处的。”

明朝小说家罗贯中在写《三国演义》时，把刘备怒鞭督邮改成了张飞怒鞭督邮，以突出刘备仁慈。

刘备点了点头，将棍棒扔到一边，把印绶挂在督邮的脖子上，然后与关羽、张飞离开了安喜县。

刘备弃官而逃，路上遇到起义军，双方发生战斗。因为再次立下战功，朝廷没有追究刘备擅打督邮的罪过，任命他为**下密县**县丞。

下密县，今山东昌邑市。

之后，他又出任**高唐**县令，被起义军攻破后，投奔了好友公孙瓒。

高唐，今山东省聊城市。

公孙瓒时任中郎将，他向朝廷推荐刘备为别部司马。之后，刘备又任**平原**国相。

平原，今山东省西北部。

郡里有一个人，名叫刘平，他瞧不起刘备，让刺客去暗杀刘备。因为刘备善待百姓，这位刺客不忍下手，就向刘备坦白了真相，然后自行离去了。

白捡一个徐州

曹操攻打徐州，徐州牧陶谦派人向青州刺史田楷求助，也向刘备告急。

刘备只有一千多名士兵，还有很少的幽州乌桓少数民族的骑兵，以及几千名从饥民中征召来的人。他到了徐州后，陶谦给了他四千名士兵。

刘备与田楷指挥军队，与曹操大军对峙。这时，陈宫、吕布等人进攻兖州，迫使曹操撤兵。

陶谦向朝廷上表，举荐刘备为豫州刺史，让刘备屯兵小沛。

不久，陶谦患上了重病，他对部属们说："没有刘备，徐州是得不到安定的。"

陶谦死后，他的部属们便去迎请刘备入主徐州，刘备再三谦让，不肯接受。

陈登说："如今汉室衰微，天下不稳，若要为天下人立功，现在正是时候。徐州富饶，人口百万，请委屈低就，掌管州事。"

刘备说："袁术兵多粮足，就在附近的寿春，而且他家四世出了五位公卿，众望所归，可以请他担任徐州牧。"

陈登说："袁术骄横跋扈，自以为是，不是治世的人才。现在众人愿为你招募十万兵马，既可振兴汉室、保护百姓，又可成就霸业、割据一方。"

北海国相孔融也劝刘备说："袁术不是忧国忘家之人，而是坟墓中的枯骨，不值一提。当今世道，百姓拥戴贤者，一旦错过，后悔就来不及了。"

北海，位于今山东青州。

刘备于是接管了徐州，成为徐州牧。

袁术听说刘备白捡了一个徐州，非常不满，于是带兵进攻刘备。刘备调兵遣将，与袁术作战。

刘备万万没有想到，守卫下邳的曹豹叛变了，将吕布迎进了下邳城内。他的妻儿还在下邳，被吕布俘虏。

刘备只得退兵小沛，并向吕布求和。吕布应允了，放归了刘备的妻子。

在小沛期间，刘备得到了兵马万余人，这让吕布十分恐慌，连忙派军攻打小沛。刘备兵败，投奔了曹操。

接密诏

曹操正是用人之际，便向朝廷上表，任命刘备为豫州牧，给了他一定数量的兵马，让他用来对抗吕布。

吕布十分勇猛，刘备抵挡不住。曹操派夏侯惇（dūn）去援助刘备，夏侯惇也战败了。曹操不得不亲征吕布。曹军把吕布包围在了下邳城，最终生擒了吕布。

斩杀吕布后，曹操上表朝廷，提拔刘备为左将军。曹操对刘备更加礼遇有加，常常让刘备和他一起坐车，一起吃饭。

刘备打着皇室宗亲的旗号，又尊崇天子、爱惜百姓，这对被曹操控制的汉献帝来说，无疑是一丝希望之光。

汉献帝写了一封密诏，偷偷交给老丈人、车骑将军**董承**，让董承交给刘备，诛杀曹操。刘备看到密诏

董承，汉灵帝母亲董太后侄子，汉献帝嫔妃董贵人之父，官至车骑将军。董承自称受汉献帝衣带诏，联合刘备等人密谋诛杀曹操，图谋泄露后，董承被杀。

后，想到天子之苦，涕泪交流。

一日，刘备被曹操召去饮宴。

曹操说：“当今天下英雄，唯有君与我。袁氏兄弟根本不值一提。”

刘备正在进食，听了这话，大吃一惊，连手中的勺子、筷子都吓掉了。

回来后，刘备与董承等人密谋，准备诛杀曹操。然而，行动还未开始，曹操就派刘备去攻打袁术。

路上，张飞问刘备："大哥不是真要屈从在曹操之下吧？"

刘备答道："别看曹操对我礼遇有加，其实一直防备着我。现在，他让我等率兵拦截袁术，我们可趁机逃脱。"

刘备刚走到半路，还没有和袁术交兵，袁术就病死了。刘备趁此机会进兵徐州，杀死了徐州刺史车胄，然后，命关羽守下邳，自己屯兵小沛。

公元200年，密诏一事败露，董承、董贵人等人被曹操杀死了。

于是曹操攻打刘备，刘备兵力有限，战败逃走，投奔了袁绍。曹操俘虏了刘备的妻儿和部将关羽。

投奔刘表

刘备投奔了袁绍，一个多月后，被打散的士兵渐渐前来投奔。

袁绍与曹操发生官渡之战，不久，关羽从曹操那

董贵人
曹操

里逃走，找到了刘备。刘备又惊又喜，感慨万分。

刘备打算离开袁绍，另举大事。一天，他来到袁府，求见袁绍。

刘备再三感谢袁绍收留他，然后说："曹操兵多将广，很难抵挡，不如联合荆州的刘表，共同对付曹操。将军若信得过我，联刘抗曹之事就请交给我。"

袁绍沉吟了一会儿，暗想，曹操曾斩杀自己的猛将颜良与文丑，的确不好对付；刘表坐拥荆襄九郡，若能结盟，对阵曹操也将多几分胜算。于是，袁绍说："玄德贤弟，此事便交给你了。"

刘备离开后，率领原来的兵马出发了。

公元201年，刘备来到荆州，投奔了刘表，被同为汉室宗亲的刘表奉为上宾。

刘表让刘备屯兵新野，其间，不少英雄豪杰来投奔刘备。谋士徐庶又向刘备推荐了诸葛亮，说诸葛亮有绝世之才。于是，刘备带着关羽、张飞三顾茅庐，终于请出诸葛亮。

一时间，刘备实力大增。

刘表知道后，怀疑刘备，开始暗加防备。曹操派夏侯惇和于禁进攻新野，刘表让刘备在**博望坡**抗击。

博望坡，今河南省南阳市方城县博望镇。

刘备设下伏兵，烧毁自己的营寨，假装逃跑。夏侯惇等人中计，跑来追击刘备，被刘备的伏兵打败。

败走长坂

公元207年，刘备的甘夫人生下了儿子刘禅。这让刘备非常喜悦。

这一年，曹操出兵乌桓，许昌空虚，刘备建议刘表去袭击许昌，刘表拒绝了。

次年，曹操出兵荆州。但曹军还在路上，刘表就病死了。于是刘表的小儿子刘琮向曹操投降了。

樊城，位于今湖北省西北部。

刘备正屯兵在**樊城**，听到消息后，大吃一惊，连忙离开。撤走途中，路过襄阳，诸葛亮说："如果现在攻打刘琮，可以夺取荆州。"

刘备叹了口气，说："我不忍心啊。"

刘备不愿对刘琮动兵。他在城外停下马，喊刘琮说话。刘琮内心惧怕、羞愧，不敢出来。有很多刘琮的下属和荆州人士，不愿追随刘琮，都跟着刘备走了。

到了当阳县时，追随刘备的人已经有十多万，粮草物资就装了几千车。这支军民混合的队伍就这样浩浩荡荡地出发了。车辙的嘎吱声、马儿的嘶鸣声、人群的脚步声、孩童的啼哭声交织在一起。

由于大部队一天只能行走十余里，有人劝刘备放弃这些跟随者，全速赶去江陵，以免江陵也被曹操夺走。

"现在，我们虽然人多，但是能作战的很少，如果曹军追上来，怎么抵抗呢？"很多人都很担心。

刘备对大伙儿说："要成大事，就要得人心。现在，百姓愿意追随我，我怎么能忍心抛弃他们自己跑呢！"

刘备让关羽带人从水路走，先到江陵，做好接应

工作。

不料，曹操自己率领五千精锐骑兵，一路急速追击，一个昼夜，就行进了三百多里，在当阳县的长坂，追上了刘备。

断杀随即开始，刘备乘马前奔，丢下了妻子儿女。

最终，诸葛亮、张飞、赵云等几十人也逃了出来。曹操得到了大批人马辎重。

刘备抄近路逃到汉津，正好遇到关羽的船队，便渡河而去。

半道，刘备又碰到刘表的长子、江夏太守刘琦的部队，于是，大家都去了**夏口**。

夏口，今湖北武汉市汉阳。

入主荆州

在夏口安顿下来，刘备问诸葛亮："接下来怎么办？"

诸葛亮说："可与孙权结盟，共抗曹操。"

刘备点头称是。

刘备派诸葛亮去见孙权，说服孙权同意结盟。诸葛亮去了东吴数日，成功而返。

公元208年，赤壁之战爆发，孙刘联军使用火攻，烧毁了曹军战船。曹军大败，孙刘联军一路猛追。当时正流行瘟疫，曹军将士也死了很多人，曹操不得不撤军了。

在赤壁大战中，刘备保举刘琦为荆州刺史，随后率众夺取了荆州四郡，有了立足之地。

不久，刘琦病死，刘备担任荆州牧。

攻取益州

张松，字子乔，东汉末年益州牧刘璋的别驾从事，被派到曹操处，不被曹操重视，还被曹操的部属杨修诘难，因而怀恨，劝刘璋与曹操断绝关系，而结好刘备，又与人密谋奉刘备为主。张松背叛刘璋，暗助刘备，被他的哥哥举报，后被刘璋杀死。

刘备在担任荆州牧期间，得到了南郡谋士庞统的支持。在庞统的建议下，刘备把目光瞄向了益州。

正巧，益州牧刘璋派人前来，请求刘备帮他抵御汉中的张鲁和北方的曹操。刘备趁此机会，留下诸葛亮、关羽守荆州，自己带着几万士兵来到了益州。

张松是刘璋的部下，他觉得刘璋无能，想要归顺刘备。在见到刘备后，张松表示，刘备与刘璋相会时，可以袭击、杀掉刘璋。

刘备犹豫片刻，说道："这是大事，不可操之过急。"

刘备答应刘璋，要帮助刘璋攻打张鲁。但是，他并没有这么做，而是到处笼络人心。

这时，刘备得到消息，曹操攻打东吴，东吴形势十分危急。

刘备急忙对刘璋说："孙氏与我是唇齿相依的关系，我必须回去救援，张鲁只是一个割据一方的贼寇，不必过于担忧。"

他请求刘璋支援一万兵马和大批粮草物资，但刘璋只给了四千人，其他东西也都减掉一半。

张松不同意刘备离开，说："眼看大事就要成功，

怎么能舍之而去呢？”

张松的哥哥害怕张松惹祸，牵连自己，便向刘璋揭发了张松。刘璋大怒，令人抓捕张松后杀死了。

刘备得知后，与刘璋结怨。

刘璋又下令，守关的将领不准把文书再送交刘备。刘备怒不可遏，令黄忠等人攻打刘璋。刘备又抓了益州将领和士兵的妻子儿女，作为人质，要挟刘璋军队。诸葛亮、张飞、赵云等人也领兵而来，只留关羽镇守荆州。

公元214年，刘璋大败，出城投降。

蜀地物产富饶，百姓乐业安居，刘备大摆筵席，犒赏将士们，还把蜀城的金银分给将士们。刘备自己兼任益州牧，以诸葛亮为辅佐。之前，被刘璋排斥的官员都受到了重用，有志之士纷至沓来。

争得一半荆州

孙权得知刘备得到益州后，就派使者入蜀，想把荆州要回来。

江东的使者见了刘备后，寒暄了一番，之后提出了要求。

刘备说："我准备夺取凉州，等夺下凉州后，就把荆州交回去。"

使者返回江东，将刘备的话报告给孙权。孙权见刘备赖着荆州不还，十分生气，派兵袭取了长沙、桂阳、零陵三郡。

刘备得到消息后，也派兵出击，一场大战一触即发。

就在这时，曹操大军南下，逼降了汉中的张鲁。刘备慌了神，连忙遣人向孙权请和。

最终，孙刘两家以湘水为界，平分了荆州，长沙、江夏、桂阳三郡给孙权，刘备占有南郡、零陵、武陵三郡。

与孙权缓和矛盾后，刘备立刻北上，与曹操争夺汉中。此时的刘备，已经兵多将广，最终打败了曹操，占据汉中。

公元219年，部属们拥立刘备为汉中王。

成都称帝

夜深了，刘备无眠，走出殿外，仰望星空，想起这么多年的漂泊，这么多年的寄人篱下，如今，自己与曹操、孙权形成了鼎足之势，三分天下，就连当年的董卓、袁绍、吕布也不如他啊。

刘备正回忆着往事，突然听到一阵急促的脚步声。

“荆州急传。”一名侍从说。

刘备拆开书信一看，顿时感到天旋地转。

“好你个孙权小贼！竟敢背叛联盟，投靠曹操，夺我荆州，杀我二弟，我绝不饶你！”刘备大骂道。

原来，孙权当初与刘备平分荆州是迫于形势，实际上他时刻都想要回荆州，因此，等到时机成熟时，便暗通曹操，将关羽杀死了。

“我一定要为二弟报仇！”刘备悲愤地发誓。

当初，刘备四处漂泊、征战，正是二弟关羽和三弟张飞始终追随他，不离不弃。没有他们的拼死战斗，他很难成就如今的霸业。

刘备听闻关羽在作战时，多次要求自己的养子刘封起兵相助，都被刘封拒绝了。刘备愤怒不已，在诸葛亮的建议下，赐死了刘封。后来，他又听说，魏国

一再劝降刘封，刘封都不肯投降，不禁又痛悔起来。

不久，刘备调动军队，准备出兵东吴。

公元220年，曹操去世，曹操之子曹丕篡位，自立为帝，改国号为魏。传说，汉献帝被曹丕害死了。

消息传到益州，众人激愤，纷纷请求刘备称帝。刘备一再推托，最终在成都登基为帝，立儿子刘禅为皇太子，诸葛亮为丞相。

东征未还

刘备称帝后，并未忘记为关羽复仇之事，他不顾众人的拦阻，于公元221年秋季率军出发了。

刘备亲征东吴的消息传出后，孙权大为惶恐，十万火急送来求和信，刘备大怒不许，将书信撕得粉碎。

复仇大军很快攻破了秭（zǐ）归。第二年春天，刘备率军在夷陵一带，与东吴陆逊展开对峙。

多日以来，陆逊坚守不出，蜀军挑战多次，都没有结果。天气渐渐热起来，转眼间到了夏季，刘备再次命令将士们去向陆逊挑战，但陆逊仍然坚守不出。

为了让士兵们凉爽一些，刘备下令移营在树林中，营帐都连在了一起。

一天夜里，刘备被一阵惨叫声惊醒，他赶紧走出营帐，只见四周都是火，将士们乱成一团。

刘备

白帝城，位于今重庆市奉节县白帝镇白帝村，地处长江三峡西端。

“不好了，陛下，陆逊使用了火攻，我们的大营着火了！”兵士们惊恐地呼喊道。

刘备如梦初醒，后悔不该在林中安营扎寨。刘备急忙撤退，扔掉车马辎重，勉强逃出来，驻扎在**白帝城**中。

白帝城托孤

在白帝城的日子里，刘备深感寂寥。在梦里，他常常看见关羽、张飞等人。他的身体日益虚弱，过了几个月，就病危了。

公元223年，丞相诸葛亮从成都赶到白帝城。

天刚蒙蒙亮，一个宦官来到刘备榻前。

“陛下，丞相到了。”宦官轻声说。

刘备转头，看到诸葛亮跪在他的床边。

“陛下，亮没能时刻守护在陛下左右，臣万死。”诸葛亮泪流满面。

“丞相不可这么说。此番召你过来，是有事相托啊。”

刘备让诸葛亮起来，自己也流下了热泪。

“当年，丞相在隆中为朕定下三分天下之策，之后陪我征战多年，本来还希望能与丞相一起在长安饮

酒，只可惜我等不到那一天了。”

诸葛亮哽咽难言。

刘备说：“朕的儿子刘禅就交给丞相了。如果此子有才，请丞相辅佐。如果此子无才，就请丞相自掌江山。”

刘备话音刚落，诸葛亮急忙跪下。

“臣就是肝脑涂地，也当鞠躬尽瘁，辅佐太子，光复汉室。”

六月，刘备病逝，终年六十三岁，被追谥为昭烈皇帝。

吴书

孙坚

江南忠烈

独斗海盗

熙熙攘攘的钱塘县大街上，一群海盗正在行凶作恶。一阵刀光剑影闪过，几个商人被海盗砍倒在地，海盗抢夺钱财，在一旁分赃。行人都不敢靠近，船只也不敢停靠。

一对父子坐在船上，恰好看见了。

少年对父亲说："让我去捉拿这些强盗吧。"

父亲说："这种事不是你能干的。"

少年还是拿起刀上了岸，他用手一顿东指西指，好像在分派、指挥几股队伍去包围海盗一样。

海盗被他英勇无畏的气魄震慑住了，以为他真是

官府派来的人，赶紧逃跑了。

不料，少年如同一只灵敏的猎豹，飞快地追到海盗身后。说时迟，那时快，少年挥刀砍向了一个海盗。其他的海盗顾不上财物了，拼命飞逃而去。

“小兄弟真是好本事啊！”获救的百姓们涌上来，围住那年轻人夸道。

“大家赶紧把自己的钱财收好。”少年说完，便向船上去了。

这个人就是孙坚，时年十七岁。孙坚字文台，出生在**吴郡富春**，相传是春秋时期军事家孙武的后代。他自幼性情豁达，喜好侠义之事，习得一身好武艺。

吴郡富春，今浙江省杭州市富阳区。

大战黄巾

孙坚因为在钱塘县单刀击杀海盗，名声大振，被官府任命为假尉。

公元172年，会稽郡人许昌造反，孙坚以郡司马的身份招募了一千多名义兵，联合州郡官兵，剿灭了许昌这股势力。孙坚又被朝廷任命为盐渎县丞，后来又改任盱眙县丞、下邳县丞。

公元184年，黄巾军张角在魏郡起义。朝廷派朱俊等诸将前去平叛，孙坚担任佐军司马。

战场上，尘土蔽日，狼烟滚滚，杀气遮天。随着交战声越来越弱，胜负终于见了分晓，一群头裹黄巾的士兵逃离了战场。

“乘胜追击！”孙坚一声令下，指挥官兵们发起了追击。

孙坚策马扬鞭，奋力追赶，不知不觉，冲到了最前面。

忽然，一支冷箭不知从何处射出，正中孙坚的大腿。孙坚从马上跌落，马冲进了荆棘丛，受惊跑走了。孙坚挣扎着爬了起来，耳边传来黄巾余党的声音。

“终于把官兵甩掉了。”

“不要大意，只怕这附近还有官兵。”

孙坚忍住伤痛，不敢大气出声，静静地躲在灌木丛中。

不知过了多久，孙坚听到一阵马蹄声，随之而来的是几个熟悉的声音：“孙将军，你在哪儿？”

原来是他的士兵在寻找他。

“我在这儿。”孙坚在灌木丛中挥着手。

“将军没事吧？你的战马跑回了营中，把我们带到这里来了。”

孙坚被士兵们接回大营，休养了一段时间。

他听说汝颍的黄巾军固守宛城，官军多次攻打，也没能攻破。于是，伤势刚好，他就带领将士们攻打宛城去了。

只听号角声响起，将士们如同离弦之箭，冲了出去。战场顿时狼烟蔽日。

孙坚奔上云梯，几个箭步冲上城楼，与黄巾军厮杀起来。

将士们看到孙坚冒着生命危险敢当先锋，也都一齐杀上去。霎时间，城楼上刀光剑影。黄巾军很快乱了阵脚，宛城就这样被攻破了。

孙坚被朝廷任命为别部司马。

后来，长沙贼寇作乱，朝廷又命孙坚为长沙太守。孙坚驻守长沙，剿灭反贼，深得拥护。

怒斩张咨

董卓专政后，各州郡纷纷起兵准备讨伐董卓。

孙坚也开始招募义兵，一个名叫黄盖的人跟随了他，黄盖就是后来在赤壁之战中大显身手的名将。

之后，孙坚带着几万兵士杀向洛阳。走到南阳

时，把檄文交给南阳太守张咨，请张咨提供军粮。

张咨觉得孙坚官位低，瞧不上孙坚，既不出城迎接，也不调拨军粮。

孙坚得知后，叫来几个士兵，对他们附耳说了些话。

第二天，士兵们便牵着黄牛，拎着美酒，送给张咨。张咨收了之后，到了孙坚营中答谢。

二人分宾主坐下，开怀畅饮起来。

过了一会儿，长沙郡主簿走了进来。

“禀将军，我军移师南阳，南阳既没有提前修好道路迎接，也没有准备好钱粮，请将南阳的主簿抓起来问一下缘由。”

“哦？竟有这样的事？”孙坚故作不知。

“回将军，属下所言属实。”

“你去办吧。”孙坚端起酒盏，一饮而尽。

张咨惊恐无比，生怕自己扣押粮草的事被发现。他见孙坚有些醉了，准备悄悄离去，却被守在帐外的士兵们拦住。张咨只得回到座位上，正忐忑间，长沙主簿又走了进来。

“禀将军，主簿说是南阳太守故意拖延粮草，请将太守按军法处置！”

张咨的心一下提到了嗓子眼。

“军法如山，我也只能依法行事了！”孙坚看向张咨。

张咨还没来得及辩驳，就被几名士兵拖出去斩首了。

此后，各郡县再也没出现阻挠孙坚进军的事。

孙坚与袁术在鲁阳会师后，袁术上表推荐孙坚为破虏将军，兼任豫州刺史，于是孙坚驻守在鲁阳城。

战死沙场

鲁阳城外，孙坚正在祭祀路神，为督运军粮的公仇称送行。

“报告将军，董卓军马杀过来了，已经有几十名骑兵接近军营！”

“列阵，无令不得动！”孙坚不慌不忙地下令。

董卓军队的骑兵逼近了孙坚的军营。他们见到孙坚的军队严阵以待，赶紧勒住了马，不敢轻举妄动。

两方对峙了一会儿后，董卓军悄悄退走了。

次年，孙坚移军驻扎到梁郡，还没安顿好，就遭到了董卓军的猛烈进攻。孙坚战败，率领几十名骑兵突围而去，董卓军穷追不舍。

孙坚逃奔多时，也没甩掉身后的追兵。

“将军，你头上的红色头巾太显眼了，把头巾给我吧！”孙坚的部将祖茂说。

“我怎么能这么做！这不是让你送死吗？”

“将军，把头巾给我，你从小路撤退，我会想办法逃脱的。”祖茂再三坚持。

孙坚咬咬牙，把头巾交给了祖茂。祖茂引开了董卓的追兵，又把孙坚的头巾套在坟间的柱子上，自己藏进草丛中，躲过了追捕。孙坚躲过危机后，再次集结军马，大战董卓军，斩杀了董卓的都督**华雄**。

华雄，东汉末年董卓的都督。关东军阀讨伐董卓时，董卓派华雄等人进攻长沙太守孙坚，结果大败，华雄被杀。明朝小说《三国演义》中，把这段历史改为“温酒斩华雄”，描写华雄为关羽所杀。

“有孙坚这样的江东猛虎，何愁董贼不灭！”袁术大喜道。

“此言差矣，这江东猛虎若是立下了盖世之功，朝中还有将军你的席位吗？”一位谋士说。

袁术沉吟不语，于是，断绝了孙坚的粮草供应。

孙坚一连多日不见袁术的粮草支援，便连夜骑马来到袁术营中。

当得知袁术的顾虑后，孙坚愤愤不平，说道：“我与董卓无冤无仇，之所以共举义旗，是为国家社稷，眼看讨贼成功，我们却要互相猜忌，还怎么成就大业！”

一席话令袁术羞愧不已。孙坚走后，袁术便补发了粮草。

董卓听说此事后，遣使到孙坚营中，企图与孙坚和亲，还要任命孙坚为刺史，一起对抗袁术。

孙坚说：“董卓大逆不道，不诛其三族，我死不瞑目，难道还要与他和亲吗？”孙坚毫不动摇，严词拒绝。

董卓无力抵挡讨董联军，挟持汉献帝迁都长安。可惜联军人心涣散，互相争夺地盘，孙坚内心悲愤，率军回到了鲁阳。

公元192年，袁术让孙坚攻打荆州的刘表。

孙坚包围了襄阳城。刘表派部将黄祖偷偷溜出城，召集士兵。很快，黄祖带兵归来，与孙坚大战。

孙坚毫不畏惧，再度打败了黄祖，并乘胜追击，单枪匹马登上了岘（xiàn）山。

茂密的丛林中，隐藏着黄祖的弓箭手，一支冷箭射向了孙坚。

孙坚就这样死了，终年三十六岁。

后来，他的次子孙权称帝，追谥他为武烈皇帝。

孙策

勇冠一世

少年名士

孙坚有四个儿子，分别是孙策、孙权、孙翊、孙匡。孙策生于吴郡富春，字伯符。孙坚在外征战时，孙策和家人一起留在寿春。

孙策少年时代就开始结交名士，很有名声。

一日，一个少年听说他的名声后，专门从舒县赶来，拜访他。

舒县，今安徽省境内。

此人叫周瑜，字公瑾，与他同岁。

“伯符俊才大志，有勇有谋，令人倾慕。”周瑜赞叹道。

“公瑾言重了。公瑾志向远大，风采照人，令敝宅蓬荜生辉。”孙策说。

这一年，孙策和周瑜才十几岁，两个少年彼此敬服，一见如故。两个少年真诚相待，情义越来越深厚。

周瑜住在舒县，舒县有很多名流，周瑜便劝孙策移居舒县。

孙策便带着母亲、弟弟到了舒县。他在舒县结交了很多不凡之士。慢慢地，江淮一带的名士都来投奔他了。不过三两年，孙坚死了，此时，孙策刚满十七岁。

能屈能伸

父亲孙坚死了，孙策不胜悲痛。下一步该怎么办呢？

父亲孙坚的兵马都在袁术那里。孙策思来想去，决定去投奔袁术，想办法要回父亲的旧部。

公元194年，孙策率领在丹阳招募来的几百人去投奔袁术。袁术见孙策年少英才，不同寻常之人，便把孙坚的军队交给了孙策。只是，他对孙策多有防范，时时节制孙策。

一日，孙策去见袁术，对着袁术半跪下，行了一个拱手礼。

“将军，孙策特来向您请罪。”

“伯符快快请起，出什么事了？”袁术扶起孙策。

“将军不仅收留了我，还将先父的军队交还于我，孙策万死不能相报。只是不日前，我的一个骑兵犯了罪，逃到了你的马厩中，我追赶到你的军营中杀了他，思来想去，我未曾向你汇报而擅自杀人，实在惭愧，因此特来向你请罪。”

“伯符啊，我还以为什么事呢！不要放在心上。”

“将军宽宏大量，孙策没齿难忘！”

“哈哈，区区小事，无足挂齿啊。”

“将军，那在下先行告退了！”

孙策走后，袁术独自思量道：“果真是虎父无犬子！孙策小小年纪，就能屈能伸，军令严明，深得兵士拥戴，绝非久居人下之徒。若是我儿能如孙策一般，那该多好啊。”

自谋出路

袁术担心孙策势力壮大起来，对孙策更加戒备，多次对孙策言而无信。

起先，他答应让孙策担任九江太守，但最后让陈纪去上任了。

还有一次，他承诺，只要孙策打败庐江郡的陆康，就让孙策担任庐江太守，结果他再一次食言。

孙策知道袁术提防他，非常生气恼火，渐渐地便远离了袁术。

公元194年，袁术攻打江东的**刘繇**，一连打了好几年，都没能获胜。孙策决定趁此机会，谋划一番。

他劝说袁术："将军可派我前往助战，平定江东，以报将军收留之恩。"

袁术想了想，便命孙策为折冲校尉，然后，只给孙策一千多士兵、几十匹战马，宾客中愿意跟随者几百人。

孙策一边赶路，一边招兵，到了战场时，随军将士已经有了五六千人。他一马当先，势若破竹，无人敢与他交锋。

由于他性格豁达开朗，喜欢谈笑，乐于接受别人的意见，用人不疑，将士们都死心塌地地为他效力。

刘繇，字正礼，东汉末年宗室大臣，汉末群雄之一，在任下邑县长时，因拒绝请托而弃官；后任扬州刺史，先后与袁术、孙策交战，被升为扬州牧、振武将军，但最终还是败归丹徒。此后，刘繇又击破反叛的笮融，四十二岁病逝。

加上他军令严整，百姓也都拥护他。

最终，刘繇弃军逃走了，各州郡的太守们也都纷纷弃城而逃。

袁术得知孙策战胜后，请求朝廷任命孙策为殄（tiǎn）寇将军。

孙策又攻打会稽郡，会稽的官员惧怕孙策，建议会稽太守**王朗**躲避。王朗认为自己是朝廷官吏，应该保卫家国，便拒绝了逃跑，而是与孙策交战。

王朗，字景兴，东汉至三国曹魏时期重臣、学者，被汉献帝任命为会稽太守，孙策攻打会稽时，被孙策擒获。孙策想请王朗归附于他，王朗坚决不肯，因而遭到流放，处境穷困艰险，但他仍行道义之事，后为曹操所召，最终官至司空，封兰陵侯。

孙策先后渡水作战好几次，都被王朗军击退了。

孙策和他的叔父商议后，使用了计策，终于打败了王朗，占据了会稽，自己兼任会稽太守。

这时，孙策得到了张昭等贤良的谋士，这让他大喜过望。

有了自己的地盘和谋士后，孙策派出使者，前往许都朝拜汉献帝，进贡了很多礼物。汉献帝想到孙策远在江东，还能尽臣子的职责，内心非常感动，特意遣使赐给孙策爵位、官服。

公元197年，袁术自立为帝。孙策得知后，大为愤怒，给袁术写了一封信，谴责、痛斥他。之后，孙策和袁术便断绝了往来。

吞并江东

“主公，许都的使者到了。”一名士兵来报。

“哦，快请他进来。”孙策急忙起身。

不久，士兵便将使者引到孙策面前。

“孙将军，我是朝中议郎王诵，有许都诏书在此，请将军接旨。”使者说。

“多谢王议郎！”孙策恭恭敬敬地接诏。

此时，朝廷为曹操所控制，汉献帝为傀儡皇帝。

得知孙策嫌骑都尉官职太低后，王诵以皇帝名义任命孙策为明汉将军，袭父乌程侯，并命他与吕布等人共讨袁术。

孙策极为振奋，加紧整顿兵马，准备讨伐袁术。

不久，袁术病死，孙策的势力却越来越壮大，逐

步吞并了江东。

袁绍的势力也很强大。曹操想要先攻灭袁绍，暂时顾不得江东，就安抚孙策，把弟弟的女儿嫁给了孙策最小的弟弟。

被门客刺杀

许贡，东汉末年吴郡都尉，上司是吴郡太守盛宪。盛宪因病离任后，许贡为吴郡太守。孙策为独占江东，攻打江东其他势力，许贡被击败。许贡为夺回吴郡，写密信想送给曹操，说孙策会成为曹操心腹大患。此信被孙策发现，许贡被绞杀。许贡三门客为他报仇，重创孙策。

“**许贡**，你好大的胆子！”孙策举起书信，“这封向皇上上表的书信出自你手吧？”

“不敢不敢。”许贡匍匐在地。

“信使已经与我说了！你让皇上召我入宫，我若不应，就是反贼，就要征讨我；我若应召，就可能有去无回。许贡，你出的好计谋啊！”

“那信使是要栽赃、陷害于我啊！”许贡的额头上一个劲儿往外冒汗。

“当初你固守吴郡不降，我就知道你心有不甘！”孙策冷笑道，“来人，杀！”

“冤枉！”许贡大喊着，被左右士兵拖了出去。

孙策杀了许贡后，许贡的小儿子与门客逃到长江边，隐居起来。

一日，孙策与部下登上丹徒山。他挥舞马鞭，飞快地奔入山中，很快把卫士们远远甩在身后。

孙策只身一人纵马来到山崖上，出神地望着远方。

北边就是许都了！

孙策眺望着许都，陷入沉思：若拿下许都，迎来天子，天下就可定了。

忽然，草丛中传来声响，瞬间钻出来三个人来，个个面露杀气，恶狠狠地盯着孙策。

“你们是什么人？”孙策问道。

“我们是许贡的门客，今日特来杀你，为主公报仇！”

没等对方说完，孙策便举起弓箭射杀了一人。

当孙策再次取箭时，两个门客早已拈弓搭箭，向孙策射去，有一箭射中了孙策的面颊。孙策大叫一声，从马上跌落。

两人要去砍杀孙策，却听见一阵马蹄声传来。原来是孙策的卫士赶到了。他们见孙策遇刺坠马，冲上去杀死了门客。

卫士们把孙策扶上马，护送他回到府中。

孙策脸色惨白，说：“我命不久矣，叫仲谋（孙策弟弟孙权）来！”

孙权急三火四地赶来，和部属们围在孙权的

塌前。

孙策对部属们说："中原大乱，我吴越兵多将广，又有三河之险作屏障，足以固守，坐观虎斗。你们要好好辅佐我弟弟啊。"

"请主公放心！"部属们回道。

孙策又招呼弟弟孙权，把印绶交给了孙权。

孙策对孙权说："率军决战，纵马横行，你不如我；举贤任能，保守江东，我不如你。"

说完这些话，孙策已经奄奄一息。

当天夜里，孙策便死了，时年二十六岁。

孙权

雄略之主

礼贤下士

孙权，字仲谋，生于吴郡富春县，九岁丧父，由母亲吴夫人（后来的孙太后）抚养、教育。

孙权的哥哥孙策收取丹阳郡、吴郡、会稽郡时，孙权十五岁，被任命为阳羡县长。

他性格开朗，仁而多断，崇尚侠义，喜欢招纳贤才。这一时期，潘璋等人就归于他的麾下了。

潘璋，字文珪，三国时期吴国将领，年轻时家贫，得到孙权赏识后，因作战勇猛，不断升迁。潘璋一生为孙权出征，在合肥之战、追擒关羽、夷陵之战、江陵保卫战中多次立功。他为人奢侈贪财，还劫杀将士以获财物，孙权念其有功没有深究。

孙权的哥哥孙策死时，孙权十八岁。

他眼见哥哥长眠不醒，便跪在地上，痛哭失声。

孙策的长史张昭说：“这是哭的时候吗？”

孙权依旧泪流满面。

张昭说：“如今豺狼当道，奸人角逐不止，你却还在发泄个人的悲痛。”

孙权仍在抽噎。

张昭继续说：“你这样哭起来没完，等于把江东甩在一边，打开了江东门户，如果奸人趁机而入，江东如何是好？你这样哭泣，不能算是仁啊。”

孙权听了，强忍着悲痛，站了起来，骑上马，去巡察军营，安顿军心。

此时，孙权只有会稽、吴郡、丹阳、豫章、庐陵五郡，这五郡中，还有没归从的。许多豪杰英雄随时来去，不受限制。孙权年少，又不能打仗，很多人都觉得他不成事。

张昭跟随孙策时间长，周瑜是孙策的好友，只有他们二人认为孙权有才能，愿意真心实意地辅佐他。

曹操为了安抚孙权，任命孙权为讨虏将军，兼会稽太守，驻守吴郡。

孙权以太师太傅之礼对待张昭，让周瑜、程普、吕范等统领大军。

孙权能够礼贤下士，很快吸引来了名士鲁肃，还有诸葛亮的哥哥诸葛瑾。他又下令征讨不服从的势力，使地盘逐渐扩大了。

联刘抗曹

公元208年，曹操领兵南下，征讨荆州刘表。曹军还在半路时，刘表就病死了。

鲁肃向孙权提议，可以前去吊丧、慰问，借机观察荆州的情况。孙权同意了。

鲁肃紧急向荆州赶去，但已经来不及了，曹军已经大军压境，刘表的儿子向曹操投降了。鲁肃只得原路返回。

曹操派人给孙权送了一封信，信上写："我奉诏讨伐，荆州已定。如今我率领水军八十万，打算与将军在江东狩猎。"

水军八十万，在江东狩猎，这不是赤裸裸的恫吓吗？

孙权看完信，不禁忧心忡忡。

张昭说："曹操今挟天子以令诸侯，如果我们与他为敌，便是与朝廷为敌。何况，曹操取得了荆州，

长江天险已无法抵御他。不如向曹操妥协吧。”

被曹操的兵力吓破胆的部属们一听，立即附和起来。

孙权沉默不语，独自走了出来。鲁肃紧随其后。

鲁肃说："我可以向曹操投降，主公却不可以。"

"此话怎讲？"孙权问。

"我投降了曹操，曹操会重用我，主公投降了曹操，曹操还会让主公回到江东吗？"

"你说得不错。"孙权点点头。

第二天，一位不速之客匆匆地赶到了孙权这里。

孙权仔细地打量眼前的人，大约三十岁，身着儒服。

此人向孙权施了一个礼，说："在下诸葛亮，奉主公刘备之命，特来拜见。"

"你此行何事？"

"曹操的军队非常勇武，已经打败我的主公，正向江东推进，还请将军量力而行。如能打赢曹操，不如提早决战；如打不过，就请向曹操投降吧。"

"刘备为什么不向曹操投降？"孙权不悦地反问道。

"我的主公是汉室后裔，会为守住大义而死，不辱没气节。若抗曹不成，那是天意，怎么能去当曹操的部下呢？"

"我难道会让江东地区受制于他人？再说，刘备刚被曹操击败，又怎能抵挡曹军？"

"我们虽然被曹操击败，但是仍有上万将士。曹操大军，远来疲惫，已是强弩之末。加上北方将士不习水战，荆州百姓也未必真心臣服曹操。若将军你能与我们同心协力，就一定能打败曹操。曹操北撤后，北方、荆州与江东就会形成鼎足之势。成功与否，就在今天了。”

“先生说得对，请先生暂回驿馆休息。”孙权面露喜色。很快，孙权召见了周瑜。

周瑜说："曹操虽然托名丞相，实为汉贼。主公拥有神武雄才，精兵无数，江东土地数千里，是英雄向往的地方。主公应借此为大汉扫去污秽，怎么能向曹操投降呢？"

孙权不置可否。

周瑜又说："如今北方并没有完全平定，曹操还有后顾之忧。我可以带领数万精兵，进驻夏口，击败曹操！"

周瑜的话，让孙权非常激动。

"公瑾所言，正合我意。"孙权拔出佩剑，一下砍断了面前的几案。

他转身对其他部属说："若还有谁再说投降的话，就和这几案的下场一样。"

众人面面相觑，再也不敢反对了。

尽管如此，周瑜依旧不放心，他再次来见孙权。

"大家都被曹操吓住了，不知道里面的虚实。以我的揣测，曹操率领的军队不过十五六万，是疲惫之师。曹操收编刘表的军队，不过七八万，难与曹操一心。只要给我五万精兵，定能击败曹操。"

"公瑾啊，也就你和子敬（鲁肃）与我同心。但眼下五万兵马难以集结，我已选好三万人，江东的安危就交给你了。”

孙权任命周瑜、程普为左右都督，随诸葛亮一起与刘备会合，孙刘联盟就这样形成了。

程普，字德谋，东汉末年孙坚麾下将军，东吴孙氏三代元勋之一，江东十二虎臣之首。曾跟随孙坚讨伐黄巾起义军、董卓，斩华雄，破吕布，又助孙策平定江东，又与张昭等人辅佐孙权，功勋卓著。赤壁之战中，与周瑜打败曹操，大破曹仁，后任江夏太守、荡寇将军，不久逝世。程普乐善好施，但与周瑜不和，多次侮辱周瑜，周瑜始终不计较，赢得了程普的敬重。

不久，赤壁大战爆发，曹军不敌孙刘联军，曹操被迫撤回了北方。

孙权亲自查看曹军阵势的记载，后来被改编成多个版本，最著名的是“草船借箭”。孙权被改成了诸葛亮，说诸葛亮乘船而来，曹军万箭齐发，射在船上，诸葛亮满载而归。

草船借箭

“借”出荆州

赤壁之战后，刘备夺得**荆州四郡**，又向孙权借来**荆州江陵**，占据五郡，占了一半荆州，终于有了立足之地。“三足鼎立”的局面，开始渐渐地形成。

当时，刘备东奔西走，依附他人生存。赤壁一战，孙刘联合，孙权出力最多，刘备也依附孙权，因此，众人都认为，荆州五郡是孙权暂时借给刘备的。

刘备也并不否认。公元214年，刘备夺取益州，成为益州之主。消息传到江东，孙权立刻给刘备写信，要求刘备还回长沙、零陵、桂阳三郡。

刘备回信写道：“我准备夺取凉州，等我夺得凉州后，就把荆州全部给你。”

孙权生气地说：“这是借而不还，而用空话拖延时间。”

孙权向三郡派去官吏，准备接管三郡。然而，这些官吏很快就灰溜溜地回来了。

他们向孙权报告：“刘备的部将关羽盛气凌人，把我们赶了出来。”

孙权怒不可遏，出兵攻取三郡。他又让鲁肃率兵与关羽对峙。

一时，江东剑拔弩张。

荆州四郡，指武陵、长沙、桂阳、零陵。

荆州江陵，指南郡。

双方对峙了许久，刘备的使者来了，说两家可以湘水为界，平分荆州，长沙、江夏、桂阳三郡划给孙权，南郡、零陵、武陵三郡归刘备。孙权在东，刘备在西，便于合力抗曹。

孙权忍气吞声，暂时接受了这个建议。

谋夺荆州

公元217年，鲁肃病逝。孙权让吕蒙接替了鲁肃的职务。

一日，孙权召见吕蒙，吕蒙穿着铠甲来见。

孙权说："子明甲不离身，辛苦了。今日请子明前来，是想听听你对江东局势的看法。"

"主公，依我之见，应先取荆州！"

"这是为何？"

"刘备、关羽都是狡诈之徒，不值得信任。趁着我们还年轻，及早打算，等我们老了后，就难攻取荆州了。"

孙权点了点头，说："依你之见，如何夺取荆州呢？"

"主公，我们表面上要与关羽交好，暗中则与曹操结盟，让曹操把矛头指向刘备。"

“好计谋啊。”孙权赞叹道。

吕蒙向孙权说，关羽为了防止江东偷袭，还留有守备部队，不如设下一计，自己假装生病告假，关羽听后，一定放松警惕，调留守部队到前线去，那时再迅猛进兵，就能获胜了。

公元219年，关羽进攻樊城，利用洪水暴涨，活捉了曹操的大将于禁，得到人马数万。

孙权想起之前吕蒙提出的计谋，便认为时机已到，让没有名气的陆逊接替了吕蒙的职位。

果然，关羽调走了防守部队，吕蒙趁机进军，一路战无不胜。

孙权让吕蒙进攻南郡。南郡太守投降，吕蒙抚恤老弱兵民，释放了被囚禁的于禁。

关羽败走麦城，孙权派人去诱降。关羽假装投降，在城楼上立起旗帜，摆上草人，迷惑孙权，自己则逃走了。

关羽身边只剩下十几名骑兵，孙权让人截击。关羽逃到章乡时，孙权将士抓到了他。孙权下令将关羽首级送交了曹操。

至此，孙权得到了整个荆州。

孙刘交恶

公元220年，曹操去世，曹操之子曹丕篡位称帝。公元221年，刘备在蜀称帝。

为了给关羽报仇，刘备率领大军从蜀地出发，兵锋直逼江东。

孙权慌了神，连忙给刘备写信，请求他不要动兵，即使动兵，也应该北伐篡位的曹丕。

然而，刘备执意为关羽报仇，根本听不进去孙权说的话。

孙权无可奈何，此时，吕蒙已经去世，他果断让陆逊担任大都督，阻挡刘备大军。

陆逊与刘备在**夷陵**对峙，没有出击。

夷陵，今湖北省宜昌市境内。

连续多日，陆逊都按兵不动。江东的很多臣僚都坐不住了，纷纷去见孙权，请求孙权命令陆逊出击。

孙权没有听从，只是摆了摆手。

数月后，孙权与部属们议事时，只听殿外传来一阵脚步声，一名侍从走进来，大声说道："好消息，陆将军大破刘备，歼敌数万！"

"哈哈哈，陆将军果然不负所望。"孙权哈哈大笑起来。

公元222年春天，陆逊彻底击败蜀军。刘备狼狈逃跑，得还一命。

重修联盟

孙权归顺曹魏，并不是真心。魏文帝曹丕派人到江东，要求孙权的儿子去做人质，孙权没有同意。于是，曹丕开始攻打孙权。

孙权见状，又恭敬谦卑地请求曹丕原谅。魏文帝给他写信说："如果早晨我看到你的儿子来到朝廷做人质，晚上我就下令撤兵。我说的话、我的诚意，就像长江滚滚不可改流！"

孙权读信后，再也不请罪了，开始派兵沿长江坚守。他又派人去见刘备，想和蜀汉重修旧好，一起对抗曹魏。

刘备元气大伤，因此同意了。

不久，刘备病逝，刘备的儿子刘禅在成都即位，诸葛亮以丞相的身份辅佐他。孙权觉得，刘禅羸弱，不如还是依附曹魏更好。

诸葛亮派**邓芝**赴吴，去见孙权。

孙权不愿接见，害怕得罪曹丕。邓芝便对孙权的宦官说："邓芝此行，不为蜀，而为吴。"

孙权这才同意见邓芝。

"你们的新帝年少，与魏国为敌，能自保吗？"孙权问。

"蜀相诸葛亮是当下英杰。如果吴与魏结盟，魏必然要求东吴人质入朝，否则就会伐吴，我们也可以趁机攻吴。"邓芝回道。

"你说得对。"孙权沉默良久，才开口对邓芝说。

至此，孙权与蜀汉政权恢复了联盟。

邓芝，字伯苗，东汉末年至三国时期蜀汉重臣、将领，早年为广汉太守，因有治绩被升为尚书；刘备死后，成功修复蜀国和吴国的关系。诸葛亮北伐时，邓芝与大将赵云佯攻郿城，牵制魏军主力，后督领江州，迁车骑将军。邓芝赏罚分明，爱惜士兵，正直高洁，妻儿甚至有忍饥挨饿之时，病逝时家中没有余财。

英雄暮年

阚泽，三国时期大臣，出身于贫寒农家，酷爱读书，早先被举为孝廉，孙权称帝时，提拔他为尚书，后为中书令、侍中，因他勤奋钻研儒学，又被封为都乡侯。阚泽平和正直，恭谨朴实，对地位卑微的人都以礼相待。有人非议他的短处，他也不辩驳，总是谦逊、退让。

公元229年春，孙权称帝，以**阚**（kàn）**泽**为尚书。

他接到来自成都的书信。是蜀相诸葛亮写给他的信，对他称帝一事表示祝贺，并请求共同讨伐北方的曹魏。

读过了信，孙权想到自己不仅保住了江东，还成就了帝王之业，不禁喜上心头。

公元244年，步骘（zhì）、**朱然**等将领说："使者从蜀国回来后，说蜀国要背叛盟约，与魏国交往。蜀军制造了很多战船，会和魏军司马懿夹击我们。"

孙权说："我们待蜀国不薄，没有对不起他们的地方，蜀国怎么会这样做呢？再说，蜀国远隔万里，很难和司马懿一起行动。蜀军自己修造舟船，也是正常的事啊。"

孙权力排众议，告诉大家不要相信传言，他可以担保无事。

果然，蜀国并没有攻打东吴的打算。

岁月荏苒，孙权渐渐老去。

有一天，孙权看到铜镜中的自己，发现自己满头皆是白发，胡须也白了。他想起自己年轻时，是多么雄姿英发，在周瑜、鲁肃等人的辅佐之下，他打败了曹操，在吕蒙、陆逊的帮助下，他夺得了荆州，打败了刘备。眼下，他老了。

公元252年，孙权去世，时年七十一岁。他永远想不到，自己辛苦打下的河山，传到了孙辈孙皓的手中便断送掉了。

朱然，原名施然，字义封，东汉末年至三国时期吴国名将，读书期间和孙权是好友。孙权统事后，朱然曾随吕蒙擒杀关羽，吕蒙死后，朱然代替吕蒙镇守江陵。夷陵之战中，朱然与陆逊合力大破刘备；魏国围攻江陵时，朱然坚守六月之久，从此“名震敌国”。最后官至左大司马、右军师，六十八岁病逝。

少年读史

小三国志

第二册

谋臣才士

谢冕 解玺璋 主编

高翡 汤新钊 编著

文化发展出版社
Cultural Development Press
·北 京·

Books Bear
布克熊童书

会　讲　故　事　的　童　书

前言

历史上的关羽真的使用青龙偃月刀吗？诸葛亮真的骂过王朗吗？刘备为什么要白帝城托孤？吴下阿蒙为什么令人刮目相看？赤壁之战的真相是怎样的？……

只有读过《三国志》，你才能得到真正的答案，认识真实的三国时代和那些个性卓然的乱世群雄。

经典名著，百世流传，不读《三国志》，不足以谈三国。《三国志》是三国蜀汉至西晋时期官员、史学家陈寿历经十年所著，与《史记》《汉书》《后汉书》合称“前四史”。《三国志》以国家为叙述单位，分为《魏书》《蜀书》《吴书》，尊曹魏为正统。

本套书《小三国志》遴选《三国志》中的精彩人物和事件，进行白话新译，为便于小读者阅读，进行了适当改写和补充，捕捉细节，渲染气氛，让小读者能够感同身受地理解当时的人物及其境况。

北宋大学者司马光说：“人之患，在于不读史。”历史是人所创造的，读史就是认识人本身，认识祖先的根、民族的根，认识世界，由此才能把握好现在，选择好未来的路。希望小读者在阅读《小三国志》时，能够拥有不一样的阅读体验。

本套书体量大，难免有不足之处，欢迎读者批评指正。

注：本书插图均为古人所绘，同一人物在不同古人笔下形象或有差异，读者可领略不同画师的风格，以下不再一一标注。

目录

谋臣才士

魏书

荀彧

荀攸

贾诩

程昱

郭嘉

曹植

王粲

刘桢

蜀书

庞统

法正

许靖

费祎

吴书

张昭

顾雍

诸葛瑾

步骘

鲁肃

魏书

荀彧

王佐之器

爱好读书

天色渐渐地暗下来，一个仆人拿着蜡烛，走进书房。

一个少年聚精会神地坐在书桌旁，全神贯注地读书，只听他高声诵道："齐景公问政于孔子，孔子对曰：'君君，臣臣，父父，子子。'"

仆人不敢打扰他，轻轻地把点燃的蜡烛放在桌上，悄悄地离开了。

这位少年名叫荀彧（yù），字文若，生于**颍川颍阴**。他是战国时期思想家荀子的后人，他的祖父叫荀淑，品行高尚，受人敬仰；他的父亲是荀绲（gǔn），担任过济南相。

颍川颍阴，今河南许昌。

不知道过了多久，仆人又走了过来，悄声请荀彧去吃饭，荀彧这才恋恋不舍地站起来。

他一边走，一边还在思考着《论语》中的那句话——君主要有君主的样子，臣子要有臣子的样子，父亲要有父亲的样子，儿子要有儿子的样子。

至于怎么才能做到这一点，他又想着，做君主的，要勤政爱民；做臣子的，要为君主分忧；做父亲的，要给儿子做榜样；做儿子的，要听从父亲的话……

一日，南阳名士何颙（yóng）来到荀绲家里做客，见到了荀彧。他惊讶地发现，荀彧的一言一行根本不像一个小孩。

何颙叹道：“这孩子是王佐之才啊！”

荀彧听了，恭恭敬敬地行了一个礼，说道：“荀彧不过一孩童，还请先生不吝赐教。”

荀彧二十六岁时，被举孝廉，担任守宫令。

董卓专政之后，荀彧目睹朝政上的黑暗，心中悲愤，辞官归乡了。

他对乡亲们说：“颍川地势平坦，容易遭到进攻，一旦发生战乱就糟了，还是早点儿搬走吧。”

乡亲们怀念故土，不愿意离去，荀彧只得带着自己的亲眷迁到了冀州。

曹营子房

荀彧到了冀州后，袁绍已经占据冀州。袁绍听过荀彧的大名，为了拉拢荀彧，以上宾之礼款待荀彧。

然而，不久后，荀彧发现，袁绍优柔寡断，遇到事情不能决断，而郭图等谋士总是钩心斗角，这让荀彧非常失望。

于是，荀彧离开了袁绍，投奔了曹操。

这一年，荀彧二十九岁。

曹操热情地接待了荀彧，说：“文若，久闻你大名，你可算来了，这是上天为我送来了**张子房**啊！”

张子房，即张良，西汉开国功臣，与韩信、萧何并称“汉初三杰”。张良体弱多病，不曾单独领兵，跟从刘邦做谋臣，力劝刘邦在鸿门宴上屈己言和，并使刘邦脱身；协助刘邦赢得楚汉之争，封留侯。刘邦评价他：“运筹策帷帐之中，决胜于千里之外。”张良不恋权势富贵，功成身退。

荀彧不好意思地说：“此话言重了，我深觉袁绍不能成事，所以前来投奔。”

曹操拉住荀彧的手，走入中军大帐。

他问荀彧：“如今董卓为害一方，文若觉得应该如何是好？”

荀彧笑道：“不必忧虑董卓，董卓是残暴之徒，不久定会自取灭亡。”

曹操点了点头，说：“我们是‘英雄所见略同’啊！”说完，曹操哈哈大笑起来，荀彧也笑了起来。

计保鄄城

荀彧投奔了曹操后，被任命为司马。公元194年，曹操攻打徐州的陶谦，命荀彧镇守兖（yǎn）州大本营。

正当曹操与陶谦相持时，吕布、张邈来攻打他的兖州大本营了。不过，他们遇到了一个难对付的对

手——荀彧。

张邈派人来见荀彧，说：“吕布将军听说曹将军正在攻打徐州，特来相助，请先生快快为吕将军准备粮草吧。”

帐中将领们听了，有的面露喜色，以为吕布要归顺曹操；有的则面面相觑，不知吕布的葫芦里卖的什么药。

荀彧面不改色，正色道：“此事容我们商议一下。”

等使者走后，荀彧对众将道：“诸位不可中了吕布之计，现在赶紧加强防御力量，即刻派人通知夏侯惇（dūn）将军，让他防备吕布偷袭。”

夏侯惇得到荀彧的消息后，赶紧集结军队，连夜到达**鄄（juàn）城**，当夜就杀死了几十个谋反者，稳定了军心。

鄄城，兖州治所，今山东省菏泽市。

吕布觉得曹操的主力都在前线，便鼓动豫州刺史郭贡去攻打鄄城。

郭贡见鄄城戒备森严，不敢贸然攻打，便派使者去见荀彧。

使者对荀彧说：“刺史大人想单独与你相谈。”

荀彧点点头，同意了。

使者走后，夏侯惇劝道："不可，如果你有了不测，兖州就危险了。"

荀彧微微一笑说："将军，请放心，郭贡与吕布、张邈不同，郭贡匆匆而来，只怕他心中也是没底的，趁此机会去游说他，就算让他保持中立，也能减轻我们的压力。"

荀彧孤身一人来到了郭贡的营帐中，面无惧色。

郭贡见了，心中起疑，认为荀彧如此胸有成竹，鄄城必定易守难攻，很快，他便下令退兵了。

等到曹操大军归来后，在之后的作战中，曹操多次打败吕布，吕布不得不放弃了争夺兖州的计划。

迎请天子

公元196年，被叛军劫持的汉献帝刘协在饱受精神摧残后，从长安返回洛阳。

听到这个消息，曹操十分激动，如果现在去迎请天子，说不定自己可以掌握更多的权力。但是，不少谋士反对迎接天子，因为战乱频仍，没法顾及天子。

曹操犹豫不定，难道就这样放弃吗？

这时，荀彧高声道："在下有话要说。昔日，晋文公迎请了周襄王，因而得到了诸侯之心；如今，天

子被叛军劫持，正渴望有谁来救他，此时若聚义兵保卫天子，是大德啊！若失去了这个拯救朝廷的机会，到时悔之晚矣。”

曹操听了，哈哈大笑道：“文若果然高瞻远瞩，我身为大汉的臣子，怎么可以不管陛下的生死！就依文若所言！”

之后，曹操亲自率军到达洛阳，把汉献帝接到了许县。

汉献帝任命曹操为大将军、武平侯，荀彧被任命为汉侍中，守尚书令。

从此，曹操对荀彧越来越器重，曹操外出征战时，就把军国大事交给荀彧处理。

一天，曹操问荀彧：“将来谁能代替你？”

荀彧答道：“荀攸（yōu），钟繇。”

曹操暗暗记下了荀彧的话。

荀彧又为曹操推荐了郭嘉，郭嘉果然是一个难得的人才。

决胜千里

公元198年，曹操占据了徐州。公元199年，曹操派部将北渡黄河，实力由弱变强。这让邻近的袁绍感到了威胁，一场大战正在无声中酝酿。

要不要和袁绍开战呢？

袁绍兵强马壮，数量又多，曹操心中有些犹豫。

孔融说：“袁绍兵多将广，还有田丰、许攸这样的谋士，颜良、文丑这样的猛将，要打败袁绍，实在是太难了。”

荀彧则说：“袁绍虽然兵多，但法令不严。田丰为人刚直，不受袁绍重视，二人经常发生矛盾，许攸为人贪心，也不是好谋士。要说**颜良**、**文丑**，那不过是匹夫之勇罢了。”

荀彧说完，很多人都点头赞同。

颜良，东汉末年袁绍部将，性格促狭，骁勇但不可独任，为一夫之勇。官渡之战中，颜良进攻白马（今河南境内），被曹操采用“声东击西、轻兵掩袭”之计击破，颜良被关羽斩杀。

文丑，东汉末年袁绍部将，与颜良齐名。孔融曾劝说曹操小心他们。延津之战中，文丑误中曹军“饵敌”之计，其麾下五六千骑兵惨败于数量不满六百的曹军骑兵，他自己也死于乱军之中。

曹操笑道："袁绍当初没有留住文若，是他的无能啊。"

公元200年，曹操与袁绍在官渡展开对峙，荀彧奉命留守后方。

这天，荀彧接到曹操派人送来的一封信，信中说军粮已经不够，打算退军回许昌。

荀彧思考了一会儿，便提笔回了一封信。

他在信中对曹操说："就像当初楚汉争霸一样，当时的刘邦和项羽，谁先退兵，谁就输了。现在，我军已经坚持半年之久，让袁绍军不能突进，胜局在握，只要再坚守下去，一定会见转机，不可错失良机啊。"

荀彧写完信，命信使飞驰送走。

接下来的日子里，他的心天天是绷着的。终于有一天，从前线传来了捷报：曹操偷袭袁绍的屯粮之地乌巢成功了。

荀彧大喜，高兴地说："果真有转机了。"

官渡之战胜利后，荀彧对曹操说："我们应该趁这个机会，击败袁绍的残部，不让袁绍东山再起。北方平定后，可再图南方。"

曹操说："我正有此意啊。"

不久，曹操以秋风扫落叶之势，消灭了袁绍的残部，统一了北方。

曹操感慨荀彧的才能，上表封荀彧为万岁亭侯。

九锡之祸

公元212年，一些人建议曹操可加封魏公与九锡，曹操心中暗喜，悄悄给荀彧写信。

荀彧读了信，手不停地抖动，他以为曹操是一个忠诚于大汉王朝的贤臣，没想到曹操居然觊觎皇帝的宝座，一旦加了九锡，和皇帝还有什么区别?

这一夜，荀彧失眠了。他辗转反侧许久后，披上衣服，提笔给曹操写信。在信中，荀彧对曹操晓以忠义之意，请求曹操不要加九锡。

曹操接到荀彧的回信后，拆开来一看，刹那间变了脸色。他没有想到，荀彧居然会反对他。

曹操叹了一口气，无奈地说道："人心难测啊！"

荀彧见曹操一直没有联系自己，不由得长长地叹气。等到曹操再次征讨孙权时，荀彧称病，留在了寿春。

随后他忧虑而亡，终年五十岁。

荀彧
曹丕
曹操

荀攸

名节之士

年少识人

暴雨刚过，乌青的天空下，惨白的丧幡任凭疾风拉扯。白幡后是一间灵堂，一户人家正在答谢亲朋的吊唁。

一个高大的男人走进来，祭拜去世的广陵太守荀昙。

他哭号道："府君啊，你的大恩我还没来得及报答，你怎么就去了？"

"先生是？"荀昙的儿子荀衢（qú）擦干眼泪，望向来人。

"我是府君的部属张权，府君对我恩重丘山，我想留下来为他守墓。"

"感谢先生的情义。"荀衢向张权致谢。

角落里，一个男孩直勾勾地看着张权，若有所思。

他便是十三岁的荀攸，字公达。

丧礼结束后，荀攸悄悄地拉着叔父荀衢，说："叔父，张权这人说话眼神闪烁，神色反常，我猜他定是犯了什么罪。"

荀衢大吃一惊，沉默片刻后，说："你先不要声张，等晚上我仔细盘问他。"

当天夜里，荀衢审问张权，果然问出他因为杀了人，逃亡在外，想以守墓躲避风头。

“荀攸这孩子，长大了定能成就一番事业。”荀衢暗暗想着。

被捕入狱

长大后，荀攸应召入宫，担任黄门侍郎，就是在皇帝身边做侍从。

董卓进京后，篡夺政权，烧杀抢掠、无恶不作。

荀攸与何颙等大臣密谋说：“如果我们杀了董卓，占据崤（xiáo）山、函谷关，辅佐天子，这是像齐桓公、晋文公这样的霸主的行为啊。”

然而，事还没成就败露了。荀攸被捕入狱。

在狱中，何颙每天提心吊胆，陷于忧惧之中，最后，他忍受不了这样的生活而自杀了。

荀攸却泰然自若，和平时没有什么不同。

后来，董卓被吕布杀死，荀攸被释放。

荀攸弃官回家，后来有人推举他去当官，他没有去。

荀攸认为，蜀汉是险固之地，于是向朝廷请求做蜀郡太守。朝廷同意了。可惜，由于道路阻塞，他没

荀攸

能去成，只好半路留在了荆州。

投奔曹操

公元196年，曹操把汉献帝迎请到许县。荀彧对曹操说："现在天下未定，我们又迎回天子，正是招贤纳士的好时机。"

"我听说，你的侄子荀攸足智多谋，可否为我所用？"曹操说。

"举贤不避亲。我即刻给荀攸写信。"

曹操哈哈大笑。

荀彧提笔写信，信中说："天下大乱，有志之士当为国效力，你还要远眺蜀地多久呢？"

荀攸收到信，心想：曹操是一代枭雄，日后必能平定天下，我不如去投奔他，施展自己的才华。

于是，荀攸赶往了许县，从此成为曹操的军师，并被封为汝南太守兼尚书。

先见之明

公元197年，割据宛城的军阀张绣与曹操交战，张绣杀死了曹操的长子和曹操的猛将典韦，随后退至穰城。

曹操大为愤怒，亲自统率大军，让荀攸担任军师，讨伐张绣。

曹操指挥军队一路锐意猛进，荀攸看出了其中的隐患。

典韦，东汉末年名将，相貌魁梧，膂（lǚ）力过人，为宿卫曹操的亲信。典韦忠厚谨慎，白天侍立曹操身旁，夜晚在曹操大帐附近歇息，曹操常赞他豪壮。后为保护曹操，寡不敌众而战死，其雄武壮烈，不在张辽、许褚之下。

他说："张绣与荆州刘表互为掎角之势，如果急于进攻，刘表定会拼死相救，到时候，我军进退维

谷，形势不利啊。”

“张绣不过一介莽夫，掀不起大的风浪。”曹操胸有成竹地说。

荀攸却道：“张绣仰仗刘表供给粮草，时间一长，刘表力不能支，二人势必离心，我军不如拖延时间，伺机而动。”

“我意已决，军师不必多言。”曹操冲荀攸摆了摆手。

公元198年，曹操南征张绣，包围了穰城。刘表果然出兵。不久，袁绍趁机进攻曹操的大本营许县，曹操不得不撤军了。

张绣带兵追击，最终战胜了曹操。

这一年，吕布抢占刘备的地盘后，刘备向曹操求救。

曹操对谋士们说：“我也有意攻打吕布，就怕刘表、张绣在后袭击。”

荀攸说：“刘表、张绣刚刚经历大战，不敢轻举妄动。吕布骁勇，如果他联合袁术，招来各方豪杰，那时就很难图谋了。”

曹操点点头，决定亲自征讨吕布。

曹军打败吕布，取得了徐州，吕布被逼到了

张绣，东汉末年割据宛城的军阀，早时为县吏，凭军功升为建忠将军，封宣威侯。曹操南征时，张绣向曹操投降，得知曹操想杀自己后偷袭曹操，曹操攻打张绣，一直不能获胜。官渡之战时，张绣又向曹操投降，战后升为破羌将军，后在出征路上去世。

下邳。

吕布固守城池两个多月，曹操久攻不下，萌生了退兵的想法。

他说：“北边有袁绍，东边有刘表、张绣，下邳又有泗水环绕，不如退回吧。”

荀攸急忙劝阻："不可。吕布有勇无谋，连打三战，屡战屡败，锐气已无，士兵也没有了斗志。趁着吕布还没有恢复精力，应迅速攻打。"

郭嘉道："公达所言甚是，我有一计，可破下邳城。"

"是何妙计？"曹操问道。

"掘堤放水。"

曹操听后，立刻令军士将沂水、泗水灌入城内，使下邳城墙倒塌。接着，曹军进城，活捉了吕布。

计杀颜良、文丑

公元200年，袁绍率十万大军进攻黎阳，令颜良围攻白马。曹操率领兵马救白马之围。

"袁绍来势汹汹，诸位可有退敌之策？"曹操紧皱着眉，来回踱步。

"我军与袁军兵力悬殊，不能硬碰，只有分散他的兵力才能取胜。"荀攸说。

"哦？愿闻其详。"

"我们可先到**延津**，来个声东击西之计，让袁绍以为我们要渡河攻击他的后方，他会派兵去应战，其实我们的轻装部队已经去袭击白马了。"

延津，今河南省新乡市一带，黄河北岸。

“公达之计，甚得我心！”

曹操依计而行，亲自赶往白马。

到了白马，颜良大惊。曹操派关羽出阵，斩杀了颜良，解了白马之围。

袁绍得知中计后，带着大将文丑向曹操杀来。

此时，曹操正带着几百名曹军沿河西退，驻扎在延津坡下。

一个士兵对曹操说："敌军骑兵众多，转眼就到，再不撤退就来不及了！"

荀攸立刻拦阻道："这正是给敌人抛的诱饵，为何要退！"

曹操微微一笑，让众将士丢下辎重，做好战斗准备。一会儿，文丑带着精兵奔驰而来。他们看到曹军丢弃的物资，顾不上行军，都去抢夺，瞬间大乱。

"杀！"曹操一声令下，曹军冲下山坡。

袁军彻底乱了阵脚，自相践踏。文丑只得拨马回走，却被曹军围住，数十支长枪向他刺来，他就这样死在了乱军之中。

屡建奇功

曹操与袁绍的战争愈演愈烈，最后对峙于官渡。

一天夜里，曹营来了一个自称许攸的人，此人原是袁绍的谋士，前来投降曹操。

曹操大喜过望，快步出营，去迎接许攸。

许攸告诉曹操，袁绍派淳于琼押送粮草，曹军可以中途袭击他们，断了袁绍的粮草。

曹操半信半疑，暗中和部属们商议。

大将张辽说："袁绍屯粮的地方，怎么会没有防备，要提防**许攸**使诈。"

"是啊，半夜过来投降也很可疑啊。"众人议论纷纷。

荀攸却说："我军粮食匮乏，坚持不了多久，如果不用许攸之计，就是坐以待毙。倘若他有诈，怎肯留在我军中？请诸位不要怀疑。"

许攸，字子远，本为袁绍帐下谋士，官渡之战时，其家人犯法被收捕，他因此背袁投曹，为曹操设下偷袭袁军屯粮之所乌巢的计策，使袁绍大败；后随曹操平定冀州，因为居功自傲，总是口出狂言，最终触怒曹操被杀。

贾诩也说："袁绍屡屡轻视许攸的计策，早已让许攸对他不满，如今许攸来投，希望得到重用，不可能说假话。"

曹操被说服了。

他让荀攸、曹洪守营，自己带着一支精兵突袭乌巢。

情况正如许攸所说，他顺利地斩杀了淳于琼等人。

袁军大乱，袁绍部将张郃（hé）、高览见势不妙，也跑到曹操的营中投降了。

"张郃突然投降，不知虚实。"曹洪道。

"袁绍听信谗言，不愿采纳张郃的计策，张郃一怒之下投奔我们，你还怀疑什么？"荀攸道。

曹洪点点头，接收了他们。

袁绍失去了多位大将和谋士，败得一塌糊涂。官渡一战，曹军以少胜多，大获全胜。

之后，曹操又在荀攸的建议下，夺取了冀州。

曹操说："荀攸每次征战都跟随我前后，我最终能克敌制胜，都是荀攸出的计谋。"

他上奏朝廷，为荀攸请功。朝廷封荀攸为陵树亭侯。

高览

公元207年，曹操论功行赏时，说："忠诚正直，默默出谋划策，平定前方和后方，立下大功的，第一是文若（荀彧），其次是公达（荀攸）。"

于是，荀攸又升为中军师。

公元214年，荀攸跟随曹操征伐孙权，半路病死，时年五十八岁。此后，曹操每次提起他，都会泪流满面。

贾谊

算天遗策

急中应变

在汧（qiān）地的路上，有几十个人，正在说话，忽然，前方传来了喧嚣声。

众人吃了一惊，不一会儿，只见一群披头散发的人拿着武器冲了过来。

“不好，是**氐（dī）人**，他们反叛了，快跑！”

众人躁动起来。

氐人目露凶光，迅速抓住了这几十个人。

其中一个年轻人见状，忙说：“各位好汉，我想你们一定听说过大名鼎鼎的太尉段颎（jiǒng），他是守卫边疆的大将。我就是段颎的外孙。只要好汉愿意放了我们，我的家人一定会用很多钱感谢你们的！”

氐人果然不敢害他，说：“你可以走！”

氐人与他立誓盟约，把他送走了。

他就这样逃出了氐人之手。

其实，他并不是段颎的外孙，他只是借用段颎威震边陲的名号来威吓氐人。这个年轻人就是贾诩。

贾诩，字文和，生于武威郡**姑臧县**，小时候默默无闻，但有一个名叫阎忠的人非常看重他，说他有张良、陈平之才。贾诩长大后，被举荐为孝廉，任郎官，因为生了病，又辞官回乡，不想半路遇到了氐

氐人，分布于四川川西北、川东北和甘肃陇南等地，非游牧民族，而是农耕民族，皆为汉姓。

姑臧县，今甘肃武威市。

人，他依靠极强的应变能力，救了自己的命。

计夺长安

公元189年，董卓领兵进入洛阳，掌控了朝政。当时贾诩在董卓的女婿**牛辅**手下任职，先后任平津都尉与讨虏校尉。

牛辅，东汉末年武将。董卓入长安时，牛辅屯兵陕地，命校尉李傕等人出兵关东。董卓死后，牛辅遭到讨伐，溃败而走。牛辅胆小懦弱，因多疑杀将领，引发营中惊乱，他以为全营都叛变了，便带几个亲信逃走，结果半路被亲信所杀。

董卓战败后，牛辅也死了，校尉李傕（què）、郭汜、张济等人大为惶恐。

郭汜对贾诩说："文和，我们解散回乡算了。"

"将军，此举不可。"贾诩摇头。

郭汜急了："那要怎么办？难道眼巴巴等死？"

贾诩说："难道独自逃跑就没事了吗？没有了兵权，一个小小的亭长都能捉拿你们。"

贾诩的这席话，令郭汜等人幡然醒悟。

贾诩说："不如收集军队，攻打长安，为董公报仇。"

李傕、郭汜、张济等人竖直了耳朵仔细倾听着。

只听贾诩继续说："如果拿下了长安，就可以以国家的名义谋取天下，如果无法攻占长安，再逃走也不迟。"

众人觉得他说得对，于是攻打长安，果真占据了长安。

李傕等人高兴地对贾诩说："你功劳大，必须封侯。"

贾诩摆了摆手，道："我这不过是一个救命的办法，不算功劳。"

李傕等人道："那就做尚书仆射吧。"

贾诩依旧摇头，道："我没有什么威望，不能服众，于国不利。"

李傕等人想了想，便改授贾诩为尚书，贾诩这才同意了。

贾诩上任后，选举了很多有才干的人，做了一些有益的事。李傕等人对他既敬佩又忌惮。

不久，李傕、郭汜等人开始争权夺势，扣留天子、危害大臣，贾诩极力斡旋，促使他们放出天子，并保护了大臣。之后，他为了远离纷争，辞官离开了。

投奔张绣

贾诩离开长安后，投奔了在华阴屯军的**段煨**。

然而，段煨害怕贾诩会夺他的兵权，表面上对他很好，但心里十分忌惮他。

贾诩看出了段煨的心思，便暗中联系南阳的军阀张绣。

有人对贾诩说："段煨对你礼遇优厚，你这样离去，段煨会不会生气呢？"

贾诩说："段煨对我礼节周到，但总是猜忌我，时间一长，他就会算计我。我离开后，他一定高兴，定会厚待我的亲人。张绣没有主要的谋臣，也会善待我。"

贾诩说得一点儿不差，他一走，段煨大为欢喜，好生照顾着他的家眷。而张绣也重用贾诩。

贾诩建议张绣，与荆州刘表结成联盟，张绣听从了，一下子力量雄厚起来。

公元198年，曹操再次率兵征讨张绣。张绣准备

段煨，字忠明，东汉末官吏，任宁辑将军时，驻扎在华阴，迎接汉献帝回洛阳，供给衣食用物；与其他将领攻打挟持天子的李傕，击杀李傕，汉献帝大喜，给予嘉奖，封阌乡侯；后被召入朝，任大鸿胪、光禄大夫，年老而终。

大战一场，探子却报告说，曹操退兵了。

张绣大喜，对贾诩说：“曹操一定是后方不稳，不然怎么会突然退兵，不如乘胜追击。”

贾诩赶忙谏道：“曹操极善用兵，他一定是设下了埋伏，然后故意退兵，想引诱我军追击。”

张绣笑道：“先生如何变得这么胆小了！你等着，看我把曹操绑了来！”

张绣不听，执意追击。

几天后，张绣大败而归。

他见到贾诩后，沮丧地道：“悔不听先生之言啊！”

贾诩说：“现在却是一个好机会，赶紧追击曹操，一定得胜。”

张绣愣了愣，说：“先生不要耻笑我了。”

贾诩说：“我没有开玩笑，赶紧追击！”

张绣听了，赶紧指挥军队，追击曹操去了。

大军一路追赶，势如破竹，果然打败了曹操。

张绣兴高采烈地回到营帐，对贾诩说：“先生真是料事如神啊，你如何知道这次追击一定会胜呢？”

贾诩笑道：“起先，曹军初来就退军，曹操一定会亲自压阵；而他击破追兵后，就不可能再亲自压阵了，所以，此时追击就能打败曹军了。”

张绣听了，对贾诩更加佩服了。

归顺曹操

袁绍为了拉拢张绣，一起对抗曹操，给张绣写了一封信。

张绣与曹操有仇，便想和袁绍结盟。

袁绍的使者来到张绣的中军帐，张绣热情款待了使者。

突然，贾诩站起来，对使者说：“使者大人辛苦了，你回去后，请告诉袁将军，他连兄弟都不能容纳，还能容纳天下人吗？”

张绣目瞪口呆，赶紧向使者道歉，说贾诩喝醉了。

看着张绣惶恐的表情，贾诩心中不快，没有再作声。

使者走后，张绣埋怨贾诩：“你怎么能说那样的话？”

贾诩一言不发。

张绣暗想，贾诩一定是有主意了，便问道：“先生以为，我们应该归顺谁？”

贾诩这才说：“曹操。”

张绣万万没想到，贾诩居然主张归顺仇人曹操。

他问贾诩：“袁绍的兵力远在曹操之上，况且曹操同我们有仇，为什么要归顺他？”

贾诩笑道：“正因为如此，我们才要归顺曹操。”

“为何这样说？”

“袁绍兵多将广，如果投奔袁绍，他会给你什么职位呢？相反，曹操正急需人才，如果投奔曹操，一定会得到重用；再者，曹操现在是‘奉天子以讨不臣’，名正言顺；另外，曹操有王霸之志，不会斤斤计较。”

张绣没有说话。

他来来回回地踱步，过了好一会儿，才说：“就投奔曹操吧。”

张绣与贾诩投奔曹操后，曹操十分高兴，亲自接见二人，设豪华酒宴招待他们。

曹操对贾诩能劝说张绣来投奔他，心里非常感激，也敬佩贾诩的智慧和胆识，便奏请朝廷，封贾诩为都亭侯，任冀州牧。

公元200年，曹操与袁绍陈兵官渡。曹操的粮草快要用尽，心里十分着急，便向贾诩询问计策。

贾诩说：“明公在智谋、勇敢、用人、决断方面，都远胜袁绍，为什么大半年不能获胜呢？因为只想着万全之策了。现在只需抓住一个时机，出奇兵，就能获胜。”

曹操点头，立刻抓住机会，出其不意地突然出击，结果真的大破袁绍。

曹操大喜，升任贾诩为太中大夫。

后来，曹操讨伐西凉的马超与韩遂，也是采用了贾诩的离间计，最终使马超与韩遂火并，两败俱伤。

支持曹丕

岁月如梭，曹操渐渐老去。但他一直没有选定由谁来当自己的继承人。

一日，曹操的儿子曹丕偷偷派人来到贾诩府中。

来人对贾诩道："我家公子有事向先生请教。"

贾诩笑道："请讲。"

"不瞒您说，我家公子很想解救天下苍生，但名望不如临菑侯（曹植），不知先生有何良策？"

"在心态上宽宏大度，做事兢兢业业。这样就可以了。"

来人赶紧谢过了贾诩，转身离开了。

几天后，曹操召贾诩来见，问他："先生觉得曹丕与曹植谁能接替我？"

贾诩没有说话。

曹操有些急了："只有你我二人，你还卖什么关子？"

"主公，我是在想事情。"

"想什么事？"

"我在想袁绍父子与刘表父子的事。"

原来，袁绍和刘表也是在继承人的问题上犹豫不决，他们想废黜长子，立幼子，导致儿子之间彼此争斗，最终毁掉了辛苦打下的基业。

曹操听后，哈哈大笑，对贾诩说："我明白了。果然还是需要你的智谋啊！"

最终，曹操选定了曹丕为继承人。

暮年光阴

曹操病逝后，曹丕继承了曹操的魏王之位。

公元220年，曹丕废掉了汉献帝，自立为帝，改国号为"魏"。

为了感谢贾诩当年的推荐，曹丕任贾诩为太尉，封魏寿乡侯。

曹丕想有一番作为，他问贾诩："孙权和刘备还割据一方，为了一统天下，先生认为应该先攻打谁？"

贾诩摇了摇头。

曹丕问道："难道先生认为不该出兵吗？"

魏文帝曹丕

“没错！”贾诩答道，“陛下已经占据了大半江山，如要一统天下，应该先使用怀柔之策，稳住他们，等机会来临时，一战可定。别忘了，刘备和孙权都是雄才，手下都有人才。”

曹丕看着满头白发的贾诩，心想：“贾诩真的老了，越来越缺少锐气了。”

贾诩的一生，几乎称得上是计谋一出，万无一失，而且，通达善变。

但曹丕没有听从贾诩的建议。公元223年，曹丕下令进攻孙权，结果在江陵之战中大败，士卒死伤惨重。

曹军兵败不久，贾诩就病逝了，终年七十七岁。

程昱

刚烈之胆

东阿保卫战

“不好了！着火了！”一人大叫。

循着叫声望去，只见大火熊熊，冲天而起，本应指挥救援的**东阿县**县令却坐在马车上，带着家人逃命。

东阿县，今山东省聊城市境内，东依泰山，南临黄河。

“这个忘恩负义的王度！亏我让他做县丞，他竟然勾结黄巾军，把东阿县弄得鸡飞狗跳！”县令又催促车夫，“快点儿，再晚就要死在黄巾军手上了！”

东阿县内，百姓慌张地逃到城东的渠丘山躲避黄巾军。

其中，有一人身高八尺三寸，面色泰然，坐在一块石头上，似乎是在等什么。

此人便是程昱，字仲德，兖州东郡东阿人。

一个人朝程昱匆匆跑来。

“可打听到王度的下落？”程昱站起来，询问此人。

“打听到了，叛贼王度现在城西五六里屯扎。”

程昱听后，立刻去找城中的大户薛房等人。

他向薛房等人施礼说：“此时城中空虚，王度得到城郭却没有守卫，可见兵力极少。他们不过是为了抢掠钱财。我们不如回去守城，城墙高而厚，粮食也充足。再把县令找回来，大家齐心，王度可破！”

“先生分析得在理。”薛房等人同意了。

但百姓不同意。

“回城等于送死，王度在城西，我们在城东，这里才安全。”百姓纷纷说。

程昱便对薛房耳语了一番，薛房听后，转身离去了。

几日后，薛房带领百姓巡视东山，突然看到山上有许多晃来晃去的旗帜。

“不好，王度的贼兵攻来了！”薛房大喊一声，撒腿就往山下狂奔。

百姓一见，也都跟着薛房逃跑，就这样跑回了城。

此时，程昱让人找回了县令，将他带回城中。

不久，王度带着黄巾军前来攻城。

程昱立刻指挥百姓抵抗，百姓背水一战，竟然战胜了王度。

之后，百姓才知道，东山上的旗帜是程昱让薛房布置的。自此，程昱成了东阿县的英雄。

崭露头角

公元192年，袁绍与公孙瓒争夺冀州。兖州刺史**刘岱**与袁绍、公孙瓒都是亲家，夹在双方之间，左右为难，他不想得罪他们当中的任何一人。

有人给刘岱出主意："听说东阿县的程昱有谋略，能断大事，不如请他来商议。"

刘岱急忙派人将程昱请到兖州。

"久闻先生大名，我有一件难事想请教先生。"刘岱紧紧拉着程昱的手，像抓住了一根救命稻草。

"刺史大人不必惊慌，请慢慢讲。"程昱说。

"公孙瓒与袁绍反目，公孙瓒让我与袁绍断交，不然他就出兵讨伐我。这如何是好？"

程昱不慌不忙地说："如果舍弃袁绍这个近援，而去结交远处的公孙瓒，就好比让人到遥远的越国去找帮手来救快要淹死的孩童一样。况且，公孙瓒不是袁绍的对手，终有一日会被袁绍所擒。"

"听君一席话，让我茅塞顿开，先生真乃当世英才。"

刘岱听从了程昱的建议，立刻拒绝了公孙瓒的要求。

果真如程昱所言，不久，公孙瓒便被袁绍打败。

刘岱，字公山，汉室宗亲，汉末群雄之一，官至侍中、兖州刺史，曾参与讨伐董卓。青州黄巾军攻打兖州时，鲍信劝他不要贸然出兵，可以坚守，等黄巾军气势低落时，再以精锐攻打。刘岱不听，坚持出战，兵败被杀。

刘岱十分佩服程昱的见识，很快就向朝廷上表，让程昱担任骑都尉。但程昱说自己不愿意当官，以身疾为由推辞了。

归附曹操

黄巾军入侵了兖州，兖州刺史刘岱兵败被杀。曹操接管了兖州。

程昱听说后，立刻收拾行李，准备前去投奔曹操。

一个同乡笑道：“之前，刘岱招你去当官，你说自己不愿意出仕，现在怎么又肯去当官了？”

程昱笑而不答。

曹操听说过程昱的才智，刚见到他，便与他商谈天下大事。赶走黄巾军后，曹操将程昱任命为寿张令，十分器重。

公元194年，曹操征讨徐州。吕布趁此机会，入侵兖州，周围郡县纷纷响应，只有鄄城、范县、东阿三城不为所动。

程昱很快动身，准备游说这三城坚守下去。

程昱先到了范县，吕布的军队正要攻过来，情势十分危急。

范县的县令靳允得知是程昱前来，赶忙命人打开城门去迎接。

程昱对县令靳允说："听说吕布挟持了你的母亲、弟弟和妻儿，你身为孝子，肯定不能坐视不管。"

靳允连连叹息，心急如焚。

程昱说："吕布刚愎自用，不讲信义，只是比别人勇猛罢了，难成大事。曹公足智多谋，礼贤下士，世间少有，这是上天授予的。你守好范县，我守好东阿，这才是智举啊。请你好好想想。"

"不敢有二心。"靳允说。

这时，吕布的部下氾嶷（fán yí）已经抵达范县，预备开战。

县令靳允暗中埋伏好刀斧手，假意约见氾嶷，等氾嶷一到，就将他杀了。

范县无恙后，程昱赶往东阿。

东阿县令枣祗（zhī）已在坚守拒敌。有了**薛悌**（tì）和程昱出谋划策，东阿也保全了。

曹操听说后，急忙赶回，激动地拉着程昱的手说："如果不是你，我就无处可归了。"

曹操于是上表朝廷，任程昱为东平相，屯扎在范县。

薛悌，字孝威，东汉末年至三国时期曹魏官员。薛悌任兖州从事时，帮助程昱等人坚守鄄城、范县、东阿。薛悌为人忠贞，做事干练，为良吏的表率，二十二岁时便为泰山太守。薛悌又跟随曹操攻打汉中，跟随司马懿攻蜀，官至尚书，封关内侯。

锐眼识人

曹操与吕布在濮阳交战，曹操数次失利。恰逢出现蝗灾，双方暂时引兵离去。

袁绍趁机游说曹操，让曹操迁到邺城，想让曹操归顺自己，一起对抗吕布。

曹操正想答应，却被程昱制止了。

程昱道："袁绍智谋不足，怎么能在他手下做事呢？主公这样的英雄俊杰，怎么能像**韩信**、**彭越**那样臣服于他人呢？以前，齐国的贵族**田横**，与诸侯并立称王，汉高祖得天下后，田横成了降将，田横能甘心吗？"

"这是最大的侮辱。"曹操说。

"所以，恕我愚钝，以主公的志向，难道还不如田横？田横不过是齐国的一个壮士，他还耻于做汉高祖的臣子，主公却要奉袁绍为主，实在为主公感到羞愧。"

曹操涨红了脸，大声说："我不会做那样的事！大丈夫应纵横天下，这样才不负平生之志！"

"如今兖州还有三城可守，能战之士，不下万人，怎么能放弃呢？"

"仲德之言良药苦口啊，是我乱了方寸。"曹操深深叹息。

曹操回绝了袁绍的提议，继续与吕布对战。

公元196年，曹操迎接汉献帝到许昌，任命程昱为尚书和东中郎将，并任济阴太守，统领兖州军政。

公元198年，刘备被吕布偷袭，前来投奔曹操。

韩信，西汉开国功臣。曾寄人篱下，受过胯下之辱，投靠刘邦后，献策平定三秦，助力刘邦赢得楚汉之争，被封楚王。后因功高震主，被杀死于长乐宫。

彭越，与韩信、英布合称"汉初三大名将"，协助刘邦赢得楚汉之争，被封梁王，后被诬陷谋反，诛三族。

田横，秦末起义首领，原为齐国贵族，后自立为王。刘邦统一天下后，田横不肯臣服，带五百部属逃往海岛。刘邦派人招抚，田横和五百部属全部自杀。

程昱对曹操说："我观察刘备，才能出众，深得人心，此人一定不甘为人之下，不如尽早杀掉。"

"当下正是收揽英雄的时候，杀一人而令天下人

胆寒，不可。”曹操道。

程昱不再多言。

公元199年，曹操和袁绍之间爆发了战争。刘备表示，自己可以带兵攻打袁术，防止袁术与袁绍合兵。曹操欣然答应。

程昱外出回来后，听说了此事，急忙跑去见曹操。

“主公先前没有除掉刘备，如今又借兵给他，这是纵虎归山，他一定有异心。”

曹操听后，后悔不已。

果然，不久后袁术病死，刘备进兵徐州，背叛了曹操。

胆识过人

不久，曹操与袁绍正式开战。袁绍屯兵**黎阳**，准备渡河南下。

程昱带着七百士兵守卫鄄城。曹操派使者去见程昱。

使者说：“是这样，主公打算派两千兵马来助先生。”

程昱说：“袁绍拥兵十万，他知道我兵少，必然

黎阳，今河南省鹤壁市。

轻视，不来进攻。如果派兵来支援，反而会引起袁绍注意。”

使者见程昱态度坚决，便回去复命，说程昱拒绝援兵。

后来，袁绍果然不来进攻。

曹操向贾诩说：“程昱的胆识，比起**孟贲**（bēn）、**夏育**有过之而无不及啊。”

孟贲，周朝时期的著名勇士。

夏育，东汉后期将领，多次勇破羌、鲜卑、乌丸。

公元202年，程昱将一些亡命之徒整顿成数千精兵，与曹操一起征讨袁绍的儿子。此战大胜后，程昱被拜为奋武将军，封安国亭侯。

公元208年，曹操攻打荆州，寄身荆州的刘备投奔了东吴。

“孙权不会冒险得罪丞相，而收留刘备。”众人说。

“不然，”程昱说，“孙权和刘备现在都不能独自抵挡主公，所以，他们会结成联盟，共同抵御我们。”

“仲德危言耸听了。”众人都不信服。

然而，事实就是如此。孙权、刘备联手后，一起抵御曹操，获得了赤壁之战大胜。之后，曹操元气大伤，只得返回了北方。

赤壁图

调和父子关系

公元211年，曹操征讨马超，曹丕留守，让程昱担任参知军事。当时，田银、苏伯等人在河间发动叛乱，曹丕派将军贾信讨伐。贼兵听闻贾信威名，吓破了胆，有几千人选择了投降。

有将领提议："应该尽诛降军，以绝后患。"

程昱反对道："天下大乱时，杀掉投降的人可以警告天下，让敌人惧怕。如今天下形势大致已定，何必杀人？此事需请示丞相。"

几位将领说："我们可以自行决定这等事。"

程昱不说话了。议事结束后，曹丕又见程昱，问道："先生是不是还有话没说？"

"独断的权力，只能在紧急情况时使用。现在并不是紧急时刻，所以，还是希望公子能先请示丞相。"

"还是先生考虑得周到。"曹丕于是跟曹操请示。

曹操感叹道："仲德精通军事谋略，还善于处理父子关系。"

曹操死后，曹丕称帝，程昱担任卫尉，封安乡侯。后来，朝廷要把他升入三公之列，但他却在此时去世，寿八十。曹丕痛哭流涕，追赠车骑将军，谥肃侯。

郭嘉

早逝奇才

曹操相请

阳翟，今河南禹州。

北风呼呼地吹着，枯叶纷纷落在地上。一辆马车的车轮轧过枯叶，发出“嘎吱嘎吱”的声音，与嗒嗒的马蹄声构成一首寂寥伤感的交响乐。

马车里，坐着一位年轻的男子。他望向遍地落叶，心情低落。

他叫郭嘉，字奉孝，颍川阳翟人。当时，东汉朝野一片混乱，各路诸侯割据自守，互相征伐，他怀着济世救民的梦想，投奔了雄霸一方的袁绍，但袁绍优柔寡断，根本不是他心中的明主。他失望地离开袁绍，决定隐居。

车缓缓停下，车夫从马车上跳下来，掀开车篷上的帘子，郭嘉从车上下来。一个草庐大院出现在了他的眼前，到家了。

没多久，深山草庐前突然来了几位不速之客。

是几个披甲的军士。

原来，他们是曹操派来的。

之前，曹操有一个谋士，名叫戏志才，深受曹操器重。但戏志才死得早，曹操终日叹息遗憾，让荀彧给他推荐人才。荀彧于是推荐了郭嘉。

郭嘉听到情由后，想到曹操也是一方枭雄，内心非常振奋，于是便出山了。

郭嘉见了曹操后，二人一见如故。曹操立刻与郭嘉谈论天下大势，谈话结束后，曹操高兴地说：“能使我成大事的人，就是这个人了。”

郭嘉也非常高兴，说：“这才是我要找的主公啊。”从此，郭嘉就成了曹操的谋士，担任司空军祭酒一职。

神机妙算

吕布与刘备交恶，刘备被迫投奔曹操。刘备的到来引起一片骚动，很多谋士都劝说曹操，趁机杀掉刘备。

曹操拿不定主意，便问郭嘉。

郭嘉说："刘备确实有英雄之志，不可小看。若不除之，必有后患。"

曹操听了，沉思道："我现在率领的是仁义之师，一旦杀掉刘备，就会让天下英雄寒心，谁还愿意来投奔呢？"

之后，曹军与吕军作战了三次，三次都打败吕布，吕布退兵固守。

曹操见士卒疲惫，也打算撤军，郭嘉却极力劝阻。

"昔日，项羽一共打了七十场仗，一次都没有失败，但是，却因为一场失败而走向了灭亡，那是有勇无谋的表现。如今，吕布屡战屡败，锐气丧失殆尽，况且吕布还不如项羽，此时不乘胜追击，怎么能退军呢？"

郭嘉的话，让曹操坚定了决心，指挥曹军猛烈攻击吕布，吕布被迫投降。

深有远见

曹操的势力越来越大，与袁绍的矛盾也迅速激化。公元200年，曹操与袁绍在官渡展开对峙。

这时，南方的孙策带兵占领了江东。

曹操大吃一惊，担心孙策会趁机偷袭他的大本营许昌。许多谋士与将领们也认为，应该从官渡撤兵，先保许昌。

郭嘉哈哈大笑了起来。

曹操问："奉孝，你笑什么？"

郭嘉说："我笑诸位是要把官渡让给袁绍吧？"

见郭嘉这样说，曹操顿时来了精神，忙问："你有何高见？快说！"

郭嘉不慌不忙地说："孙策刚刚平定江东，杀了那么多人，哪会这么快就发动突然袭击。再说，孙策为人轻率，没有防备，即使拥兵百万，却和他一个人来到中原没什么区别。只需要一个刺客，就能让孙策身首异处。依我看，孙策定会死在普通人的手上。"

曹操与众人听了，都不相信："真的吗？"

郭嘉笑道："自然。"

果然，不久从江东传来了孙策的死讯，他死在了一个门客的手中。

在郭嘉等人的支持下，曹操继续在官渡用兵。

之后，曹操采用许攸之计，袭击了袁绍的屯粮地乌巢，导致袁军大乱。最终，袁军大败，袁绍不久后病亡，由他的两个儿子**袁谭**、**袁尚**继续统领军队。

许多将领向曹操进言："主公，如今形势大好，应该趁此机会发动追击。"

郭嘉却摇了摇头，说："不可。"

将领们很不满："此话何意？"

袁谭，字显思，冀州牧袁绍的长子。袁绍死后，袁谭未能继位，由弟弟袁尚继位。袁谭便联合曹操攻打袁尚。曹操又进攻袁谭，袁谭战败而死。

袁尚，字显甫，冀州牧袁绍第三子，继承袁绍的官爵，招致长兄袁谭的怨恨。袁谭联合曹操攻打袁尚，袁尚逃往辽西，投奔乌桓首领蹋顿。曹操又攻打乌桓，袁尚又逃到辽东太守公孙康处，被杀死。

袁尚

郭嘉笑道："诸位将军少安毋躁，请听我说完。"

郭嘉娓娓道来："袁绍的两个儿子袁谭与袁尚，虽然是兄弟，但并不团结。我们应该先去征讨荆州的刘表，等袁氏兄弟反目成仇、兵戈相向时，才是破袁之时。"

原来如此，曹操欣然点头。

正如郭嘉所料，袁谭与袁尚展开了冀州争夺战。袁谭被弟弟打败，向曹操求援，假意归顺曹操。曹操答应了，派兵攻打袁尚。就在曹操与袁尚作战时，袁谭背叛曹操。曹操打败袁尚后，又去讨伐袁谭，最终杀死袁谭。战败的袁尚后来逃去了北方游牧民族——乌桓。从此，北方彻底归属曹操。

英年早逝

北方平定后，曹操想要征讨乌桓人，很多将领都反对。

将领们的顾虑是：长途跋涉，劳师远征，许昌空虚，只怕刘备会趁机来袭。

郭嘉皱起了眉头，道："如果此时不出击，是在丧失机会啊！"

"毫无根据！"将领们批评郭嘉。

郭嘉并不在意，泰然自若。

他说：“刘备投靠的是荆州太守刘表，刘表天性软弱，就算刘备想袭取许昌，刘表也不会同意。况且，兵贵神速，此时不给胡人一个下马威，他们就会滋生侵占中原的野心。”

听了郭嘉的话，曹操大喜过望。他说：“只有奉孝知道我的心思啊！”

公元207年，曹军出发，郭嘉也随军前行。

到达**易县**时，郭嘉献策道：“大军的辎重太多，会耽误时间，不如把辎重留下，轻装出战。”

易县，今河北易县。

曹操采纳他的建议。

由此，曹军迅速奔向乌桓的大营，开始了猛攻。

乌桓毫无准备，仓促中得知曹操来了，惊慌迎

汉乌桓率众长铜印

战，很快就溃败如沙，首领蹋顿被杀，被俘者不计其数。

让曹操痛心的是，郭嘉患了重病，很快就卧床不起了。

曹操不停地派人去探望，但无济于事。郭嘉死了，时年三十八岁。

郭嘉生前不仅有谋略，性格深沉、通达，还通晓万物情理，曹操认为，郭嘉是最理解他的人。因此，他悲痛万分，上表追谥郭嘉为贞侯。

曹操亲自去吊丧，对荀攸等人说："你们和我是同辈，只有奉孝最年轻。我还准备等天下战事完毕后，把身后事托付给他，没想到，他却如此早逝，真是天命啊！"

后来，曹操去征战荆州返回时，在巴丘遇上了流行病，烧掉了船只，曹操哀叹道："如果奉孝在，一定不会让我落到这个地步。"

曹植

乱世奇才

铜雀台献赋

公元210年的邺城，热闹非凡。曹操坐在高高的铜雀台上，宴请部属和众多文士。

曹操说："诸君看这铜雀台可是气派？"

众人答道："确实气派非凡。"

曹操哈哈大笑，说道："既然如此，就请诸君为这铜雀台写个赋吧！"

宦官已经拿着笔墨纸砚，放到了文士们的席案上。

一会儿，一名宦官拿着一张纸来到了曹操的席位旁。

曹操看了一眼，正是儿子曹植写的《登台赋》，他没想到曹植在这么短的时间里就能写出一篇赋，而且辞藻华美、语句跌宕、洋洋洒洒，内容十分可观。

曹操既惊奇又得意，把曹植的赋传给众人看。

众人看了，也都很吃惊和佩服，纷纷称赞曹植。

曹操非常高兴，带着曹植，与众人畅饮起来。

曹植是曹操的第三子，字子建，出生在沛国谯县。他从小就聪明伶俐，才智过人，十几岁就诵读《诗经》《论语》等书籍，写得一手好诗文。

有一次，曹操看到他写的文章，说："这是你请

曹植

人代写的吧？”曹植一听，立刻跪下，回禀道：“话出为论，下笔成章，只要当面考试就知道了，何必请人代写呢？”曹操深切地体会到了曹植的过人文采及率真的性情。

曹植长大后，性情平易近人，不喜欢摆威严的气派，也不追求服饰的华丽、车马的豪华。曹操每次问他什么，或者与他辩论，他都能应声答出来。

因此，曹植深受曹操喜爱。

因酒误事

公元214年，曹植被封为临菑侯。

曹操征讨孙权时，让曹植留守邺县，临行，曹操告诫曹植：“以前，我当顿丘令的时候，才二十三岁。我现在想起那时候做的事，今天仍然不后悔。你现在也二十三岁了，能不努力吗？”

曹植听了，连忙表示，自己一定谨遵父亲教诲。

曹植不是长子，但曹操格外宠爱他，好几次都想把他立为自己的继承人。

可惜，曹植有一个缺点，他常常因为醉酒而为所欲为。

公元217年，曹植喝醉了酒，命人擅自打开皇宫的司马门，在皇帝专用的驰道上纵情驰骋。

曹操得知后大怒，处死了管理此事的**公车令**，虽然没有严惩曹植，但心中已经对曹植产生了不满。

曹植感受到父亲对他的宠爱日渐衰退，心里非常痛苦。曹操为了抑制曹植的势力，还罗织罪名，杀了曹植的谋士**杨修**。这让曹植心里更加不安。

公车令，掌管皇宫司马门并负责夜间在宫中巡查的官员。

杨修，字德祖，东汉文学家、书画家，为“暮夜却金”的杨震之玄孙。杨修曾任曹操的主簿，他为人恭敬，博学多才，聪明过人，能揣测对方心思，因曹植失宠而受牵连，被曹操借故杀死，时年四十五岁。

公元219年，曹操命曹植为南中郎将，行征虏将军，前去援助被关羽围困的大将曹仁。谁知，曹植又喝醉了酒，起不了身，没有及时赶去支援。

这等军情要务都能因酒延误，这让曹操暴跳如雷。

于是，曹操放弃了曹植，立曹植的哥哥曹丕为继承人。曹丕做事稳重，同样才华横溢，得到了很多人的支持。

饱受排挤

公元220年，曹操在洛阳病逝。曹植忍不住心中的悲痛，大哭一场，提笔写下两篇文章来悼念父亲。

曹植的哥哥曹丕即位为魏王。曹丕又杀死了曹植的几位谋士，曹植回到自己的封国。

没过多久，都城又传来了一个令曹植不快的消息，那就是曹丕废黜汉献帝，自立为帝，国号为魏。

曹植满腹才华，又有政治志向，曹丕担心还有人支持曹植，对自己的位置构成威胁，对曹植始终不放松警惕，甚至想要除掉他。

而曹植听闻曹丕废帝自立，则穿上丧服为汉朝覆

《世说新语》中记载，曹丕命曹植七步作诗，如若不成就将受罚。曹植知曹丕存心陷害自己，只好在悲愤中七步成诗，即：“煮豆持作羹，漉菽以为汁。萁在釜下燃，豆在釜中泣。本自同根生，相煎何太急？”不过，这段记载真伪存疑。

灭悲恸痛哭。大臣们上奏曹丕，请求曹丕严惩曹植。

曹丕想要给曹植治罪，但因为太后不忍心，最终，把曹植降为安乡侯，又改封鄄城侯。

《野田黄雀行》，曹植诗作，塑造了一个少年侠士的形象，寄寓着曹植的理想和反抗情绪。全诗意象高古，情怀壮烈。

曹植内心悲伤，饱受排挤，他知道自己处于严密的监视中，因此，也不敢明显地进行抗议。

为了转移自己的心境，曹植埋头于创作。在改封为鄄城侯后，他作了一首**《野田黄雀行》**，抒发了自己悲愤却无可奈何的情绪。

洛水寄情

公元222年，曹植被封为鄄城王。虽然是封了王，但曹植明白，这只是表面上的荣耀，实际上，曹丕仍然对他心存忌惮。

曹植入京朝拜结束后，返回封国，一路上心情十分郁闷。

车夫挥着马鞭，伴随着马的嘶鸣声，马车加快了速度。

一时，马车经过一条河流，那是洛水。

曹植问车夫道："到洛水了吧？"

"是的，已经到洛水了。"

"洛水。"曹植忽然想到了什么，对马车夫叫道，"停车，快停车！"

马车夫"吁"了好几声，才停下了马车。

曹植走下了马车，向洛水边走去。

他伫立在水边，凝望着烟水凄迷，心中生起无尽的怅惘和悲戚。

在朦胧的水雾之中，他仿佛看到一位美丽的女子凌波微步，回眸含笑……

曹植心生向往，真想跟随女子去往一个全新的世界。

当然，这只一个空想而已，曹植怅然若失，回到了车上。

车轮滚滚，马车又跑起来了。

到达鄄城后，曹植又对众人说，他做了一个梦，梦见自己在洛水边邂逅了一位美丽的女子，那名美丽的女子便是洛神。众人只是笑笑，待人走后，曹植努力地回忆着当时的梦境，作了一首流传千古的**《洛神赋》**。

在赋中，曹植虚构了一个美丽绝伦的洛神形象。他用细腻的文笔，丰富的想象，缱绻的情思，描述了自己与洛神的邂逅以及分别，抒发了悲伤、怅惘的感情。

这是曹植在遭遇接二连三的沉重打击后，寄托自己抑郁和苦闷心情的作品，读来感人肺腑，令人难忘。

《洛神赋》，曹植所作辞赋，手法浪漫，境界梦幻，为辞赋发展开辟了新路，对后世有广泛而深远的影响。很多绘画大师都曾将其形诸笔墨，如顾恺之画的《洛神赋图》。

抑郁而终

公元223年，曹植又被改封为雍丘王。

这一年，他听说，哥哥曹彰进京朝见期间，得了急病，突然死了，哥哥才三十五岁。这让他更加悲伤了。

曹彰，字子文，三国时期曹魏宗室将领，曹操与卞皇后的次子，曹丕的弟弟，曹植的哥哥。曹彰武艺过人，胡须为黄色，被曹操爱称为“黄须儿”。曹彰跟随曹操东征西讨。曹丕即位后，先后任他为万户侯、任城王。公元223年，得急病暴毙。

在度过了两年的时光后，有一天，曹丕来了。曹丕南征归来，路过雍丘，去曹植宫中看他。

曹植设宴迎接曹丕。

席间，曹丕说：“我当上皇帝后，费尽心思对付汉朝遗臣，还要对付孙权、刘备，他们个个都不是省油的灯。”

曹植也很感慨。

曹丕又说：“当年父亲在立嗣之事上犹豫不决，一时偏向你，一时偏向我，唉……”

曹植没有接话，殷勤侍奉曹丕。

曹丕回京后，给曹植增加了五百的食邑。不久，曹丕就病逝了。

公元226年，曹丕的儿子曹叡即位为帝，即魏明帝。曹叡对曹植仍旧充满了防备之心，他先是令曹植迁徙到浚仪，过一年，又令曹植迁回雍丘。

曹植常常自悲自怨，他空有一身才能，却无处施展。有一天，他郁闷至极，便上书给皇帝，请求试用。

他的奏疏中，有这样的话：

“沐浴着陛下的恩泽，感受着仁德的教化，我可以说是非常幸运了。

“我被封在东部的藩国，有上等的爵位，身上披着轻暖的衣服，嘴巴吃烦了各种美味，眼睛看惯了奢侈的装饰，耳朵听腻了丝竹管弦之声。我想了一想，在古代，像我这种待遇的人，都是辅佐君主、勤劳为国的人。

“我却没有像样的功劳和德行值得称颂，可以说，我对国家一点儿用处都没有。

“我的志向郁结在心里，我想要施展才力，献给英明的陛下，我现在睡不稳、吃不香，心里是挂念着吴、蜀还没有平定。

“看看先武皇帝（曹操）的老臣旧将们，有的死了，有的老了，虽然世上不缺有才能的人，但打仗还是需要有经验的人。

“我自不量力，还想为国效力，或许，能建立微小的功劳，以报答陛下的大恩。

“我虽然不一定能擒住孙权，不一定能割下诸葛亮的耳朵，但也要俘虏敌人的将帅，歼灭敌军。即使我在蜀地粉身碎骨，在吴国头颅高悬，也像获得了新生一样。

“不然的话，我将默默无闻地死去，白白地享受荣誉、养肥身体，白白地享受优厚的待遇，就像圈养的动物一样，这不是臣的志向啊！

“我的力量像尘土雾气那样微小，希望能用这么小的力量去补充山海，就像萤火虫、蜡烛那么弱的光，去为日月增辉一样，所以，我斗胆献上我的一颗忠心。”

这封奏疏文采斐然，读起来恳切真诚，甚至感人肺腑，然而，魏明帝曹叡不为所动，依旧拒绝起用曹植。

公元229年，曹叡又将曹植改封为东阿王，令他搬迁到东阿。

公元231年，曹植再次上书，请求问候亲戚。

他的大意是：现在亲戚间的消息闭塞，慰问的礼节荒废，亲情疏绝得比路人还严重，自己也见不到陛下，希望陛下能下诏，让各个封国之间互相问候，叙谈骨肉之亲、兄弟之爱，也让妃妾们的家庭，互相问候，赠送一些化妆的脂膏等，以寄托情意，免得到了时令佳节，身边只有仆人侍从，连高谈阔论的对象都没有，听了音乐只能更伤感，喝了酒只能更忧伤。

他又表达了自己最深的愿望：“希望自己能侍奉在陛下身边，回答陛下的提问，这是我赤诚的愿望，梦寐以求的理想。”

他还把自己比作向日葵，把皇帝比作太阳："向日葵转动着，承受阳光，太阳虽然不为它改变光线，但向日葵永远诚心向着太阳。"

魏明帝曹叡看了奏疏，客气地下了一道诏书，回复了曹植。

大意是："自己本来没有禁止各个封国之间互通消息，是因为下级官吏害怕出错，矫枉过正，所以才这样，现在已经下令改正。"

至于曹植提出的想像向日葵一样围绕在太阳身边，曹叡还是没有同意。不过，曹叡毕竟同意了各个封国之间相互问候的提议，这让曹植的心中生起了一点儿希望。

他又写了一份奏疏，提出了一些问题。

比如，他说："臣听说，披着虎皮的羊，看见草就很兴奋，看见狼就会哆嗦，它忘了身上披着的是虎皮了。现在，朝廷设置的将领很不适当，就和披着虎皮的羊很相似。"

这一次，魏明帝曹叡依旧没有采纳。

公元232年，魏明帝曹叡下令，各个封国的王都将入京，朝见天子，并互叙手足之乐。

二月，曹植入京，被封为陈王，食邑增加到

三千五百户。

曹植心中跃跃欲试，希望能和天子单独见面，单独畅谈时事，并被天子起用。然而，从进京到出京，他始终没有得到机会。

这一次，曹植彻底绝望，心灰意冷地回到了封国。

当时，对待藩国的条件极为严苛，藩王的部属不是才士，而是商人和其他普通人，士兵也是老弱病残，总数不超过二百人。由于曹植之前的过失，他样样都要减去一半。在居住封国的十一年中，曹植被迁徙三次，不得安定，无法经营。

就这样，曹植郁郁寡欢，四十一岁就死了。临终前，他留下遗言，简单地举行葬礼。

王粲

人间异才

拜访蔡邕

蔡邕，字伯喈（jiē），东汉名臣，文学家，书法家，音律家，才女蔡文姬之父，所创“飞白”书体，对后世影响巨大。董卓掌权时，强召蔡邕为祭酒，三日内，连升数职，封高阳乡侯。董卓被杀后，蔡邕也被抓，不久死于狱中，时年六十岁。

这一日，左中郎将蔡邕（yōng）的家中宾朋满座，大家有说有笑，互相敬酒畅谈。

能与名士蔡邕欢聚，气氛格外欢愉。

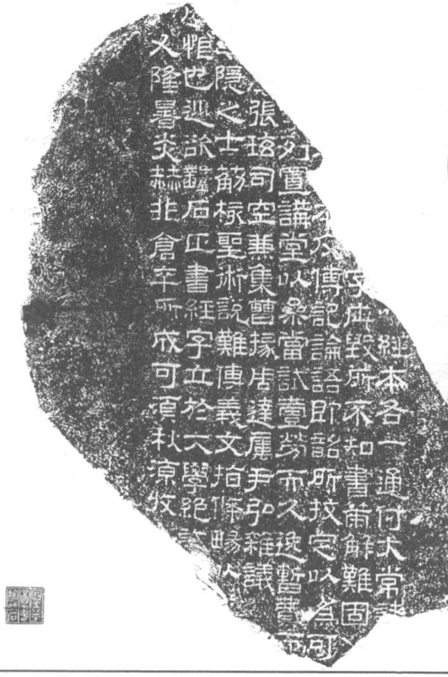

蔡邕参与刻印的熹平石刻残石

蔡邕给诸位敬酒，畅饮后，见一名侍从走到他面前，贴着他的耳朵小声说道：“门外有一个叫王粲的少年，说是要见大人。”

听到王粲的名字，蔡邕立刻放下筷子，大踏步地朝门外走去。

“大人，鞋！”侍从赶紧追了上去。

“好好，我知道了。”蔡邕飞快地穿好了鞋，又快速地朝大门走去。

“大人，鞋穿倒了！”侍从喊道。

蔡邕置若罔闻，他一路小跑着来到大门前，只见一个十多岁的少年恭敬地站在门口。

蔡邕开口问道：“你就是司空王畅的孙子王粲？”

那名少年对蔡邕行了个礼，答道：“回蔡大人，我正是王粲。”

王粲，字仲宣，出生在山阳郡高平县，出身名门，曾祖父和祖父都是高官，父亲曾任大将军何进的长史。王粲小小年纪就展现出了非凡的才华，因此，蔡邕见到他会欣喜若狂。

蔡邕急忙请王粲入内。

众人见蔡邕带了一个少年进来，都感觉很奇怪。

蔡邕环顾众人，说：“你们不知道吧，这孩子是一个奇才。他的才华连我都要拜服，让我自愧不如，我应该把我收藏的书籍全送给他。”

蔡邕说完，气氛更热闹了，众人纷纷谈论、称赞起王粲。

在一片称赞声中，王粲对众人施礼道："诸位过奖了，在下仍有许多地方需要学习，蔡大人实在是谦虚了，在下当以蔡大人为榜样。"

流落荆州

过了几年，王粲长大了。他十七岁的时候，被任命为黄门侍郎。由于长安政局不稳，王粲没有接受这个官职，而是随着逃亡大军去了江南。

他落脚荆州，投奔荆州牧刘表。

刘表看到王粲时，觉得王粲其貌不扬，言谈也未见多么有见识，刘表心中不大满意，只给了他一个闲官的职位。

刘表在世的岁月里，王粲一直没有得到重用，郁郁不得志。

每当夜深人静的时候，王粲独自一人，就会黯然神伤。

有时，他会小声埋怨："当初大名士蔡邕对我是多么尊重，可你区区刘表，却如此不尊重我，要不是长安混乱，我岂会来荆州投奔你。"

一日，王粲思念故乡，登上一座高楼，眺望着远方，好似看见了北方衰败的都城、离乱中的百姓，他又想起自己生逢乱世，不得已客居他乡十二年，却怀才不遇，一种莫大的忧虑和伤感爬上了他的心头。

“大丈夫应当建功立业，我却在荆州无所事事，什么时候我才能施展抱负啊！”

王粲悲愤地想着，灵感像洪水一般奔涌而来。

于是，他挥毫泼墨，写下了一篇流传千古的**《登楼赋》**，其中有这样的句子：“兽狂顾以求群兮，鸟相鸣而举翼。原野阒（qù）其无人兮，征夫行而未息。”大意是：野兽慌忙地左顾右盼，寻找着兽群，鸟雀纷纷鸣叫着，展翅高飞。原野一片寂静，没有人烟，只有征夫在行走不停。

《登楼赋》，一篇将写景和抒情融为一体的赋，用事感怀，从容柔曼，一往情深，是建安文学的代表作之一。

鸟兽都知道要有个归处呢，自己却还在漂泊。

王粲的心情凄凉悲怆，眼见着太阳快下山了，萧瑟的寒风刮起来，他便下了楼。

他心中仍愤懑不平，回到居所，一直到半夜还不能入睡，惆怅得翻来覆去。

就像葫芦瓢被徒然无用地挂起来，就像清澈的井水无人饮用一样，这是多么凄惨啊。而王粲觉得，自己就是那挂起来的葫芦，是那清澈的井水。

力劝投降

王粲在荆州郁郁寡欢地度过了十多年的岁月后，刘表病逝了，刘表的儿子刘琮继承了荆州之主的位置。

刘琮和其母**蔡夫人**还没高兴几天，就传来了曹操南征荆州的消息，这让年轻的刘琮慌了神，赶紧召集

蔡夫人，荆州牧刘表续娶的妻子，出身荆襄豪族。蔡夫人生刘琮，想让刘琮继承刘表之位，因此，经常隔屏听语，并毁谤刘琮的异母兄长刘琦。刘琮继位后不到一个月，就投降了曹操，蔡夫人赞同，送出了整个荆州。

众人商讨对策。

蔡瑁与蒯越站了出来，极力劝说刘琮向曹操投降。

刘琮没有想到自己仰仗的亲舅舅蔡瑁居然会劝自己投降，一时间陷入了沉默。

蔡瑁有些急了，他大声叫道："若不投降，整个荆州就要被曹操的大军碾成粉末了！"

这时，王粲想道，刘琮是一个庸才，毫无主见和才能，由他统治荆州，荆州会一塌糊涂。不如投降曹操，曹操为枭雄，实力雄厚，要比刘琮有作为多了。

于是，王粲对刘琮说了这样一席话。

"蔡将军言之有理。曹操坐拥精兵百万，连袁绍都被他打败了，何况我们？你的兄长刘琦驻守江夏，早就与刘备沆瀣一气，是不会来帮助你的。与其等曹操攻打过来，害得百姓流离失所，不如主动归附，得到他的保护。"

王粲说完，蔡瑁就顺着他的话道："时间紧迫，不要犹豫，快做决断吧！"

刘琮沉吟了一会儿，只好垂头丧气地说："既然如此，就依诸位之意，归降曹操吧。"

获得信任

刘琮投降后，曹操感念王粲劝降之功，对他十分器重，不久就任命王粲为丞相掾（yuàn），赐爵关内侯。

一次，曹操在汉水之滨摆设酒宴，宴请群僚。

酒至半酣，曹操讲起了自己从年轻时到现在的奋斗，讲到自己多次死里逃生时，不禁潸然泪下，众人

也都感慨，流下了眼泪。

王粲见状，双手高举酒杯，对曹操道："丞相这么多年是在为朝廷与天下人做好事，我有些话想对丞相说，不知可否？"

曹操擦了擦眼泪，对王粲微笑道："仲宣，你说吧。"

王粲清了清嗓子，说："当初袁绍在黄河起兵，仗着自己兵多粮足，打算吞并天下。可惜，袁绍爱才，却不会用才，贤才们渐渐地离开了他。还有昔日荆州的刘表，本来也想等待时机，进取天下，可惜同样不能重用来荆州躲避战乱的贤才。而丞相打下冀州后，很快就招揽了那里的贤才，在平定了江汉后，也给予了当地贤才们官职。让文臣武将们有用武之地，这正是夏、商、周三代开国明君所做的事啊！"

王粲说完，在座的人都赞许地点头，周围响起一片赞许之声。

曹操笑着端起一杯酒，对众人说："说得好！我们畅饮一杯！"

王粲的内心极为舒畅，将杯中酒一饮而尽。

自此之后，凡是有关规章制度改革的事，曹操都会请王粲来主持。

记忆超群

王粲不仅文章写得好，他还有计算的才能，做算术时能很简捷地快速得出答案。他的记忆力也极佳。有一次，王粲和友人外出游玩，看见路旁有一个石碑。二人停下脚步，仔细地阅读上面的碑文。

友人问道："你能记住碑上的内容吗？"

"当然能！"王粲斩钉截铁地答道。

友人不相信，对王粲说："如果你真记住了，就转过去背诵一遍。"

王粲转过身去，一字不漏地把碑上文字全部背了下来。

友人大为吃惊，夸赞道："仲宣，你的记忆力真好，真是过目不忘啊！"

还有一次，王粲观看两人下棋，其中一人不小心把棋子碰乱了，整个棋盘都乱作一团。另一个下棋的人埋怨说："你怎么这么不小心，棋盘都乱了，如何分胜负？"那人感到很尴尬，不知如何是好。

王粲笑道："不要急，我来帮你们恢复棋局。"

埋怨的人一脸狐疑地盯着王粲，说："你可不要吹牛啊！"

"我当然不会吹牛。"

“好，先等一下。”此人用手帕盖住了棋盘，拿了一个新棋盘给王粲，“你来摆吧！”

王粲笑了笑，镇定自若地把棋子摆在了新的棋盘上，果然是一子不差。

对弈的两人直勾勾地盯着棋盘，过了好一会儿，才回过神来，对着王粲夸道：“真厉害，好记性啊！”

王粲微微一笑，说：“二位过奖了，请继续下棋吧。”

文采飞扬

公元213年，魏王曹操提拔王粲为侍中。王粲因博学多识，才高八斗，擅长辩论，总能做到对答如流。

汉末战乱，皇家典章制度都混乱了，礼仪用的玉佩也断绝消失。

王粲认得旧佩，重新做了玉佩，后来的西晋王朝，使用的玉佩都受法于王粲。

王粲不但受到曹操的赏识，他还与曹丕、曹植建立了亲密的友谊。曹丕和曹植彼此貌合神离，但都非常尊重王粲，他们之间经常有诗赋往还。

王粲是“**建安七子**”之一，写文章时，一笔挥

建安七子，汉朝建安年间七位文学家的合称，包括孔融、陈琳、王粲、徐干、阮瑀、应玚、刘桢。建安七子中，除孔融与曹操政见不合被杀外，其余六人都视曹操为知己，获得了安定富贵的生活。

就，从来不用修改。

人们总是认为他是预先写好的，后来，看到他即兴创作，依旧文采飞扬，与众不同，这才相信他文思不凡。

还有一些人不服气，反反复复地精心构思，写出文章后要和王粲比一比，但没有一个能超过他的。

公元216年，曹操带兵征讨孙权，王粲随军出征。

第二年，王粲在返回邺城途中病逝，终年四十一岁。

刘桢

慧业才人

偶遇曹植

公元195年，许昌的一间驿馆内，正在举行隆重的宴会。

一群文士把目光集中在中间的曹植身上，向曹植敬酒，赞颂曹植的文章。

众人正有说有笑，只听屋外传来马蹄声，不一会儿，一个十七八岁的男子扶着一位妇人走了进来。

不知道谁失声叫了一声："哟，好一个俊俏的公子哥！"

曹植盯着那人，见那人衣着朴素，眉宇之间却有一股英气。

曹植离开座位，向那人走去，边施礼边打招呼。

那人赶忙回礼，报上名来，原来是刘桢，妇人为刘桢之母。

刘桢，字公干，出生于**东平宁阳**。他从小天赋异禀，是个远近闻名的神童，五岁时就能读诗，八岁能吟诵《论语》《诗经》，且记忆超群，雄辩出众，连饱读诗书的大儒都辩不过他。

这一年，刘桢十七岁，为了躲避战乱，不得不离开家乡，携母亲前往许昌，半路上进了这间驿馆，恰巧遇到了曹植。

东平宁阳，今山东宁阳县。

刘桢没想到自己会偶遇丞相曹操之子，内心又惊又喜。

曹植请刘桢共饮。

刘桢说：“我久闻曹丞相英名，所以，逃来许昌，期盼丞相平定四方，成就英雄之业！”

曹植大喜，对刘桢道：“公干现在漂泊不定，不如随我去相府吧。家父慧眼识才，定会重用你，如此一来，公干的母亲也能得到照顾了。曹植愚意，请不要推托。”

刘桢求之不得，向曹植道谢，请示了母亲后，待酒席结束，就随曹植到了丞相府中。

腰带之趣

曹操留下了刘桢，当曹操发现刘桢文才出众、善于雄辩后，任他为丞相掾属。这时，刘桢刚刚十九岁。

刘桢才思敏捷，五言诗写得最负盛名，极具气势，“壮而不密”。有人认为，他的作品除了曹植之外，堪称独步。

曹操又把他提拔为平原侯庶子、五官将文学。

刘桢为了报答曹氏的赏识，特地作诗，把曹氏比

作刘邦与信陵君，感激之情溢于言表。

他还作了《斗鸡诗》《赠从弟》等诗，表达了自己渴望为国家建功立业的志向。

曹操征讨四方时，多次让刘桢随行，担任谋士。

刘桢不仅与曹植交往密切，与曹植的哥哥曹丕更是关系和睦，而且曹丕在文学上也很有建树。

一次，曹丕送给刘桢一条华贵的腰带。后来，做腰带的工匠死了，曹丕想借回送给刘桢的腰带，给新的工匠看样式。

曹丕写信给刘桢，开玩笑道："你别怕我借了你的腰带不还，东西是否贵重要看用它的人，我曹丕身份高贵，才看不上你的腰带呢。"

刘桢收到信后，莞尔一笑，随即回信。

信中写道："世间的珍宝都要经过普通人的开采和打磨才能制成，不是一开始就在九五之尊手中的。屋子盖好的时候，工匠是最先站在屋子里的人；稻谷成熟的时候，农民是最先一尝粮食的人；可惜我身上佩戴的东西，没有哪一件是奇特的，如果身上真的有宝贝，尚且可以答应借给你。"

曹丕读后，哈哈大笑，逢人便赞刘桢学识广博、思维活跃，轻而易举地化解了自己的戏弄。

借石自喻

刘桢的母亲王氏是一位饱读诗书之人，她年轻寡居，全心全意教导刘桢。刘桢从小就饱受儒家教育，坚守"仁义礼智信"的原则，反对不轨的行为，厌恶无信之人。

他万万想不到，正是他所受的这种教育，为他招致了祸患。

曹操被封魏王后，一日，其子曹丕设宴款待文士。酒酣耳热之时，曹丕十分兴奋，命夫人甄氏出来

与各位见面。在座的文士们慌忙匍匐在地，不敢仰望甄氏，只有刘桢端正不动，双眼平视甄氏。

他为什么这么做呢？这是因为他内心愤然不平，因为甄氏本是袁熙的妻子，曹丕夺娶了别人的妻子；还因为甄氏是一个有丈夫的人，却选择了再嫁，是不忠不贞。因此，他平视甄氏，这在当时是“不敬”的表现。

曹操听说后，勃然大怒，把刘桢抓起来，准备处死。曹丕虽然没想到刘桢会“平视甄妃”，但也知道刘桢是刚烈正直之人，因此一再向曹操求情。其他人也都为刘桢求情，曹操这才免去了刘桢的死罪。

不过，刘桢仍在狱中，虽然后来被放出来了，却被罚去石料厂当苦力。

一次，曹操到石料厂来，石料厂的官员与工匠跪下迎接。独有刘桢不跪下，依然拿着锤子干活。

曹操不悦，刘桢说：“昔日在魏王府，魏王教诲我，做事要一心一意，如果事情做得好，是为魏王争光；如果事情做得不好，是为魏王增加耻辱。现在，我身为苦力，应当在石头上下功夫，以履行魏王对我的教诲，所以，我不敢放下锤子。”

曹操被他的辩才折服，转怒为喜，问道：“石头现在怎么样了？”

刘桢回道：“石头出自荆山的悬崖之巅，外有五章之色，内有卞氏之珍，它的坚硬是自然赋予的，只是它难以雕刻，很难被视作珍宝。”

曹操明白刘桢话里的意思，于是赦免了刘桢。

刘桢此后任署吏，再也没有得到曹操的重用。刘桢因此写了《赠徐干》一诗，说万物都能感受到太阳的温暖，没有一点儿遗漏的地方，只有自己一个人被遗弃，不能与阳光下的万物相比。

公元217年，北方暴发瘟疫，刘桢染病而死。曹丕为他感到悲痛，整理了他的诗文。

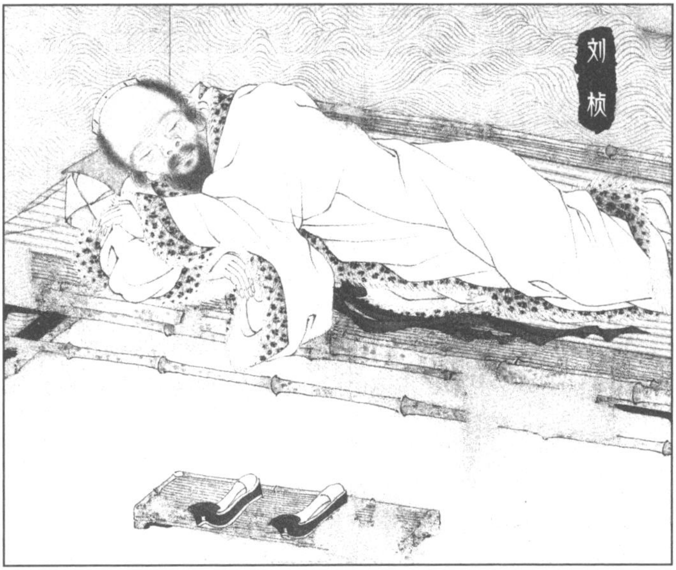

陈琳

文采飞扬

仓促逃离

窗内，一名婢女端着一壶酒，走到大将军何进的席前，小心翼翼地给何进满满地斟上了一杯酒，接着走到何进的部下陈琳的席位前，给他也斟了一杯酒，随后轻轻退下。

何进喝了一口酒，对陈琳道："我说主簿大人，也不知太后怎么想的，不跟我这个亲哥哥一条心，居然袒护那些宦官！我身为大将军，当今天子是我外甥，我却受制于宦官，眼睁睁看着他们祸乱天下！"

"大将军息怒，不必计较！"陈琳说。

"主簿大人，你说如何才能让他们不这么嚣张呢？"

左一句"主簿大人"右一句"主簿大人"，让陈琳很不好意思。何进本是屠户出身，粗鲁的性格在朝野是出了名的，换在平常，何进就直接叫他的名字，不知今日为何这般礼貌起来。

陈琳刚想开口劝慰，谁知何进突然打断了他的话头，压低了声音。

"主簿大人，我打算让各地的军阀领兵进京，吓唬太后一番。这样太后就不敢袒护宦官了。那凉州的董卓手握重兵，又听朝廷的话，不如将他请来。"

陈琳这下明白了，何进是想让地方军阀压制太后与宦官，之所以对他变得恭敬，是因为希望他能支持这个想法。

陈琳连忙站起来，正色道："大将军，我以为，这个主意不妥！"

"陈琳！"何进变了脸，"有什么不妥？难道你也支持那帮宦官？"

"大将军，国家大事怎么可以硬来？大将军现在掌握兵权，想要铲除宦官，易如反掌，就好比点燃巨大的火炉，去燎小小的毛发一样。可你却放弃兵权，反而征召各地的兵马进京，到时候，大军压境，强者为雄，大将军不是授人以柄吗？这样做，不但不能成功，只怕会开启祸端。"陈琳极力劝阻。

何进听不进去，嚷道："哼，我看你就是一个没用的书生！"

陈琳还想再劝，何进斥道："别说了，今天的酒喝得真是不高兴，你走吧！"

陈琳只得走了。

几天之后，陈琳突然听说，何进被宦官骗进皇宫中杀害了。

陈琳吓得魂飞魄散。他是何进的主簿，很可能也会受到牵连，被宦官报复。

不过，还没等他想出什么办法，又得到消息，宦官已被杀死，凉州军阀董卓也已进京，把持朝政。

眼见京城一片混乱，陈琳匆忙收拾行李，逃出京城，投奔了袁绍。

劝降失败

陈琳字孔璋，**广陵射阳**人，是“建安七子”之一。当他逃出京城后，来到了冀州，进入了袁绍的幕府。

董卓祸乱朝政后，各地军阀开始纷纷入京，讨伐董卓。而讨董大军的盟主，就是袁绍。陈琳便跟在袁绍左右做事。

讨董联盟并不真正意在董卓，而是借着讨伐董卓的旗号，争夺地盘，劫持天子，掌握权势。这让陈琳深感无可奈何。

讨董联盟中，有一支队伍来自军阀臧（zāng）洪。

臧洪为广陵功曹，袁绍很看重他，把他推荐为青州刺史，又转东郡太守。他发现袁绍并没有辅佐天子的忠心，而且见死不救，便与袁绍产生了矛盾，于是袁绍开始围攻东郡。

广陵射阳，今属江苏。

汉宫

藏洪，字子源，汉末群雄之一，为人雄气壮节，举孝廉出身，曾参与讨伐董卓。臧洪施政有方，政绩卓越，深得百姓拥护；在与袁绍反目成仇后，举城叛变，遭到袁绍围攻，一年后城破，被杀。

臧洪的兵力远远不如袁绍，却与袁绍对峙了一年左右，不肯投降。

袁绍非常气恼，对陈琳说："孔璋，你给臧洪写一封书信，劝他投降吧。"

陈琳说："陈琳不才，愿写信与臧洪。"

陈琳很快备好笔墨纸砚，然后写了一封书信，由兵士送到臧洪的军中去。陈琳敬佩臧洪的忠诚和气节，希望臧洪能够投降，暂且保住性命。

但臧洪很快回信，他写了《答陈琳书》，表示誓死不降。

袁绍便增兵急攻，当时城中粮食已尽，臧洪令部下和百姓逃走，自己抗战。但无人离去，把老鼠和武器上的皮革都吃光了，也不投降。

袁绍攻破城池后，杀死了臧洪。

陈琳眼看臧洪悲壮地死去，心中不禁长叹："看来昔日何进说得没错，我就是一个没用的书生。"

讨曹檄文

随着袁绍与曹操的矛盾越来越激化，公元200年，二人在官渡展开了激战。

为了鼓舞士气，陈琳提笔写了一篇讨伐曹操的

檄文，古代用于晓谕、征召、声讨敌人或叛逆等的文书，也指战斗性强的批判、声讨文章。

《为袁绍檄豫州》，文学家陈琳所作檄文，内容铺张扬厉，气势刚健，辞藻华美，用字严谨，似春秋笔法，有一字定乾坤之妙，为传世名篇。

檄（xí）文，准备发给刘备等人看。

“我听说，圣明的君主面临危局时，会制定策略；忠心的臣子面临灾难时，会寻求对策。所以，先有非常之人，然后有非常之事；有非常之事，然后立非常之功……”

陈琳用纵横捭阖的文笔开头，然后，对比了袁绍与曹操两个人，批判曹操家族干的龌龊事，如挟持天子、辱杀大臣、盗坟墓、忘恩负义等，由此，引出声讨曹操的目的。

文采飞扬的檄文写好了。陈琳将檄文拿给袁绍看。

陈琳说：“我军与曹贼作战，我写了一篇檄文，可晓谕左将军、豫州刺史刘备，希望他与我军联合，共抗曹操。”

“好！”

袁绍接过檄文，越看越心潮澎湃。

之后，袁绍喜笑颜开地说：“孔璋好文采啊，我要把这篇檄文向天下人公布！曹操一直患有头痛症，他看到这篇檄文，说不定就病重身亡了！”

不过，这回袁绍算错了。

曹操本来正在犯头痛病，卧病在床，当他看到这篇檄文后，惊出了一身冷汗，头痛因此好了。

曹操指挥大军如狼似虎地展开攻击，最终在官渡之战中取得了胜利，确立了他在北方的霸主地位。

投降曹操

官渡之战后不久，袁绍病逝。陈琳跟随袁绍之子袁尚。

曹操大军攻打袁尚。袁尚没有能力抵挡，派陈琳等人去乞求投降。曹操不准，继续猛烈攻打。袁尚不

得不退守邺城。

公元204年，曹操包围邺城。看着城中疲惫的将士们，陈琳预感到大祸就要来临了。

这天，陈琳正垂头丧气地叹息着，忽然听到背后传来一阵声响，只见士兵们惊恐地四处逃窜。

“怎么了？”陈琳扯住一个士兵，大声问道。

“曹军破城了，快跑！”士兵歇斯底里地叫着。

这时，曹军士兵已经冲到了陈琳身边。

军士们推搡着陈琳，来到曹操的帐中。

曹操说道：“这不是大才子陈琳吗？”

一旁的一位将领拔刀道：“就是这个人写檄文辱骂主公，让我杀了他！”

这时，他听得曹操说道：“不要伤害他。”

曹操问陈琳：“你为袁绍起草檄文，只骂我一个人就可以了，为什么还要骂我的祖父和父亲呢？”

陈琳一听，赶紧认错，请求曹操原谅。曹操因为爱惜人才，给陈琳松了绑，没有再追究他的罪过。

陈琳没有想到，被自己骂得不成人样的曹操，心胸竟如此宽广，他赶紧对曹操施礼，感激地说：“谢丞相！”

后来，陈琳才得知，曹操在大破袁绍后，把部下私通袁绍的书信都烧毁了，没有为难他们。陈琳更加敬佩曹操了。陈琳被曹操任命为司空军谋祭酒，此后曹军中的书檄大多由陈琳等人书写。

曹操深深地爱惜陈琳的才华，经常看陈琳的作品，陈琳的文章极为严谨，有美感。曹操也是一位出众的文学家，有时候，他想改一改陈琳的文章，可是，他竟然不能为陈琳增加一个字或者减少一个字。

在曹操的庇护下，陈琳度过了自己平安富足的后半生。公元217年，陈琳感染了瘟疫，病死了。

蜀书

诸葛亮

南阳卧龙

少年隐居

“孔明，你去哪里？”一个少年问诸葛亮。

“我要去隐居。”诸葛亮回答。

此时的诸葛亮只有十六岁。

他本来出身琅琊郡**阳都县**的名门望族，先祖和父亲都做官。然而，他三岁时，母亲就病逝了，八岁时，父亲也去世了。他和弟弟诸葛均只好跟随叔父诸葛玄生活。叔父在**荆州**为刘表做事，他和弟弟也来到了荆州。但不幸的是，叔父在他十六岁这年，也去世了，诸葛亮于是决定归隐山林。

“你去哪里隐居呢？”认识诸葛亮的少年继续发问。

阳都县，今山东沂南县一带。

荆州，今湖北省中南部荆州市一带。

"我去隆中。"

诸葛亮来到隆中后，一边耕地，一边读书，时常卧在南阳的山岗上。

他对人们说："我觉得我可以比管仲、乐毅。"

"你真能说大话！"很多人都对他不屑一顾。

"我看孔明足以比管仲、乐毅。"好友徐庶说。

隆中，在今湖北襄阳市境内。

徐庶，字元直，东汉末年谋士，出身贫寒，避难于荆州，与诸葛亮、崔州平等交好；为刘备谋士后，向刘备推荐诸葛亮。曹操抓捕徐庶母亲，迫使徐庶离开刘备，归于曹操。这段历史后来演变出歇后语"徐庶进曹营——一言不发"。曹丕称帝后，徐庶官至御史中丞。

崔钧，字州平，东汉末年大臣，年少时结交英豪，颇有名气，曾参与讨伐董卓，任虎贲中郎将、西河太守等职。

“孔明才智非凡，我相信你。”好友崔钧对诸葛亮说。

不管别人非议也好，赞美也好，诸葛亮都能做到从容接受。

隆中对

公元207年，一小队兵马从新野来到隆中。

来者名叫刘备，投靠了荆州牧刘表。刘备来拜访诸葛亮，是因为徐庶向他推荐了诸葛亮，说诸葛亮有绝世之才。

刘备想让诸葛亮出山辅佐他，但诸葛亮没见他。

刘备一共来了三次，诸葛亮才见刘备。

刘备屏退随从，诚恳地说：“汉室崩溃，奸臣作乱，陛下遭难。我虽不能衡量自己的德行与才干，却也要为天下人伸张大义，只恨我力不足，孔明有没有好的计策呢？”

诸葛亮说：“曹操拥有百万大军，挟天子以令诸侯，不可争锋；孙权占据江东，已历三世，根基稳固，可以把他作为援手，但不可以打江东的主意；荆州是重要的兵家之地，其主刘表不能守住它，这是上天赐予的，将军不想要吗？益州地势险要，土壤肥沃，刺史刘璋是无能之辈，一旦占有了荆州与益州，守住险要之地，就可以北伐中原了。如果这样，就可以成就霸业，兴复汉室。”

诸葛亮言行从容，举止优雅，云淡风轻间已将天下三分之势分析得头头是道。

刘备佩服之至，连连点头，情不自禁地说：“太好了！”

这个被后世津津乐道的“**隆中对**”，就这样诞生在了一间小小的草屋之中。二人相视而笑，仿佛找到了知音。

“隆中对”，出自《三国志》，是刘备三顾茅庐去隆中拜访诸葛亮时的谈话内容，概括精练，言简意赅，为千古名篇。

保全刘琦

诸葛亮成了刘备的谋士，与刘备回到荆州。他们如影随形，常常谈到深夜，这让关羽、张飞非常不满。

刘备对两位义弟说："我得到了孔明，就像鱼得到了水一样，你们不要抱怨了。"

关羽、张飞终于不议论了。

荆州牧刘表喜爱小儿子刘琮，想让刘琮继承自己的位置，他的长子刘琦为此很苦恼，便向诸葛亮请教自安之术。他说了多次，诸葛亮都拒绝了。

一日，刘琦约诸葛亮在自家后园游玩。他们登上高楼饮酒，刘琦让人抽走了楼梯，然后对诸葛亮说："现在上不着天，下不着地，话从你的嘴巴里说出来，直接进入我的耳中，不会有第三个人知道，请你指教我一下吧。"

诸葛亮便说："你没听说过重耳的故事吗？春秋时，晋献公的妃子骊姬想让自己生的小儿子奚齐当太子，逼死了太子申生，而太子的另一个弟弟重耳逃出晋国，反而得到了保全。"

刘琦听后，恍然大悟，之后便找机会离开荆州，去江夏做了太守。

江夏，今湖北东部。

不久后，曹操南征荆州，刘表病死，刘表的小儿子刘琮投降了曹操。刘备逃走，与刘琦合兵夏口，共抗曹操。

游说孙权

紧张的气氛笼罩着夏口，每一个人都明白，几十万曹军将从荆州杀来，结局势必惨烈。

天气渐渐地冷了起来，从江面上吹来的寒风加剧了人们心中的战栗。

刘备焦虑地向诸葛亮问计，诸葛亮说："事态紧急，我打算去江东，说服孙权抗曹。"

"孙权不同意呢？"刘备问。

"他会同意的。"诸葛亮气定神闲。

刘备心里忐忑不安，目送诸葛亮去了。

此时的孙权，率军驻扎在**柴桑**。他焦躁不已，既害怕曹操吞并江东，又不甘心投降曹操。

柴桑，今江西省九江市。

不久，一只小船从江夏驶向了柴桑，从上面走下一个年轻的儒生，正是诸葛亮。

诸葛亮很快见到孙权，开门见山地说："曹操攻破荆州，威震四海，孙将军还是量力而行吧，不如投降曹操。但我家主公是汉室宗亲，英才盖世，天下的士人像水流回归大海一样仰慕他，他必将与曹操大战。倘若失败，那就是天意，自己绝不投降！"

诸葛亮慷慨陈词，滔滔不绝，孙权听了，怒气冲冲。

“我也不会让江东受制于他人！”说到这里，孙权忽然想起了什么，“刘备刚刚战败，如何抵挡曹操大军？”

诸葛亮泰然自若地说：“我家主公还保留不少将士，还有关羽的一万水军，加上刘琦的江夏军队，有上万人。曹军远来疲惫，轻骑兵每夜要行三百多里，已是强弩之末。曹军来自北方，不习惯水战；加上荆州百姓依附曹操并非出自真心，若孙将军能出数万军队，与我军勠力同心，定能打败曹操。曹操败后，必定北撤，这样的话，荆州、江东与北方就会形成鼎足之势。成功与否，就在孙将军一念之间了。”

孙权紧绷着的脸终于舒展开了。

诸葛亮见状，知道孙权已经默许与刘备结盟，心中不由得松了一口气。

不久，孙权就命周瑜、鲁肃、程普等率军三万，同诸葛亮去见刘备，双方共抗曹操。

在孙刘联军的奋力作战下，公元208年，曹军在赤壁大败。

刘备夺取了荆州的长沙、零陵、武陵、桂阳四郡，从此有了立足之地。诸葛亮被任命为军师中郎将。

诸葛亮

蜀国丞相

公元211年，刘备进军蜀地，攻打益州牧刘璋。

刘备先从陆路挥军直入，随后令诸葛亮与张飞、赵云从荆州出发，沿水路进军。两支军队会师后，共同围困成都。

益州之主刘璋望着城外黑压压的大军，开城投降。

从此，益州易主，刘备占有荆州与益州的计划实现了。诸葛亮被任命为军师将军，并负责处理左将军府的事务。

诸葛亮并没有居功自傲，反而更加兢兢业业。在他的治理下，成都的粮仓与钱库堆得满满的。

公元217年，刘备与曹操争夺汉中。诸葛亮及时往前线运粮，支援作战。

最终，曹军退出汉中，刘备取得了胜利，益州有了北部的屏障。

公元221年，大家都劝刘备称帝，刘备不同意。

诸葛亮劝道："曹丕篡汉，自立为帝，而主公才是真正的刘氏皇族后裔，是最应该登基的呀。众人追随主公多年，历经艰辛困苦，也希望能看到今日啊！"

刘备于是称帝，诸葛亮为丞相，张飞死后，又兼司隶校尉。

公元223年，刚做了两年皇帝的刘备病危了，他向诸葛亮托付后事。

刘备说："你的才干胜过曹丕十倍，一定能统一天下。如果**刘禅**可以，你就辅佐他；如果他无能，你就取代他吧。"

诸葛亮不禁潸然泪下，说："臣愿竭尽心力辅佐太子，鞠躬尽瘁，死而后已。"

刘备又下诏，给儿子刘禅，诏书上写着："你与诸葛丞相一起掌管国事，一定要像对待父亲那样对待他。"

刘备病逝后，刘禅在成都即位，做了皇帝。封诸葛亮为武乡侯，全权处理国事。不久，又让诸葛亮兼任益州牧，朝中政事无巨细，都由诸葛亮一人裁决。

诸葛亮担心曹操趁机攻击，便遣使入江东，与孙权修好了联盟关系。

诸葛亮又率军南征，深入不毛之地，讨伐拒不臣服的南方首领。

南部乱事平定后，蜀国获得了大量资源，也有了北伐的基础。

刘禅，三国时期蜀汉末代皇帝，又称后主，刘备之子，字公嗣，小名阿斗，刘备死后，继位为帝。重视农耕，支持诸葛亮北伐；诸葛亮死后，以姜维总督军事，继续伐魏，国力逐渐不支；后来宠信宦官，开始不理朝政。魏攻蜀时，刘禅投降，被封安乐公，迁往洛阳。其间，听到蜀中乐曲歌舞，不悲伤，道："此间乐，不思蜀也。"六十五岁离世。

诸葛亮

出师未捷身先死

《出师表》是诸葛亮写给后主刘禅的表文，文中没有华丽辞藻，不引用古老典故，以议论为主，融以叙事和抒情，言辞恳切，催人泪下，感人肺腑。

公元227年，诸葛亮准备北伐曹魏，临行前，他写了一篇著名的《出师表》给刘禅：

“先帝创业未半而中道崩殂，今天下三分，益州疲弊，此诚危急存亡之秋也……臣本布衣，躬耕于南阳……先帝不以臣卑鄙，猥自枉屈，三顾臣于草庐之中……愿陛下托臣以讨贼兴复之效……”

留下这份感人肺腑、催人泪下的《出师表》后，公元228年，诸葛亮命赵云、邓芝屯兵箕谷，以吸引曹魏大将军曹真。他则悄悄地进军祁山，迫使天水、南安、永定三郡投降。

然而，前军将领**马谡**（sù）刚愎自用，丢失了街亭，导致北伐功亏一篑。

马谡是诸葛亮非常器重的年轻人，诸葛亮退兵回汉中后，依照军法，忍痛诛杀了马谡，并上书自贬三级，降为右将军，行丞相事。

马谡，字幼常，三国时期蜀汉官员、将领。才华过人，好论军兵，深得丞相诸葛亮器重，任他为参军，每次见他，都要通宵达旦地交谈。诸葛亮北伐时，命马谡为先锋，但马谡为纸上谈兵之辈，导致街亭失守，被诸葛亮处死，一说死于狱中。

木牛、流马是诸葛亮发明的运输工具，载重量约四百斤以上，北伐时为蜀军运粮。后世分析，木牛、流马可能是独轮车，还有多种其他解释，至今不明其貌。

五丈原，今陕西省宝鸡市。

之后，诸葛亮接连两次北伐，一次因为军粮用尽而退兵，一次击退了魏将郭淮的进攻，因此恢复了丞相职位。

为了在陡峭曲折的蜀道上运输军粮，诸葛亮发明了**木牛**，加快了运输效率。

公元231年，诸葛亮再次出兵祁山，但战线太长，军粮又吃紧了，不得不退兵。

军队在撤退途中井然有序，并不慌乱。行至木门时，诸葛亮下令，全军占据制高点，设好埋伏。

不一会儿，山谷中传来一阵杂音。很快，“魏”字旗出现了。是魏将张郃的军队。

当张郃军完全进入埋伏圈后，诸葛亮下令射击。

顿时，箭如雨下，张郃的膝盖中了一箭。他大叫一声，落马而死。

蜀军居高临下，箭雨密集，大胜而归。

公元234年，踌躇满志的诸葛亮从斜谷出兵，继续北伐。

他下令制造**流马**，用流马运输军粮。

这一年，诸葛亮已经五十四岁，身体境况大不如前。大军到达**五丈原**后，驻扎下来。

魏军统帅司马懿下令坚守不出，诸葛亮想到战线一拉长，军粮紧张，还得退军。于是，他下令让军队屯田，做起了长期打算。

军民夹杂在一起，互不谋私，生活安定。

然而，诸葛亮的身体已经越来越衰弱。

一次，司马懿询问蜀国的使者：“诸葛丞相最近睡得好不好？吃饭香不香？”

使者说：“丞相每天早早起来，夜里很晚才睡，凡是二十杖以上的责罚，都亲自批阅，吃饭只吃一点点。”

司马懿听后，对手下说：“诸葛亮吃得少、睡得少，却要处理那么多繁杂的事，这样下去，还能活多久？”

八月，诸葛亮病逝在军中，年仅五十四岁。

诸葛亮的死讯传到了河对岸的曹魏军中，司马懿怀疑有诈，不敢轻举妄动。直到确定蜀军撤离后，他才来到蜀军扎营处。

司马懿仔细巡视蜀军营地，不禁叹道：“孔明真是天下奇才啊！”

根据诸葛亮的遗言，他被葬在汉中的定军山，墓穴很小，只能容下一口简薄的棺材；他穿着平时的简单衣服，没有殉葬品。

星陨五丈原

庞统

襄阳凤雏

智不外露

一个晴朗的春日，颍川隐士**司马徽**挽起袖子，将木梯搬到桑树旁。他爬上木梯，专注地采摘桑叶，却听不远处传来一阵马蹄声。

司马徽放眼望去，只见一辆马车驶到桑树下，车内走出一个年轻的男子，恭谨地对他说：“小人庞统，拜见司马先生。”

司马徽笑了笑，说：“小友不必拘礼，快来树下歇息。”

年轻人走到桑树旁，坐了下来。来人大约有二十岁，模样不出众，看起来非常老实，不像很有智慧的

司马徽，字德操，东汉末年隐士，有“水镜先生”之称，为人清雅，学识广博，有知人之明，向刘备推荐了诸葛亮、庞统等人。

人。他便是庞统，字士元，襄阳人。

司马徽下了树，与庞统坐在树下交谈。

没想到，他们一直谈到夕阳西下，月亮升上树梢。庞统非常有见识，这让司马徽暗暗称奇，他不禁赞叹："士元，你真是南州士子的榜样。"

司马徽以擅于识人而出名，有了他的夸奖，庞统的名声渐渐地显扬起来。

后来郡太守任命他为功曹。庞统生性喜好品评人物，乐于扶持培养人才。每当他称赞某个人时，下的赞语大多超过那人实际的才能，当时人对此感到奇怪，问他这是为什么，庞统回答说："现在天下大乱，正道衰微，善人少而恶人多。要想振兴社会风气，弘扬儒家道义，褒扬他们不稍微过一些，他们的名声就不足以让人仰慕，那一心向善的人就会越来越少。我这样做，即使褒扬的十个人中有五个名不副实，还能得到其中的一半，而且可以崇尚和促进社会的教化，使有志之士自勉奋发，不也可以吗？"

江东送别

公元209年，曹操挥军南下，孙权与刘备联手，共抗曹军。

吴国都督周瑜急需人才，便请出庞统，任他为功曹。

之后爆发赤壁之战，孙刘联军获胜。

吴国将领周瑜帮助先主攻取荆州后，便兼任南郡太守，期间庞统得到重用。不久，周瑜在出征途中病死在了**巴丘**。

巴丘，今湖南岳阳。

周瑜的逝世，让庞统感到非常悲痛。他扶着周瑜的灵柩回到了东吴。

送丧结束后，庞统打算去荆州，他听说刘备是一位明主，想要投奔刘备。

听说庞统要走，东吴名士都赶来相送，他们仰慕庞统的名号，一起把他送到昌门。

庞统对陆绩说："陆君如一匹劣马，但实际上却能拔足飞奔。"

他又对顾劭（shào）说："顾君如一头劣牛，但实际上却能负重远行。"

他又对全琮说："你好善乐施，虽然智力一般，但也是一时俊秀。"

几个朋友对庞统说："等天下太平了，我们再一起品评海内的名士们。"

庞统点了点头，上了渡口的小船，驶离了渡口。

投奔刘备

庞统见到刘备后，二人并未深谈。刘备见庞统的模样不似聪慧之士，便没有重用他。

刘备兼任荆州牧后，任命庞统为耒阳县的县令。这是一个小官，庞统感到十分意外，也很不满。

他当上县令后，没有处理过一件事务，每天吃喝玩乐。

消息传到刘备耳中，刘备大为愤怒，将庞统免了官。

消息传到东吴，东吴的鲁肃给刘备写了一封信，信中说："庞士元并非一个治理小县的小才，应该让他担任治中、别驾之类的官职。"

看到鲁肃的来信，刘备有些吃惊。他又想起来，诸葛亮也曾经几次提到庞统才智过人，他连忙下令将庞统请到身边来，进行了一番深谈。

之后，刘备任庞统为治中从事，不久后又让庞统和诸葛亮同任军师中郎将。

三个计策

公元211年，益州传来了一个消息。益州之主刘璋面临汉中张鲁与北方曹操的威胁，派法正来见刘备，向刘备求救。庞统知道后，与诸葛亮等人都力劝刘备前往。

刘备领兵入蜀，庞统随行。

到了**涪城**，庞统对刘备说："今天与刘璋会晤，可将刘璋抓住，这样一来，血不染刃，就能坐得益州。"

涪城，在今四川省绵阳市境内。

刘备不同意，说："刚到别人的领土，怎么能做

这种事呢！”

刘璋从涪城返回成都，刘备帮刘璋去征讨汉中的张鲁。

庞统再次说：“偷偷选一些精兵，昼夜星驰，抄小道偷袭成都，刘璋必降，这是上策；刘璋手下的几位名将据守关头，他们几次劝刘璋要把主公打发回荆州，现在咱们假装回荆州，他们一定会轻装来送别，到时候一举拿下，收编他们的军队，再打成都，这是中策；退回白帝城，一步步攻占益州，这是下策。”

刘备斟酌良久，终于决定，按照中策行动。

之后，刘备设计杀了刘璋的几员大将，然后，攻占了多个郡县。

死于箭雨

刘备在涪城开庆功宴。

在一片歌舞声与祝酒声中，刘备兴奋地对庞统说：“今天聚会，可真快乐啊！”

庞统说：“把夺取他人的土地当作乐趣，这恐怕不是仁义之师的行为吧！”

刘备没想到庞统居然会这样回答他，他不禁怒上心头，呵斥道：“当初周武王讨伐商纣王，前歌后舞，难道不是仁义之师吗？你说话很没分寸，应该马上离开！”

庞统不语，退席而出。

庞统离开宴席没多久，一名兵士跑过来，说：“主公为刚才的酒后失言感到后悔，请先生回到宴席上来。”

庞统依然不语，又回来了。

他镇定地坐下，没有对刘备表示感谢，也没有道歉，不理不睬，只顾自己吃喝。

刘备问庞统：“刚才的话，是谁不对？”

“主公与在下都有错。”庞统淡淡地答道。

刘备大笑起来，宴会又恢复了起初的热闹气氛。

之后，大军继续进军成都，到了**雒（luò）城**时，遇到关键战役。

雒城，今四川广汉一带。

一旦攻破雒城，成都便再无屏障，于是，庞统率军攻城。

在喊杀声中，云梯竖了起来，庞统和将士们冒着箭雨，向前冲锋。乱箭不停，庞统被乱箭射中，倒在了血泊中，年仅三十六岁。

刘备痛惜不已，此后一提庞统之死，就泪流满面。

庞统死后，诸葛亮、张飞、赵云从荆州出发，赶来支援刘备，在大军的合围之下，终于使成都的刘璋投降。

诸葛亮哭庞统

法正

善出奇谋

荆州密谋

“驾！”

一辆马车驶出城门。车厢内，端坐着一个中年男子，正在沉思。

过了一会儿，他探出了脑袋，问车夫：“离荆州还有多远？”

“回大人，快了。”

这位大人，姓法，名正，字孝直，生于**扶风郿**。早年时，法正投靠益州牧刘璋，但刘璋没有重用他，过了很久才让他当上一个小小的新都县令，后来改任他为军议校尉。

扶风郿，今陕西省眉县小法仪镇。

法正感慨自己怀才不遇，又觉得刘璋不够贤明，为此常常暗暗叹息。他与好友张松商议后，决定出使荆州后，帮助刘备从刘璋手中夺取益州。

不知过了多久，车夫勒住了马，停下马车。

此行事关重大，法正下了车，去见刘备。

刘备见了法正后，非常热情亲切，还特地设宴接待为他洗尘。

二人饮酒畅谈，气氛欢洽，最终，法正对刘备说：“如今有个天赐良机，不可错过。”

“孝直请讲！”

法正说："益州牧刘璋为人懦弱，不足以成事，别驾张松也对我说了，我们打算迎将军入益州，若有益州在手，何惧曹操？"

刘备心中欣喜若狂，但没有回答什么。

法正说："机不可失，时不再来，况且还有我和张松做内应。若是取得了益州，将来复兴汉室，就易如反掌了。”

刘备道：“好！孝直真是足智多谋！”

谋取益州

法正设下计谋，让刘备沿长江逆流而上，与刘璋相会于涪城，随后进攻刘璋。

刘备听从了，按计而行。

刘璋有一个谋士，名叫郑度，对刘璋说：“刘备领孤军攻击我们，百姓还没有全部归附他，粮草几度缺乏，只要把郊野百姓迁走，粮草等烧掉，然后坚守不出，不出一百天，刘备坚持不住，必然会撤退。这时，我们再追击，一定能生擒刘备。”

刘备得知了这个计谋，特别愤恨。

“孝直，这如何是好？”刘备问法正。

“不必担忧，刘璋不会听郑度的计谋。”法正一点儿也不着急。

果然，一切如法正所料，刘璋对郑度的话嗤之以鼻。

刘璋说：“我只听说过要出军抗敌使百姓安宁的，没听说过迁移百姓躲避敌人的。”

刘璋还免了郑度的官职。

法正投靠刘备后，就没有回到刘璋那里。当刘备的军队包围雒城时，法正给刘璋写信，想要劝降他。

信中有这样的话："回想昔日你对我的恩情，我的心中非常悲伤、惆怅，但我还是想把要说的话说出来。你的本心，我是了解的，一切都是你身边的人阿谀奉承、背信弃义造成的。现在，益州的土地已经失去三分之二，你只能困守雒城、成都，不如就此放弃吧，还能保全自己的家族。”

这封信送到刘璋那里后，刘璋正处于焦急中，因为刘备一旦攻破雒城，成都就没有屏障了。

可是，当他哆哆嗦嗦地拆开信，看到信中尽是劝降之词时，不禁火冒三丈。

他颤抖着将信撕得粉碎，破口大骂：“法正，你这个背主小人，不得好死！”

刘璋恨自己糊涂，用错了人，竟然派法正去游说刘备，如今是赔了夫人又折兵。

刘备很快攻破了雒城，并在公元214年包围了成都。刘璋毫无出路，只得开城投降，刘备从此成为益州之主。

肆意横行

刘备围困成都时，蜀郡太守许靖打算偷偷越城投降，但事情败露了，没有成功。刘璋非常生气，但因为益州即将被攻陷，所以没有处罚许靖。

刘备入主益州后，想起许靖背叛主子刘璋，非常看不起许靖，就没有任用他。

法正劝刘备道：“世上有一种人，徒有虚名，大

法
正
刘
备

概说的就是许靖这种人。虽然许靖虚有其表，但主公刚定益州，最需要的就是稳定人心。许靖名声在外，主公若对他礼数不周，只怕让益州士子失望，这就不利了。”

刘备这才如梦初醒，忙道：“孝直言之有理，言之有理。”

法正笑道：“肯定他人之言，这正说明了主公明智啊！”

于是，刘备厚待许靖，并任命法正为蜀郡太守、扬武将军。法正成为刘备的主要谋士。

法正的性格恩怨分明，对正直之辈，他很敬重。但他心胸狭窄，也是一个睚眦（yá zì）必报的人，谁得罪过他，都会受到报复。

很多人对此不满，便告知诸葛亮说：“法正太肆意横行了，还是禀告主公约束他吧。”

诸葛亮说：“昔日，主公面对北方曹操和东边孙权的威胁，身边又害怕**孙夫人**有变，进退两难，狼狈不堪。如今有了法正来辅佐，让主公不再受制于人，怎么能让主公去压制法正呢？望诸位以大局为重，不要计较私人恩怨。”

众人听了，便不再说什么了。

孙夫人，东汉末年吴主孙权之妹，刘备在荆州时，孙权为巩固孙刘联盟，征得母亲吴国太的同意，将妹妹嫁给刘备。孙夫人才思敏捷，性情刚猛，桀骜不驯，有侠客之风，身旁总是侍立着一百多名持刀侍婢，刘备每次进她的房间，都恐惧不安。刘备在荆州公安城西的孱陵为她单独建了一座城。三年后，归吴。

汉中之功

夜深了，刘备没有丝毫睡意，与法正商议汉中之事。

法正说："主公得到益州，还不到三年，曹操就逼降了汉中的张鲁，这对益州十分不利。"

刘备点了点头。

法正接着说："但曹操犯了一个错，他没有借机进攻益州，只留下了夏侯渊与张郃镇守汉中。这对我们而言，是个绝好的机会。"

"孝直，该怎么做？"

"我们只需要带兵进取汉中，占据险要地势，汉中唾手可得，益州便安全无虞了。"刘备依言而行。

公元219年，刘备大军挺进汉中，与守卫汉中的夏侯渊对峙。法正采用声东击西之计，表面上进攻位于广石的张郃大军，实际上是吸引夏侯渊的兵力过来援助，从而削弱汉中的防守力量。

夏侯渊中计后，分出一半精兵去支援张郃。

法正笑道："夏侯渊此刻兵力不足，可趁此机会全力进攻。"

刘备大喜道："就依孝直之计！"

刘备下令全军出击。

伴随着阵阵鼓声与呐喊声，不多时，老将黄忠就斩杀了夏侯渊。

法正说："黄老将军宝刀不老，这一仗，挫了曹贼的锐气，汉中今日便属主公了。"

刘备占据了汉中，消息传到曹操那里，曹操大怒，又为夏侯渊的阵亡感到悲痛。

曹操叹道：“刘备有今日之胜，身边一定有人指导他。”

盛年而亡

夺取汉中后，刘备被拥立为汉中王，法正被任命为尚书令、护军将军。但好景不长，法正因病去世了，终年四十五岁。

刘备大为震惊、悲痛，涕泪横流，追谥法正为翼侯。

刘备称帝后，因为孙权杀死了关羽，决定御驾亲征，为关羽报仇。群臣纷纷劝阻，刘备一律不听。公元222年，刘备惨败，退守白帝城。

诸葛亮长叹道：“如果法正还在，一定能劝住陛下，使陛下放弃进军东吴的想法。就算他阻止不了，也能为陛下出谋划策，不至于败得这样惨烈。”

诸葛亮与法正二人，志趣完全不同，性格也不一样，但他们都能以大义为重，平时会互相取长补短。法正每次出谋划策，诸葛亮都觉得出奇，可惜这样的奇人早早地逝去了。

许靖

英才伟士

选拔人才

许靖，字文休，出生于汝南郡**平舆县**，年轻时就已经成名。

他有一个堂弟，名叫**许劭**（shào），和他一样有名气。

他们二人都喜欢品评天下的人物，不过私下里他们的关系很不好。

许劭在郡里当功曹，想办法排斥许靖，使得许靖空有才华，不被录用。许靖为了谋生，不得不替人赶马磨粮。

后来，许靖被汝南太守举荐为计吏，然后又任尚书郎，掌管官员的选用。

董卓专权后，任周毖（bì）为吏部尚书，让周毖和许靖一起选拔官员。

于是，一大批人被升职了，如韩馥为冀州牧，刘岱为兖州刺史，张咨为南阳太守，张邈为陈留太守等。许靖也被提升为巴郡太守，但是，他还没有赴任，就补了御史中丞的空缺。

董卓万万没有想到的是，等到这些人到任后，竟然建立了讨董联军，纷纷冲向京城，想要杀掉他。

他怒不可遏，叫来周毖破口大骂。

平舆县，今河南省平舆县。

许劭，字子将，年少时便立名声，善于评价人物，定期举办"月旦评"，传说曹操让许劭评价他，许劭的评价是："治世之能臣，乱世之奸雄。"曹操听了大笑。许劭四十六岁去世。

“当初，你们都说要选拔高尚的人，我听了你们的话，不愿违背人心。但你们录用的这些是什么人？刚上任就来攻击我！我起用这些忘恩负义之徒做什么！”董卓怒目圆睁。

他不容周毖解释，喝令将周毖推出，在城外杀死了。

许靖虽然没有被抓起来，但他心里也忐忑不安。

这时，许靖得知，他的堂兄也在谋划攻打董卓，这把他吓得不轻，担心董卓诛杀自己，干脆逃到了亲戚那里。

不久，许靖的亲戚就死了。许靖又去了扬州、吴郡、会稽，依靠朋友保护。

交州，东汉时辖今广东、广西及越南北部和中部。

逃往交州

孙策东渡长江时，很多人为了避祸，只好逃往交州。

许靖宅心仁厚，经常照料、接济亲族和乡邻。所以，在逃难时，他还带着这些人。

许靖不急于自己逃难，安然坐在岸上，让跟随他的人乘船先走，等到亲戚族人都走了之后，自己才最后上船。人们看到这个场景，都称赞他。

船在水上越行越远，离北方也越来越远，再也看不到汉朝国土了。一路风雨漂泊，粮食不够吃，大家就吃草充饥，不断地有人饿死，景象十分凄惨。

半路上，许靖得到一个消息，曹操整顿人马，把天子接到了许昌。

许靖心里又悲又喜，悲的是，自己不能在身边；喜的是，天子获得了安全。许靖马上重整行装，打算北上。不巧的是，苍梧郡的一些少数民族部落反叛，四处进攻，又把道路隔断了。和许靖同行的一位朋友全家都被杀死了。

许靖带着其他人仍旧坚持往前走，沿着河岸走了五千多里路，不幸的是，又遇上了瘟疫。

许靖的伯母感染瘟疫后死了，其他跟随的人也陆续感染，又死了很多人。

剩下的人勉强挣扎着，互相搀扶，总算来到了交

州。算一算被叛乱者杀害和染病而死的人，一共死了一多半，活着的人只剩一二成。

“唉，小民之艰难，辛苦至极，实在难于一一诉说。”许靖叹道。

士燮，字威彦，东汉末年至三国时期割据交州一带的军阀，被朝廷授安远将军，封龙度亭侯；归附孙权后，加为左将军；任交趾太守四十年，九十岁去世。士氏家族在当时实力雄厚，在岭南及越南历史上，威望极高。

到了交州，交趾郡的太守士燮（xiè）得知许靖来了，对许靖格外敬重，款待极为优厚。这给了许靖一些安慰。

有人给尚书令荀彧写信说：“许靖是一个英才伟士，他的智谋策略足以参与国家大事。现在，他流落交州，每次遇到危急之事，他都是先人后己，与大家同饥共寒。此人仁义宽厚，无法一一列举啊。”

不过，此事没有下文，许靖依旧困守交州。

拒绝张翔

朝廷派张翔出使交州，张翔看中了许靖，想和许

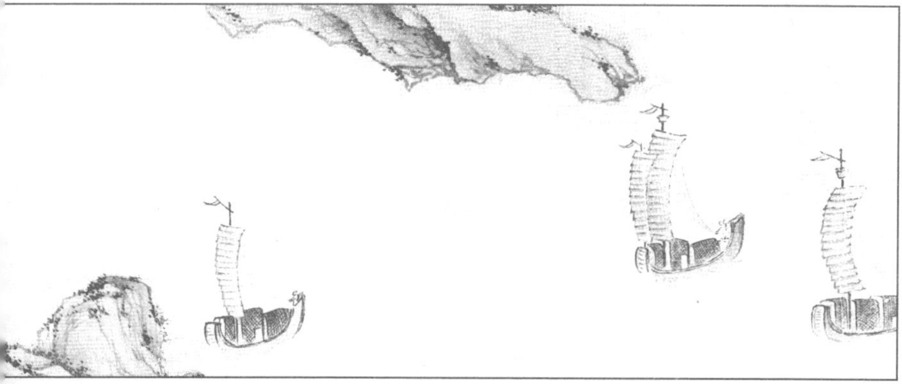

靖结交，暗谋天下。

张翔道："久闻文休大名，不才想与文休共谋大事，不知文休意下如何？"

许靖回道："多谢抬举，只是天下大事非同儿戏，在下岂能随意应承。"

张翔道："我们可订立誓约，有文休助我，夺取天下指日可待。"

许靖摇摇头，说道："国家大事怎能私下订立誓约，罢了罢了。"

许靖拒绝为张翔出谋划策，张翔满腔气恼，怀恨在心。

致信曹操

许靖的心始终向往北方的中原。他想跟随进贡的使者一起回中原，老死故土，然而水路陆路都不通，交州连接中原的驿使一直是断绝的。

他又打算去益州，又有关卡阻拦，原来的朝廷官员，都不许通过。

他给益州的朋友写信，言辞极为恳切、悲戚，然而，没有回信，寂然无声。

他就这样困守着，插翅难飞！

光阴易逝，许靖感慨时光不再，思来想去，便给曹操写了一封信。

在信中，他回忆了这十年左右自己所受的坎坷和波折，并赞美曹操雄豪伟岸，以及自己对曹操的期望。

他最后说："如果上天让我多活几年，使我能返回朝廷，即使葬身在九泉之下，我也没有遗憾了。但时局变化，人的命运变化莫测，我恐怕不能活着回去了……国家的安危，百姓的命运，都取决于丞相的言行，希望丞相为国家而自尊自重，为百姓而自爱自珍。"

这封信如果寄给了曹操，曹操一定会想办法让许靖回到中原的，然而，一切都被张翔破坏了。

张翔怨恨许靖不为自己所用，把许靖寄给曹操的信扔到了水里。

许靖的心愿付诸东流了。

最终归蜀

有一年，突然从蜀地来了一位使者，请求见许靖。原来是益州之主刘璋派来的使者，特来邀请许靖入蜀。

王商，四川广汉名士，学问广博，见多识广。益州牧刘璋懦弱多疑，不信任大臣，王商时时劝谏，使刘璋颇有感悟。王商总是推荐有才能的人，受人拥戴。

许靖最想回中原，但回不了中原，去益州也可以。于是，他去了益州，被任命为巴郡、广汉太守。

蜀郡太守**王商**是一位有才能的人，他听说许靖风流倜傥，奇伟不凡，有盖世之才干，心中称奇。

等到王商与许靖见面后，二人都被对方折服了。

许靖说："如果王商生在中原，就算是王朗，也不如他。"

王商死后，许靖接任了蜀郡太守的职位。

公元214年，刘备率军包围成都，许靖想翻越城墙，投降刘备，但事情泄露了，被刘璋捉住。

刘备占据成都后，因为许靖背叛刘璋一事，非常瞧不起他，没有给他任何职位。

法正劝刘备道："许靖有的是虚名，但虚名也已传播天下，如果不礼待他，人们就会说主公轻贱贤才。"

刘备于是厚待许靖，任命许靖为左将军长史。

刘备称帝时，提升许靖为司徒。刘备对许靖说："朕君临天下，日夜惶惶不安，唯恐不能平定四海。你身为司徒，要自勉啊！要持之以恒地布施仁德，以满足我的心意。"

许靖点头应允。

蜀郡

许靖喜爱人才，七十岁时，仍然品评清谈不倦。

公元222年，许靖年迈离世。

费祎

国之肱股

乘坐鹿车

费祎，字文伟，出生在江夏。他幼年时，就失去了父亲，依靠堂父生活。堂父的姑姑是益州牧刘璋的母亲，于是，刘璋派人把他们接到了益州，费祎因此从荆州到了蜀地。

费祎在蜀地求学，学问日益精进，与南郡人董允齐名。

刘备攻取益州后，刘璋投降，费祎就留在了益州。

许靖的儿子死了，费祎和董允打算一起去参加葬礼。董允向他的父亲董和说需要一辆车子，他父亲便给他们派了一辆车。

董允一见车子，脸色非常难看，因为这是一辆**“开后鹿车”**，看上去很寒碜。

开后鹿车，一种从后边开门、由人力推拉的简陋小车。车很窄小，仅能容纳一只鹿，两个人在车上会很挤。

“太丢人了。”董允嘟囔着。

费祎一言不发，直接上了鹿车。

董允不想坐鹿车，车夫等了他一会儿，催促他快上车，他这才不耐烦地上去了。

董允坐在车里不停地抱怨，埋怨道：“就不能派马车吗？非要派鹿车，让人笑话！”

费祎微微一笑，说：“这没有什么啊！”

董允，字休昭，三国时期蜀汉重臣，刘禅即位后，诸葛亮任其为侍中，兼领虎贲中郎将。董允一生两袖清风，政绩显著，很多人都上书刘禅，恳求给董允加官晋爵，董允总是推辞不受。传说有一次刘禅悄悄地把分水镇划在董允名下，董允听说后，坚决辞退，还骑着马日夜不停地赶回分水镇，将田土退给乡民。

不久，鹿车到达了丧礼现场，诸葛亮等大人物都来了，马车都很华丽。董允感觉很没面子，脸上还显现了出来，而费祎依旧泰然自若。

丧礼结束后，董和听了车夫的报告，对董允说：“我以前总认为你与费文伟的才能气度差不多，今天我明白了，文伟在你之上。”

董允明白了，父亲派鹿车是为了考验他们，他的脸一下变红了，心里也暗暗佩服费祎。

出使东吴

费祎和董允后来都当了太子舍人，刘备死后，刘禅为帝，费祎被任命为黄门侍郎。

丞相诸葛亮南征返回时，文武百官都去十里外迎接，费祎也去了。在众多位高权重的大臣中，他显得很渺小。然而，诸葛亮却让他与自己同坐一辆车。

此后，人们便对费祎刮目相看。

诸葛亮器重费祎的才华和品格，任命他为昭信校尉，派他出使江东，与孙权重修旧好。

费祎接受命令后，便出发了。

到了江东，见到孙权，孙权态度轻慢，说："你们蜀国偏安一隅，能有多少人才？此次来江东，是来请求保护的吗？"

孙权说完，大臣们都发出笑声。

孙权能言善辩，诙谐幽默，他的臣子诸葛恪等人才学渊博、果断善变，开始质问、诘难费祎。

费祎毫不慌张，面不改色，依旧言辞和顺，说话朴实真切，始终不屈。

费祎一个人舌战群臣，落落大方，高雅得体，一番辩论下来，孙权被折服了。

"费文伟真是大德大才之人啊，你必将成为蜀国的肱（gōng）股重臣，恐怕以后不能常到我们东吴了。"孙权感叹地说。

孙权答应了孙刘联盟的建议。

费祎返回蜀国后，被升为侍中。

诸葛亮北伐曹魏时，让费祎担任参军。他因为办事稳妥，后来还是经常出使江东。

诸葛亮病逝后，费祎为后军师，不久升为大将军，录尚书事。

公元230年，费祎任中护军，后又任司马。

当时，魏延与杨仪都是有才能的人，但二人相互憎恶，经常争吵。魏延有时还举刀向杨仪比画，杨仪则涕泪横流。

费祎每次都坐到他们中间，耐心地调解、开导，平息他们的怒火，使他们能够发挥各自的才能。

临危不乱

来敏，字敬达，三国时期蜀汉官员，初为益州牧刘璋的宾客。来敏博览群书，刘备为益州之主后，以来敏为典学校尉。刘禅继位后，任来敏为虎贲中郎将。诸葛亮驻汉中，任来敏为军祭酒、辅军将军，后又担任多项职务，其间因口出狂言或多次说错话而被免官，九十七岁去世。

公元244年，曹魏大将军曹爽进攻汉中，战事吃紧，告急文书雪片似的飞往成都。蜀汉后主刘禅命令费祎抗敌。

费祎启程前，光禄大夫**来敏**求见，要给费祎送行。

二人相见，来敏说："此番征伐，不知何时能回来，暂且下一盘棋吧。"

"好，我好久没下棋了。"费祎说。

两个人坐下来，开始认真对弈。

其间，时不时有人进来报告前线的消息，费祎的人马也已披挂严整，等待命令出发。但费祎与来敏仍旧专心致志地下棋，毫无忐忑不安的神色。

对弈结束，来敏笑着对费祎说："我其实是故意试探大人的，见大人如此镇定自若，我就放心了，相信大人一定可以击退敌人。"

费祎也笑了。

费祎率领大军出发，赶到前线后，击退撤军了，被封为成乡侯。

费祎主持国事时的政绩与名望越来越大。公元248年，费祎奉命在汉中屯兵。虽然他远离朝廷，但朝内的大小事务，刘禅都派人去征求他的意见。

费祎没有因此而变得骄奢淫逸，相反，他无比勤俭，家里没有多余的财产，儿子也穿粗糙的麻布衫，和普通百姓没什么两样。

遇刺身亡

公元253年初春，朝廷召开岁首盛宴，群臣都很高兴，费祎多喝了几杯，渐渐地有些醉了。

就在这时，一人突然抽出马鞭中的小刀，一个箭步跃到费祎的席前。

此人名叫郭修，之前为曹魏将领，被姜维俘虏后投降了蜀汉，封左将军。他的心中一直不愿成为蜀臣，几次想刺杀刘禅，但一直无法接近，于是，他把刺杀目标改为了费祎，用刀刺向了费祎。

费祎毫无提防，一下被刺中，无力地倒下了，几日后，因伤重而死。郭修也被杀死。

费祎死后，蜀汉朝廷追谥他为敬侯。

吴书

张昭

刚正有节

南渡长江

车夫甩动马鞭，马车在拥挤的土路上吃力地前行。

道路上挤满了逃难的百姓，哭闹声、抱怨声、争吵声……不绝于耳。

车夫有些不耐烦，吼道："让开，别挡路！"

几个大汉听到了，愤愤地说："怎么让？"

"怎么了？"马车的帘子被掀开了，张昭从车中伸出头来。

张昭，字子布，出生于**彭城**。他从小饱读诗书，写得一手好隶书，长大后，被推举为孝廉，但他拒绝了。之后，徐州刺史陶谦打算推举他为茂才，也被他拒绝了。陶谦觉得张昭瞧不起自己，就把张昭囚禁了起来。幸亏有人搭救，张昭才被释放。由于中原大乱，无数流民开始向南迁徙，张昭也加入迁徙大军，南渡长江。

彭城，今江苏徐州。

张昭对大汉施礼，道歉道："壮士不要动怒，我跟壮士赔个不是。"

几个大汉见张昭如此，都面面相觑，不再言语了。

张昭又对车夫道："壮士不与我们计较，我们不要与人争路。”

几个大汉这才转过身，加紧赶路了。他们嘴里唱着：“走江东，投孙郎，跟着孙郎有余粮！”

投效“孙郎”

当时，割据江东的是讨逆将军孙策。孙策此人骁勇善战，又能善待百姓，不少中原的百姓都来投奔他。

张昭到了江南后，得到“孙郎”，也就是孙策的器重，被孙策任命为长史、抚军中郎将。

孙策把大小事务都交给张昭，与张昭像兄弟一样亲密无间，还一起去拜见张昭的母亲。

张昭处理事务井井有条。他的名气逐渐传开，很多北方士大夫都倾慕他，给他写信，将功劳都归于张昭一人，略过了孙策。

张昭读了北方的来信后，内心十分不安，想把信藏匿起来，又担心有徇私的嫌疑，如果报告给孙策，又害怕不妥，引起孙策误会，以为他有取代孙策的野心。

孙策得知这件事后，却只是哈哈一笑，说：“我得到子布，就像齐桓公得到管仲一样。”

托孤之士

江东猛虎孙策自离开袁术后，便在江东自立门户，消除了割据在江东的军阀，为东吴的霸业奠定了基础。

然而，正当此时，他却在外出打猎时遭到了许贡门客的偷袭，脸部中了毒箭，不久便病入膏肓。

弥留之际，孙策召张昭入殿，有要事向他托付。

孙策对张昭说："子布，我弟弟孙权就拜托你了，请一定好好辅佐他。"

张昭连忙应声："我一定尽心辅佐，请放心吧。"

孙策听后，眉头舒展开。他缓缓松开了手，闭上双眼。

孙策死后，张昭便率领部属拥立孙权。他又向朝廷上奏章，给管辖内的各郡县发公文，令各处遵从孙权统治，各守其职。

孙权沉浸在丧失兄长的悲痛中，日夜哀泣。张昭非常焦虑。

张昭说："天下尚未安定，四处都是贼寇。主公是干大事的人，不可沉浸在悲伤中，令人乘虚而入。"

孙权这才意识到危险，赶紧出去巡察军队，安定军心。

力主言和

孙权十分尊重张昭，做事总是征求张昭的意见，江东被经营得风生水起。

不久，传来了曹操南征的消息，曹操占据了荆州，刘备逃走，派诸葛亮向孙权求助。曹操也给孙权写了一封信，威胁他投降。

是投降曹操呢，还是孙刘结盟、共抗曹操呢？

部属们分成了两派，一派主和，一派主战，张昭感觉曹军兵力强大，也希望投降曹操。

这一次，孙权没有听从张昭的建议，而是听从鲁肃等人的建议，与刘备联手，一起攻打曹操，并在赤壁之战中取胜。

取胜后，刘备上表朝廷，朝廷任孙权兼为车骑将军，张昭为军师。

劝阻猎虎

孙权喜欢打猎，总是乘马射虎。有一次，他又带着张昭等人猎虎。

老虎猛扑上来，抓住孙权的马鞍。孙权差点儿被老虎扑倒。最终，老虎被射死。孙权笑得合不拢嘴。

张昭神色大变，上前对孙权说：“将军何必这样做？太任性了！”

孙权没有说话，只是微笑。

张昭说：“所谓君主，是指能驭使英雄、任用群贤，而不是跑到旷野上纵横驰骋，与猛兽较量。万一出了意外，不是受天下取笑吗？”

这席话，让孙权受到了触动。他赶紧向张昭道歉：“我太年轻了，考虑问题不够深远，实在惭愧。”

不过，孙权还是无法放弃猎虎的癖好。

他让人做了一辆射虎车，车上开了一个方孔，孔上没有板盖，由一人为他驾车，自己坐在车中，从方孔向外射箭。

尽管如此，还是常有脱群的猛兽，向射虎车冲过来，而孙权则亲手搏打野兽，以此为乐。

张昭听说后，竭尽全力地劝谏，但孙权只是笑笑，从来不听。

军门之威

白驹过隙，一眨眼，多年就过去了。当年的孙刘联盟已经瓦解，现在成了孙曹联盟。

曹操死后，其子曹丕篡汉称帝，国号为魏，孙权继续向曹丕遣使，表示愿意称臣。

公元221年，曹丕派遣使者邢贞来江东，封孙权为吴王。

车队进入江东的军门后，邢贞没有下车，高坐车上。几个东吴的校尉非常不满。

“使者大人，已过军门，请下车。”校尉说。

邢贞没有回答，只对马车夫道：“只管走。”

“使者大人这么做，未免太过分了吧！”一个洪亮的声音响起来。

众人一看，说话的是一位老者。

邢贞有些吃惊，不知该如何收场。老者却走了过来，压低嗓门对他说：“使者大人这般目中无人，难道是觉得我东吴兵微将寡，没有可以拿来对付你的刀刃吗？”

邢贞慌忙下车，对张昭说：“刚才是我冒失了。”

老者点点头。

邢贞继续问：“敢问先生尊姓大名？”

“在下张昭。”

邢贞的眼睛睁得大大的，一股敬佩之情油然而生。

在张昭的安排下，邢贞很快见到孙权，传达了旨意。孙权被封为吴王，张昭为绥远将军，封由拳侯。

刚烈之性

孙权性格率意，一次，他在武昌大宴群臣。

他自己喝得醉醺醺的，然后对群臣说：“今天实在高兴，诸位放开畅饮，喝到看不清路，落到水里才可以停！”

侍者们听后，忙着给席间大臣的酒杯里倒满

了酒。

一些大臣已经醉得不省人事，孙权下令用冷水把他们泼醒。

坐在一旁的张昭很不高兴，暗骂道："你如今的做派，如何对得起你兄长孙策的在天之灵！"

张昭站了起来，大步离开了宴席，走到外面车中坐着。

孙权看见张昭离开，嘟囔了一句：“大家正高兴呢，你这老头子好端端地发什么脾气？”

孙权下令，叫张昭进来。

侍从去请张昭，张昭只得进来，一脸严肃。

孙权说：“只是高兴高兴而已。”

张昭说：“从前商纣王酒池肉林，通宵达旦地欢纵，当时他也认为是高兴高兴而已，而不以为是在做坏事。”

孙权沉默了，下令停止宴会。

不过，孙权的心中也开始滋生不满，心想：若是父兄还活着，也不能容忍一个臣子这样对主上吧。

后来，孙权打算设丞相，群臣都推荐张昭，孙权推托说，丞相责任重大、事务繁杂，张昭年老体弱，怕身体承受不了。

孙权任命孙邵为丞相。

孙邵死后，大家又提出让张昭担任丞相。

孙权说：“我怎么会对子布吝啬呢？只是因为丞相的事务繁杂，而子布的性格过于刚烈，如果大家不听他的话，他就会怨愤、诘难，引起众人的不满，这对他不好啊！”

于是，孙权又任顾雍为丞相。

君臣道歉

公元229年，孙权称帝。不久，张昭以年老体弱为由，上交了所掌握的实权，改任辅吴将军。

这是一个仅次于丞相的职位，地位和俸禄都很高，但没有实权，每日都很清闲，无事可做。

张昭开始钻研经典，为《左传》和《论语》写注释。

张昭仍旧上朝，但他说话时，总是气势雄壮、音调严厉、一脸大义，还不婉转，直接反对孙权的一些意旨，导致孙权很不开心。

之后很长一段时间，张昭都不入朝觐见了，孙权没有见到他，颇为不乐。

一日，蜀汉的使者来到吴国，盛赞蜀汉的大臣十分出众。照理，此时的吴国大臣也应该旗鼓相当地说话，不过，群臣中，竟无一人可以应对。

事后，孙权叹息道："如果张公在座，就能折服蜀国使者，让他当场丧气，哪里还敢自吹自擂呢！"

第二天，孙权就派人去慰问张昭，并趁机请张昭觐见。

张昭入宫后，向孙权赔罪致歉，孙权连忙阻止了他。

张昭说："当初陛下的母亲（**孙太后**）和哥哥，把年幼的陛下托付给了我，所以我费尽心思，想让陛下成为一位英明之主，以报答陛下兄长的知遇之恩。可惜，臣见识短浅，多次违背陛下的旨意。我本以为，再也不能见到陛下了，没想到，陛下宽宏大量，

孙太后，即吴国武烈皇后吴氏，孙坚之妻，孙策、孙权之母，是三国时期孙吴重要人物；早年失去父母，有胆识，能决断；孙策平定江东时，她礼贤下士，招揽能人；孙策遇刺身亡后，她笼络士人辅佐孙权；曹操让孙权送儿子为人质，被她断然拒绝。她的决策为孙氏政权确定了独立发展的方向。

还愿意召见我。老臣这辈子只想为陛下尽忠，死而后已。”

孙权听完，想起了哥哥孙策临终托孤的场景，感慨万端，于是也向张昭道歉。

泥土堵门

公孙渊，字文懿，三国时期割据辽东的军阀，被魏国拜为扬烈将军、辽东太守。公孙渊又对孙权称臣，孙权派使者去见公孙渊，想册封他。公孙渊杀死东吴使者，俘获东吴将士一万多人。魏拜他为大司马，封乐浪公。他又背叛魏国，自立为燕王，被魏所杀。

公元232年，曹魏的辽东太守**公孙渊**举起叛旗。为了获得孙权的支持，公孙渊向孙权称臣。

孙权非常高兴，想派使者去与公孙渊结好，封他为燕王。

张昭知道后，极力反对，两人又当着群臣激烈辩争起来。

张昭急得满头冒汗，大声喊道："公孙渊前来称臣，不过是想借我们的力量来震慑魏国，让魏国有所忌惮。如果公孙渊突然改变主意，想要重新归顺魏国，那我们派到公孙渊那里的使者就成了人质！这会落人笑柄的！"

孙权怒目圆瞪，将腰间的佩刀抽出来，对准张昭。

"吴国的官员进宫向我拜谒，出宫向你致礼。朕对你的敬重，可以说是前无古人了！可你竟敢屡屡在群臣面前折辱朕！朕真怕自己一气之下把你杀了！"

张昭寸步不退，嘴唇颤抖。

"老臣难道不明白陛下的心思？我知道自己说的话，不会被陛下采纳，反而会惹陛下生气，却依旧要据理力争，这是因为太后驾崩的时候，把老臣叫到身边，叮嘱臣一定好好照顾陛下！"

张昭说着，老泪纵横。

"哐当！"孙权手一松，刀落在了地上。他也悲从中来，与张昭相对而泣。

然而，孙权还是没有采纳张昭的建议。

退朝之后，张昭心灰意冷，从此称病，再不上朝。

孙权也与张昭赌气。他下令，让人用泥土堵住张昭家的门。

张昭也不甘示弱，叫仆人们用土把自家内部的门也封起来。

正如张昭预料的那样，公孙渊很快后悔了，杀死了东吴派去的使者。

孙权后悔不已，多次派人慰问张昭，向张昭赔不是，张昭每次都托病，拒不起床。

孙权亲自跑到张昭家门口，想要请他出来，张昭推说病重，依旧不为所动。

孙权急得没办法，下令放火烧张昭家的门，想把他吓出来。

张昭却让人把内室的门窗关得更严实了。

孙权急忙叫人扑灭了火。

孙权在余烬前站了很久，一直没有离开。张昭的儿子们实在看不下去，扶起张昭，把他扶出了家门。

孙权低着头，对张昭道："是朕的错，请随朕上朝吧。”

张昭的儿子们都跪下来，请求张昭入朝。

张昭在众人的劝说之下，只好同意了。

至此，张昭又恢复了朝见。

张昭容貌庄严端重，有威风。孙权常说：“我与张公谈话，不敢信口而言。”

整个吴国的人都敬畏张昭。

公元236年，张昭病逝。临终前，他留下遗言，葬礼要从简。

出殡之日，孙权亲自穿着丧服为他吊丧，追谥他为文侯。

顾雍

志在竭诚

人如古琴

书房里，香炉中飘出缕缕轻烟，书案上，笔墨纸砚被轻烟缭绕着。

一具古琴后面，一个幼童正在拨动琴弦。

琴声深沉、悠远，令一旁倾听的蔡邕很满意。

蔡邕是声名远播的名士，幼童拜他为师，向他学习弹琴和书法。

蔡邕格外喜欢这个幼童，因为他年龄虽小，但才思敏捷，十分伶俐，而且心静专一，比很多大孩子要学得好。

“琴声悠扬，弹拨得当，甚好，甚好。”蔡邕赞叹道。

“多谢先生指点。”幼童用稚嫩的声音回答蔡邕。

“我的名字中有一个‘邕’字，不如你就叫‘雍’吧。”蔡邕思忖着，提出建议。

“‘雍’和‘邕’同音，这样我就和先生同名啦！”幼童高兴得满脸红扑扑的。

幼童姓顾，因此正式的名字是顾雍，又因为他受到老师蔡邕的赞叹，又把字取为元叹。

顾雍是吴郡吴县人，出身于江东吴郡四大姓之一吴郡顾氏，家族十分显赫。

顾雍

顾雍二十岁左右，就当了合肥县长，之后，又担任娄、曲阿等地的县长。他很年轻，而且很有想法，做出不少成绩。

孙权被朝廷授为讨虏将军、领会稽郡太守后，没有去会稽上任，而是任命顾雍为会稽郡丞，做代理太守。

顾雍到了会稽郡，讨除寇贼，使郡内安定祥和，官吏百姓都归服了孙权。

几年后，顾雍进入孙权幕府，担任左司马。孙权为吴王后，顾雍升为尚书令，封阳遂乡侯。

顾雍封侯后，还和平时一样，一点儿也看不出变化。他也不告诉家人，家人什么都不知道，等到后来偶然听说，都大吃一惊。

沉默寡言

公元225年，顾雍把母亲迎到武昌。

孙权亲自登门，礼拜顾雍的母亲，群臣也都纷纷来参加宴会。后来，太子孙登又前来庆祝，荣耀一时。

然而，无论多少荣耀加身，顾雍都举止得当，极有分寸。

顾雍也不饮酒，总是沉默寡言。

孙权感叹道：“顾公不说话，只要一说，言必有中。”

由于顾雍沉默寡言，显得很严肃，大家都对他很敬畏，因此，饮宴欢乐之际，也不敢尽情畅饮，担心自己酒后失态被顾雍看见。

孙权也有这种感觉，说：“顾公在座上，让我们无法开心。”

但顾雍性格如此，日夜所想都是国家百姓之事，对其他事几乎没有兴趣。

不久，顾雍进封醴（lǐ）陵侯，又任丞相。

顾雍登上相位后，大量选拔人才，他严格要求自己，不以自己的喜好去选人，而是谁称职就选谁。一旦选中人才后，他就会竭尽全力地支持他们。

顾雍位高权重，但他总担心自己做得不够好，经常去民间访查，收集各种意见，然后写成奏疏，秘密呈给孙权。

如果孙权采纳了他的建议，他就说这是孙权的主意，孙权的功劳；如果孙权没有采纳他的建议，他就什么都不说。

因为这一点，孙权非常看重他。

朝廷议事时，顾雍的语言十分恭顺，表情也非常恭顺，但他坚持的原则却不改变。

有一天，孙权召群臣商议政事，辅吴将军张昭收集到一些意见，说："现今法令太严，刑罚太重，应该减一些。"

孙权听了，没有作声。

一会儿孙权回头，问顾雍："顾公认为呢？"

顾雍回答道："臣听到的，就是张昭所说的。"

孙权说："既然如此，那就商议下减轻刑罚的事吧。"

因为顾雍的坚持，很多孙权不想做的事，最终也都做了。

当时，驻守前线的将领们各有讨敌之策，他们纷纷上书孙权，想让孙权按照自己的想法去做。

孙权拿不定主意，便问顾雍。

顾雍说："臣以为他们都是为了自己的私利，不该听从。"

孙权豁然开朗，不再理会这件事了。

顾雍驻守在外或者在家时，孙权遇到难题，就会派中书郎前去请教。

中书郎会把孙权的意见告诉顾雍，顾雍听后，如果赞同，就会请中书郎吃饭，把问题说透彻，再送中书郎离开。

如果顾雍不赞成孙权的意见，他就不请客了，又沉默寡言起来，直接让中书郎回去了。

有时，孙权见中书郎回来，便不问："顾公怎么说？"而是问："你吃饭了没有？"

如果中书郎回答没吃到顾雍家的饭，孙权就知道，自己的意见需要改进。

宽宏大量

吕壹，三国时期吴国重臣，孙权心腹，任中书典校郎，监察中央和地方州郡文书事；为人阴险狠毒，诬陷过丞相顾雍、左将军朱据等人，事情泄露后被杀。

孙权到了晚年，宠信酷吏吕壹，任命他为中书。吕壹因此作威作福，排斥陷害无辜之人。

顾雍等人被陷害后，孙权不明真相，谴责了顾雍等人。

后来，吕壹的罪行败露，孙权大吃一惊，把吕壹囚禁在廷尉府。

顾雍去廷尉府，审理此案。吕壹见到他，神色躲闪。

顾雍却和颜悦色向吕壹问话。

临走时，顾雍对吕壹说："你还有想说的话吗？"

吕壹只是一个劲儿地磕头，没说什么。

尚书郎怀叙也一起去审问，想起吕壹做的恶事，忍不住大声斥骂、羞辱。顾雍对怀叙说："有法令惩罚他，何必如此呢？"

吕壹最终被杀。

管教有方

孙权有一个侄女，嫁给了顾雍家族里的一个人。婚宴当天，顾雍携家人出席，孙子顾谭也来了。

孙权大为高兴，与群臣畅饮，气氛欢洽。时任选曹尚书的顾谭也喝了不少酒。

后来顾谭喝醉了酒，开始不停地跳舞，怎么也制止不住。

顾雍内心火冒三丈，但强忍着，没有发作，等待第二天再处理这件事。

次日，顾雍把孙子顾谭招来，严厉地责备他。

顾雍坐在床榻上，说道："君王以忍辱负重为德，臣子以恭敬谨慎为节。当年萧何立下汗马功劳，但每次见到高帝（刘邦）时都紧张得像不会说话一样。你对国家有什么汗马功劳？只不过依靠门第而得到高位，竟然如此得意忘形？看来，败坏顾氏家族的人就是你了！”

顾雍说完，生气地转过身，面向墙壁躺着，再也不理顾谭。

顾谭追悔莫及，站在一旁，足足站了两个小时，顾雍才呵退他，让他走了。

顾雍年纪大了，身体越来越不好，孙权让太医去给顾雍诊病，又让顾雍的小儿子当骑都尉。

顾雍悲伤地说：“太医一定知道我起不来了，所以，陛下想让我活着见到幼子为官啊！”

公元243年冬天，顾雍去世，享年七十六岁。孙权身穿孝服，去祭吊他。

顾谭，字子默，三国时期东吴丞相顾雍之孙，思虑精细，行事缜密，才华照人，每次审阅账簿，只靠屈指心算，就能找出全部错谬之处，后接替顾雍兼理尚书事。因有人进谗言，顾谭入狱，孙权想让他道歉再释放他，他拒不道歉，被流放交州，幽居两年后去世，时年四十二岁。一生节俭，家无私财。

诸葛瑾

风雅有德

出使益州

“唰唰唰”，几声马鞭响起，打破了郊野的宁静。

在一条宽阔的大道上，驶过一辆装饰典雅的马车。马车的左右两旁，跟着几名身着戎装的卫兵，他们神情紧张，锐利的眼神鹰隼般不停地环顾四周。

马车很快停在了城门口。马车上下来一位身穿灰袍的中年男子，他面庞端正，五官棱角分明，深邃的目光里透着一股坚毅。虽然他的腰间系着一条宽腰带，穿着一身便服，却风雅有度，还别有一种气魄和威严。

城门口的士兵赶忙围了过来，为首一人问道：“来者可是江东的诸葛瑾先生？”

中年男子点点头，道：“在下正是诸葛瑾，奉我主公孙将军之命特来见刘将军。”

诸葛瑾，字子瑜，出生在琅琊郡阳都县，是诸葛亮的哥哥，少年时为躲避战乱，迁到了江东安居。孙权的妹夫弘咨欣赏诸葛瑾，向孙权举荐，孙权任诸葛瑾为长史，后担任中司马，十分信任、器重他。

公元215年，刘备攻下益州，有了大本营，却始终不归还之前“借”的荆州，这让孙权很不满。于是，孙权派诸葛瑾出使益州，与刘备谈判。

城门口的士兵不敢怠慢，忙叫人护送诸葛瑾到刘备那里。

不谈私情

在诸葛瑾到来之前，刘备正坐在殿上，与诸葛亮说话。

刘备问：“孙权说遣使来共商大事，孔明觉得孙权的诚意有多少？”

诸葛亮说：“对于孙权来说，最大的敌人是曹操，而不是我们。只是，要与孙权结盟，就必须做出相应的牺牲。”

一听这话，刘备有些不大情愿，但现实摆在眼前，他只得问道："需要什么牺牲？"

诸葛亮说："恐怕长沙三郡，长沙郡、江夏郡、桂阳郡，必须让给孙权了，我们和孙权平分荆州，才能稳住孙权。丢失一半的荆州，总比丢失整个荆州为好。"

刘备一边叹气一边点头。

诸葛亮继续说："孙权此次派来的使者，是我的兄长诸葛瑾，这也表现出了他的诚意。如果孙权只是要求长沙三郡，主公可以答应，如果孙权还索要别的郡县，主公可以不答应。"

刘备道："也只能如此了。"

不久，有人来报，吴使诸葛瑾到了。

在侍从的带领下，诸葛瑾走了进来，只见刘备端坐在中央的席上，右侧是弟弟诸葛亮，头戴纶巾，身着白袍。

诸葛瑾对刘备施礼道："诸葛瑾拜见刘将军。"

刘备笑道："不知子瑜到此，有何见教？"

诸葛瑾说："孙将军派我来成都，特来向刘将军表达友好之意。若是刘将军愿意让出长沙、江夏、桂阳三郡，孙将军一定不忘盟好，定将共抗曹操。"

刘备点点头道："子瑜放心，我与孙将军有盟约在先，自然会让出三郡。"

诸葛瑾认认真真地与刘备谈判，每一句言谈都是公事，不与弟弟诸葛亮说任何私话。

谈判成功后，诸葛瑾便离开成都，返回江东了，没有与诸葛亮进行私下的见面。

刘备对诸葛亮说："你的兄长真是大公无私啊，既不和你寒暄两句，也没有和你小酌叙旧。"

诸葛亮笑道："家兄就是这样的人，一心为公，清白自守。"

刘备赞许道："孙权有此忠臣，何愁江东不稳。"

委婉之谏

诸葛瑾为人含蓄委婉、雍容大度，非常善于思考，人们都佩服他。

诸葛瑾与孙权在一起时，无论是日常谈话，还是劝谏之语，他都不会语调急促，也不激烈直言，而是略略地表示出自己的意思，点到为止。

如果他发现孙权心情不大好，就不再继续谈下去，而是说其他的事。等孙权态度平和，再把话头儿渐渐地转回之前的问题上，从头再谈。

朱治，字君理，东汉末年至三国时期吴国将领，多次随孙坚、孙策征战，累拜吴郡太守。孙策死后，与张昭等跟从孙权，为稳定江东局势做出巨大贡献。朱治勤于理事，节俭朴素，后官至安国将军，六十九岁病逝。

这样一来，孙权会有一种豁然开朗的感觉，就会赞同他的意见。

吴郡的太守名叫**朱治**，曾经举荐孙权为孝廉，对孙权有恩。所以，孙权对他很敬重。朱治犯了错时，孙权很难去责备他，但不责备他又无法服众。这让孙权十分为难。

诸葛瑾看出了孙权的心结，但没有直接说，而是写了一封长长的信，以自己的巧思开解孙权。

信写完后，诸葛瑾把信呈给孙权。

孙权读了信，非常高兴，笑着说："我心里的疙瘩让你给解开了。"

一日，校尉殷模犯了错，孙权打算惩罚他，但他给殷模定的罪责实在太重了。群臣得知后，纷纷向孙权进谏，请求他宽恕殷模。

孙权听了，更加愤怒，怒斥众人。

就在君臣争论不休时，诸葛瑾却在一旁默不作声。

孙权强忍心中的怒火，问诸葛瑾道："子瑜，你怎么不说话？你有什么话就直说吧！"

诸葛瑾依旧不作声。他向孙权施礼后，眼泪突然流了下来。

孙权很惊讶，问道："子瑜，你怎么了，为何突然如此伤心？"

诸葛瑾哽咽着答道："主公不知，臣与殷模都曾经是逃难之人。昔日，故乡遭到战乱，我们不得不辗转流离。幸运的是，我们来到江东，蒙主公之福，才有了今日。然而，臣与殷模这些受到主公恩惠的人，不仅不能砥砺前行报答主公的恩惠，反而辜负了主公的圣恩。我为此感到十分罪恶，认罪都还来不及，别的就更不敢说了。”

诸葛瑾说完，孙权深受感动，也伤感起来，说：“好，我特地为你而赦免他。”

诸葛瑾就这样用委婉的方式，解救了殷模。

永不背弃

公元221年，蜀吴之间积攒已久的矛盾终于爆发，孙权袭击荆州，杀死了关羽。刘备为了给关羽报仇，御驾亲征，对吴国宣战。

刘备率领大军而来，这让孙权不寒而栗。孙权决定向刘备求和，派诸葛瑾给刘备写信。

诸葛瑾于是写信道：“一定是有人对陛下说，吴王侵夺荆州，杀害关羽，不能和解。这种想法没有从大局考虑，我试着为陛下分析这件事：陛下与关羽之亲能比得上与汉朝先皇之亲吗？荆州的大小能比得上整个国家吗？对曹操和孙权都仇恨的话，谁应该放在第一位呢？如果陛下考虑到这些，就会很容易地做出正确的决定了。”

刘备

信写完后，被人送到了刘备那里。

这时，有嫉妒诸葛瑾的人去见孙权，说："诸葛瑾另外派了亲信去见刘备，给刘备报信。"

孙权说："孤与子瑜有生死不变的誓言，子瑜不会背弃我，就像我不会背弃他一样。"

孙权没有理睬进谗言者，依旧信任诸葛瑾。

敦厚仁义

公元222年，孙权任命诸葛瑾为左将军，封宛陵侯。

这一年，谋臣**虞翻**因为性格直率狂放，被孙权流放，满朝文武中，只有诸葛瑾多次替他求情。

虞翻大为感动，给亲友写信时，说道："诸葛瑾敦仁厚义，效法上天救助生灵，他多次为我仗义执言，为我保全名分。"

孙权器重诸葛瑾，只要有大事，孙权都会咨询诸葛瑾。

公元229年，孙权称帝，升任诸葛瑾为大将军、左都护。

吕壹是孙权宠信的大臣，他时常诬告他看不惯的人，大臣步骘、陆逊等人经常上书指责他，甚至打算

虞翻，吴国大臣，可日行三百里，善使长矛，又博学多才，孙权称赞他可与东方朔相比。虞翻刚正冒失，经常走嘴，孙权把他放流放到苍梧郡。后来，孙权后悔，想召回虞翻，虞翻已病死。

把他暗杀，但孙权不明就里，总是袒护他。

后来，吕壹又陷害驸马朱据，孙权发现朱据是清白的，这才把吕壹处死。

孙权非常气愤，于是，责备诸葛瑾等人。诸葛瑾立刻进行了答复，话语十分恭顺，说理又很明确，孙权听了，就不再生气了。

公元241年，孙权分兵四路攻打魏国，诸葛瑾与朱然带领军队从荆州出发，一路向北，攻打魏国。

这次北伐以失败告终。几个月后，诸葛瑾去世，终年六十八岁。

按照他的遗嘱，丧事从简，棺材不可上漆，只给他穿平日的衣服就可以了。

步陛

国之英俊

种瓜为生

步骘（zhì），字子山，生于临淮郡**淮阴县**。因为世道混乱，他来到江东避难。

步骘孤身一人，衣食无着，穷困潦倒，靠种瓜度日。

有一个广陵人，名叫**卫旌**，和步骘是一样的年龄，两个人交情很好，白天一起种瓜，晚上一起诵读诸子百家。

步骘读的书非常广泛，有各种古籍，还有关于技艺的书，几乎无所不通。

最为难得的是，步骘性格宽雅深沉，能够折节降志，屈己辱身。

郡里有一个非常显赫的豪门大族，主人的名字是焦矫，他养了很多门客。这些门客为非作歹，欺压百姓，四处肆虐。而步骘和卫旌在焦矫的地盘上谋生，心里害怕受到侵扰，便带着鲜瓜，一起去焦矫家，献给他。

焦矫正在内室睡觉，步骘和卫旌只好站在外面等。

等了很久，卫旌失去了耐心，想把瓜留下，然后离开。

淮阴，今江苏省淮阴西北。

卫旌，字子旗，年轻时与步骘避难江东，种瓜活命，后与步骘一同入仕，投奔孙权。卫旌学识广博，才干过人，官至吴国尚书，但性格刚强，有点儿刚愎自用，曾被免官。

步骘劝阻他说："我们之所以来，就是害怕他强霸，现在离开了，显得我们很清高，但会让他记恨我们的。"

又过了很久很久，焦矫终于打开窗子。他仿佛漫不经心地四处看了看，看到了他们。他们连忙向焦矫施礼。

焦矫倚靠着几案，坐在内室的帷帐内，然后叫人在窗外的地上铺了一个席子，让步骘和卫旌坐在席子上。

卫旌更加感觉耻辱，但步骘却神色自若，言谈自如。

焦矫坐在大食案旁吃饭，食案上堆满了美味佳肴，他让人用小盘盛饭，给步骘、卫旌吃，小盘里只有蔬菜和饭。

卫旌吃不下去，步骘却一直到吃饱了，才告辞而出。

卫旌冲步骘发火说："你怎能忍受这样的侮辱？"

步骘说："我们贫穷低贱，所以人家用贫贱的礼节对待我们，本来就是这样，有什么可耻辱的呢？"

古江苏

步骘

诱杀吴巨

吴巨，东汉末年官吏，有野心，但能力不足，与刘备为友；刘备被曹操打败，逃至长坂时，曾想投奔吴巨，鲁肃说吴巨为平庸之辈，于是刘备放弃吴巨，与江东结盟。

步骘渐渐有了名气，孙权为讨虏将军时，征召他为主记。他在处理事情时，表现出了非凡的能力，之后，官职一路上升。

公元210年，步骘被任命为交州刺史、立武中郎将，后又为征南中郎将。

步骘到了交州后，很快觉察到，苍梧太守吴巨居心叵测，表面上归附孙权，实际上怀有异心。

怎么才能除掉吴巨呢？

步骘想了一个办法，他先是安抚吴巨，使吴巨放松警惕，然后，引诱吴巨前来相见，再借机杀了他。

此事过后，步骘威声大震。

当时，交州一带还有一个军阀，名叫士燮，实力雄厚，颇有威名。步骘到了交州不久，士燮就归附了。

益州豪族雍闿（kǎi）也有归顺之意。步骘知道后，马上派人去招纳，获得了大批兵马。

步骘由此被加授平戎将军，封广信侯。但他并未骄傲，还和以前一样。

孙权与刘备争夺荆州时，虽然刘备惨败，但零陵、桂阳等郡仍然骚乱不宁。吴军在赶路时，经常受阻，很难前进，步骘到了之后，全部平定，一路顺畅。

步骘又升为右将军、左护军，改封临湘侯，名气更大了。

推荐俊贤

孙权称帝后，步骘被任命为骠骑将军，兼冀州牧。

孙权的太子孙登驻守武昌，仁慈待人，乐于学习，于是，给步骘写信。

信中说：“我天性愚弊，很想追求完美的德行，向贤明的君子学习，不过，士人的名位先后恐怕和我的想法不一样，我又不了解他们。”

步骘读信后，立刻把任职荆州的人想了一遍，然后列出十一个人的名字，包括诸葛瑾、陆逊、朱然、程普、卫旌等。他介绍分析了这些人的品行和成绩，然后写信给太子孙登。

他说：“古代君主不亲自处理小事，由百官安排处理。这是一个招揽英雄俊杰的时代，太子对此重视，是天下人的大幸。”

解救无辜

潘濬，字承明，蜀汉大司马蒋琬的表弟，曾在刘备麾下，任荆州治中从事，与守将关羽不睦。孙权得荆州后，潘濬归附孙权，官至太常。潘濬刚正不阿，想亲手击杀奸臣吕壹，吕壹对他十分畏惧。

中书吕壹弄权，抬举依附他的人，陷害不依附他的人。

吕壹告诉典校官员，从细审查案件文书，寻找到一点儿有隙可乘之处，都不要放过。

步骘知道后，就上奏孙权：

“典校官员们挑剔细微，吹毛求疵，加重案情，以诬陷他人，索要钱财。无罪无辜的人，因此横受大刑。谁不恐惧战栗？古代的狱官，都是贤者，比如皋陶、吕侯、张释之等，所以，百姓不会受冤。现在，这些小毛官，与古人完全相反，轻视人命，为国家招来怨恨。今后，凡有真相不明的案例，京城的要问顾雍，武昌的要问陆逊、**潘濬**。丞相顾雍、上大将军陆逊、太常潘濬，这三个人，忧虑深远，志在竭诚，日夜兢兢业业，寝食不安，他们怎么会欺骗、辜负陛下呢？”

孙权看到奏章后，有了觉醒，最终处死了吕壹。

步骘的一生中，推荐了很多贤能之人，解救了很多无辜受害的蒙冤之人，为这些事，他就上书几十次。

对于这些上书，孙权并没有全部采纳，但他还是经常接受步骘的意见。

步骘性情宽宏大量，讲求信义，喜怒不形于色，很多人对他肃然起敬。

公元246年，步骘接替陆逊成为丞相。

步骘仍和从前一样，每天耐心地教诲门生，手不释卷，穿着朴素的衣服，住着简单的房屋。

不过，他的妻妾却过着奢侈的生活，穿戴都极为华丽，因此，一些人就此讥诮他。

公元247年，步骘去世。

鲁肃

过人之明

乐善好施

天空万里无云，放眼望去，好似一片碧蓝的湖泊。这样好的天气，让人短暂地忘记了连年的战祸。

一位身材魁梧、仪表堂堂的少年走出家门，在晴朗的天空下伸了个懒腰。

今天，他卖掉了祖上的田产，换了些银子，感觉一身轻松。

这个少年便是鲁肃，字子敬，出生在临淮郡**东城县**一个富足的士族家庭。在他年纪很小的时候，就失去了父亲，由祖母抚养长大。鲁肃性格豪爽，乐善好施，家族的长辈们都说："我们鲁家已经衰落很久了，没想到会出现鲁肃这样一个奇傲的人才。"

时值东汉末年，社会动荡、群雄割据，鲁肃决定散布家财，去帮助流离失所的百姓。

"父亲若泉下有知，一定会体谅我的。"鲁肃想着。

鲁肃召集了一帮有侠义之心的年轻人，一起去帮助饱受战乱之苦的人。他们时常赈济穷困的人，从不吝啬。

此后，鲁肃带领着召集来的年轻人学习骑射，按照行军打仗那样操演军事。

东城县，今安徽省滁州市定远县。

斛米之交

一日，鲁肃正在读书，有侍从来报，外面来了几百人。鲁肃出去一看，门前站着一位英俊的年轻人，身后是很多随从。

“听闻子敬兄贤明，公瑾特来拜会。”来人是时任居巢长的周瑜，公瑾是周瑜的字。

“公瑾前来所为何事？”鲁肃问。

“县中粮食匮乏，听闻子敬乐善好施，便前来请求资助。”周瑜道。

鲁肃点点头。

鲁肃家有两仓米，各有三千**斛**，他用手指了一仓，说：“公瑾可自取。”

斛（hú），古代计量单位，十斗为一斛，宋朝改作五斗为一斛。

周瑜非常惊讶，觉得鲁肃非寻常之人，连忙道谢。

此后，二人谈笑风声，建立了如同春秋时公孙侨和季札那样牢不可破的朋友关系。

离开袁术

袁术听说了鲁肃的事迹后，请他担任东城县长之职。鲁肃觉得袁术纲纪混乱，不足以成大事，便决定去投奔周瑜。

鲁肃带着族中老弱之人和有侠气的一百多人，前往居巢。

对于不愿意前往的人，鲁肃都分给了银两，以保证他们的生活。

袁术听说鲁肃要迁居，立刻派兵前去，阻拦鲁肃。

鲁肃让老弱病残走在前面，自己率领侠义的年轻人抵御后方的追兵。

只见鲁肃骑在马上，张弓搭箭。

他大喊道："天下大乱，有功得不到赏赐，无功也不会受罚，何苦逼迫我呢？"

他命人远远地立了一块盾牌，然后松开弓弦，只听"咻"的一声，羽箭竟将坚固的盾牌射穿了。

追兵目瞪口呆，深知打不过鲁肃，便纷纷离开了。

就这样，鲁肃带着百余人来到了居巢，见到周瑜。

公元198年，周瑜东渡长江到吴郡，前去投奔江东的孙策。鲁肃也随之同行。

不巧的是，抚养鲁肃长大的祖母病逝了，鲁肃只得回家安葬祖母。

取信孙权

鲁肃有一位好朋友，名叫刘晔，是一位很有远见的战略家。他写了一封信给鲁肃。

信中大意是："天下豪杰并起，正是你这种聪明人大展才干的时机。我劝你带上老母亲，前往**巢湖**。巢湖有一位名叫郑宝的人，聚集了一万多民兵，加之巢湖富饶，定能成就一番大业。"

巢湖，今安徽巢湖。

鲁肃觉得刘晔的话很有道理，便回到曲阿，想带上母亲北行，去投奔郑宝。

然而，到了曲阿县，鲁肃发现，周瑜已经先一步把自己的母亲接到了吴郡。于是他又改道前往吴郡。

鲁肃见到周瑜后，问他："公瑾，我的好友刘晔建议我投奔巢湖的郑宝，你可要与我同去？"

此时，江东的军阀孙策已经被刺而亡，孙策的弟弟孙权接替了他的位置，周瑜已经决定忠心辅佐孙权。

周瑜说："当年汉伏波将军马援对光武帝刘秀说，'当今世上，不但君主要选择臣子，臣子也要选择君王'。孙权虽然年少，但他亲近贤臣，重视人才，况且我听说，获得天命的人，将兴起在东南之地，因此，子敬，请不要把刘晔的话放在心上了。"

鲁肃思索片刻后，觉得周瑜的话在理，便点了点头。

鲁肃去休息时，周瑜去见孙权。

周瑜对孙权说："行军打仗我在行，但战略布局、外交辞令我不如鲁肃。鲁肃才华出众，适合辅佐君主治理国家，不要放走他啊。"

"好，快有请鲁肃，为他设宴接风。"孙权道。

宴会上，孙权与鲁肃相谈甚欢，意犹未尽。

夜深了，部属们都告辞回去，鲁肃也跟着众人一起离开。没走多远，孙权又派人悄悄地将鲁肃叫回来，二人合榻对饮。

孙权道："汉室快要倒塌，天下纷乱，如同乌云翻涌，我继承父兄留下来的基业，希望能成就齐桓公、晋文公那样的霸业，子敬惠顾于我，请问如何辅佐我呢？"

"将军为何只愿做齐桓公和晋文公这样的诸侯呢？依我之见，汉室不可复兴，曹操也不可能立刻铲除。最好的战略是鼎足江东，以观天下局势，并趁势壮大势力，占据整个长江流域，然后称帝，图谋天下，建立如汉高祖刘邦那样的功业。"鲁肃说。

孙权听了，大为欢喜，觊觎天下的野心蠢蠢欲动，但嘴上仍旧说："我现在尽力割据一方，希望能匡扶汉室，你说的我怕做不到啊！"

自那之后，孙权与鲁肃日益亲近。

张昭责备鲁肃不够谦虚，对孙权说："鲁肃年轻，为人疏略，不堪任用。"

孙权听了，不以为意，反而越发重视鲁肃，常常赏赐鲁肃，使鲁肃的家如同过去一样富有。

联刘抗曹

公元208年，荆州之主刘表病死，鲁肃得知这个消息后，第一时间去见孙权。

他对孙权说："刘表一死，曹操势必要夺取荆州。一旦他拿下荆州，下一个目标就是江东了。我们必须在曹操到来之前夺取荆州，以扩大疆土。"

"愿闻其详。"孙权说道。

“荆州与江东邻近，走水路可一直抵达北方，向外围绕着汉水和长江，向内有山陵阻隔，可谓固若金汤。而且，荆州拥有万里肥沃的土地，百姓殷实富足，如果占据荆州，相当于给帝王基业打下基础。”鲁肃分析道。

“刘表虽死，但他还有两个儿子继承家业，加上有刘备辅佐他们，谋取荆州恐怕很困难。”孙权思忖着。

“刘表的儿子刘琦、刘琮素来不和，军中将领也分为两个阵营。刘备是天下枭雄，他寄居在荆州，刘表忌惮他的才能而不重用他。如果刘备与刘表的儿子们同心协力，那我们就与他们结盟；如果他们各有异心，互不合作，我们就另作打算，再成就大事。”

孙权十分赞成。

鲁肃接着说：“请派我到荆州吊唁，一来慰问刘表的两个儿子，以及军中将领，二来说服刘备与我们联盟，共抗曹操。如果刘备同意，则大事可成。此事还需越快越好，以防曹操占了先机。”

孙权忙道：“子敬可即刻启程，我等你的好消息。”

鲁肃匆忙赶路，刚到夏口，就听说曹操已经向荆州出发。他片刻不敢耽误，昼夜兼程，一路疾行。

然而，赶到**南郡**时，鲁肃听说，刘表的幼子刘琮已投降曹操，刘备惊慌逃走，打算南渡。

显然，再去荆州已经没有意义了，因为那里已经属于曹操了。

鲁肃当机立断，决定去找刘备。

他抄了近道，去追赶刘备，在**长坂**与刘备相遇。

鲁肃对刘备说："我奉讨虏将军孙权之命前往荆州吊唁，途中才知曹操已占荆州。不知将军打算去往何处？"

刘备道："我与苍梧太守吴巨是旧交，想去投靠他。"

"吴巨不过凡庸之辈，哪里值得依靠？讨虏将军孙权聪明仁慈，敬贤礼士，众望所归，现拥有六郡，兵精粮多，足以成就大事。与其依附吴巨，不如与东吴联盟，共抗曹贼。"

刘备听了十分高兴，说："好！我将派诸葛孔明出使东吴，替我与孙将军共谋大计。"

一旁的诸葛亮听了，微微笑着，点了点头。

鲁肃见到诸葛亮，忙道："久闻诸葛先生大名，我与你的哥哥诸葛瑾是好朋友啊！"

南郡，今湖北省荆州市。

长坂，今湖北省当阳市。

诸葛亮听了，对鲁肃倍感亲切，两人很快成了好友。

坚决主战

刘备率领残部进驻夏口，诸葛亮跟随鲁肃去江东见孙权。

诸葛亮在馆舍之时，孙权收到了曹操准备进攻江东的消息，立刻与部属们商议。

部属们分为主战派和主和派，主和派以张昭为代表。张昭是托孤大臣，在江东影响力很大，在他的主导下，投降曹操的声音越来越多。

一时间，孙权拿不定主意。

正当诸人不断争论时，孙权借故去如厕。

鲁肃见状，追了出去。

孙权看到鲁肃，拉着鲁肃的手，边走边问："子敬，你可是有话要同我说？"

"刚才我听了众人的提议，他们只会害了将军，不足以跟他们讨论大事。我鲁肃可以去投靠曹操，将军绝不能投降。"

"这话怎么说？"

"我若迎合曹操，可以慢慢立功升迁，做个州郡

孙权
鲁肃

的长官。将军要是投降了曹操，他会如何安置将军的去处？所以，希望将军不要采纳那些人的建议。”鲁肃道。

孙权叹了一声道：“他们太令我失望了，你阐述的谋略与我的想法相同，真的是上天将你送到我身边啊！”

“为今之计，还是先把周瑜从鄱阳召回。”鲁肃道。

孙权听取了鲁肃的提议，调回了周瑜，让周瑜负责军中事宜，鲁肃为赞军校尉，辅助谋划指挥。

公元208年，赤壁之战爆发，刘备与孙权联合，联军大败曹操，曹操撤回北方。

鲁肃凯旋，孙权令部属们迎接鲁肃。

鲁肃入内，拜见孙权，孙权起身，以礼相还。

孙权说：“子敬，我用这样的礼节迎接你，足以使你荣耀吧？”

“不能。”鲁肃小步快走到孙权跟前说。

众人听了，无不惊愕。

鲁肃缓缓地举起马鞭，说道：“我希望您的威德施于四海之内，汇聚九州，实现帝业，那时再用安车软轮召见我，才使我荣耀。”

孙权拍手大笑，开心不已。

借出南郡

赤壁之战胜利后，孙权乘胜追击，出兵攻打曹军所占据的南郡，将南郡夺为己有。

刘备则攻下了荆南四郡桂阳、武陵、零陵、长沙，有了自己的落脚之地。

这时，荆州被分为三块，最北方被曹操占据，中间的江夏以及南郡归属于孙权，而最南面的四郡则由刘备统领。刘备想进一步扩大势力，谋取到孙权手里的南郡，于是写信给孙权，向他借南郡。

孙权读信后，与众臣商议。

“主公，刘备不可小觑，应当尽快扣留他，不然就是养虎为患。”吕范进言道。

“不可。”鲁肃反对道，“曹操实力强大，我们刚夺荆州，恩德信义都没有建立，还是应该借给刘备，让他安抚荆州百姓。只要曹操多一个敌人，我们就多一个盟友，这才是上策。”

孙权点点头，赞同了鲁肃的提议。

斡旋荆州

公元210年，周瑜突发疾病，很快病重。

临终前，周瑜给孙权写了一封信，大意是：

吴兵
魏兵

“公瑾命不久矣，不能再为主公效力了。现在，我们既与曹操为敌，刘备又在周围虎视眈眈，边境还没有平定，边境的百姓也没有完全归附，主公应当派良将镇守、安抚。鲁肃忠诚正直、足智多谋，堪当此任，请让他接替我的职务。如此，我死而无怨。”

孙权看完信，痛哭不止。他听从周瑜的遗言，任命鲁肃为奋武校尉，接替周瑜领兵。

起初，鲁肃驻扎在江陵，后来又迁移到陆口。他每路过一个地方，都广施恩惠，军队也迅速增加到一万多人。鲁肃被封为汉昌太守和偏将军。公元214年，鲁肃跟随孙权攻破皖城，又升为横江将军。

公元215年，孙权打算夺取益州，询问刘备的意见。刘备说，益州之主刘璋是自己的同宗，请求孙权不要攻打益州。孙权同意了。

然而，刘备却暗中带兵朝益州进发，意图独占益州。刘备将守卫荆州的重任交给了关羽。

孙权知道后很生气，大骂道："刘备奸诈小人！"

就在刘备想办法夺取益州时，留守在荆州的关羽和相邻的鲁肃因为领地问题，屡屡发生摩擦。鲁肃为了顾全大局，总是出面安抚。

很快，刘备占领了益州。孙权听说后，要求刘备归还借去的领地，刘备却找借口迟迟不还。

孙权一怒之下，派吕蒙攻取长沙、零陵、桂阳三郡。刘备则派关羽率兵争夺三郡。

孙权派鲁肃出面，驻守在益阳县，与关羽抗衡。

鲁肃不愿看到孙刘联盟破裂，便邀请关羽会面。

鲁肃对关羽说："当初，刘备败兵而来，没有栖身之处，我家主公把土地借给你们，帮助你们度过劫难。现在，你们拿下益州，兵精粮多，为何没有归还荆州的意思，连三郡也据为己有。这样不顾恩情，隐

《三国演义》中记述，鲁肃去索要荆州，诸葛亮说荆州是刘表的基业，刘表虽死，其子刘琦还在，刘备为刘琦之叔，在荆州辅佐在情在理。鲁肃见刘琦病体沉重，料定刘琦命不久矣，便提出刘琦亡后还荆州于东吴。诸葛亮答应了，但后来并未归还。

藏野心，违背道义，难道云长也不辨是非吗？”

鲁肃的话还没说完，关羽的一个部下就喊道：“土地应该归有德行的人所有，哪能一成不变！”

鲁肃的脸色阴沉，大声呵斥那个人，语气严厉。

关羽见状，立刻使了个眼色让那人离开，并说：“这是国家大事，这个人哪里知晓！”

接着，关羽又对鲁肃说：“并非我们不想归还土地。只因在赤壁之战中，我家主公在军中指挥作战，睡觉都穿着铠甲，随时应战，孙刘联合一起打败曹操，我们怎能徒劳一场？”

鲁肃说：“我听说贪婪和背信弃义是祸患的开始。这样出师不义，最后能不失败吗？”

关羽无言以对。

双方僵持不下，最终刘备因为害怕联盟破裂后，曹操会带兵攻打自己，便与孙权讲和，双方以湘水为界，平分荆州。

公元217年，鲁肃病逝，时年四十六岁。

孙权为他举办丧礼，诸葛亮也哀悼他。

后来，当孙权称帝、举行大典时，他环顾群臣，感慨地说：“当年，子敬常对我说这件事，他真是一个明白天下大势的人啊！”

吴军作战

少年读史

谢冕 解玺璋 主编

高翡 汤新钊 编著

小三国志

第三册 名将辈出

文化发展出版社
Cultural Development Press
·北 京·

会 讲 故 事 的 童 书

前言

历史上的关羽真的使用青龙偃月刀吗？诸葛亮真的骂过王朗吗？刘备为什么要白帝城托孤？吴下阿蒙为什么令人刮目相看？赤壁之战的真相是怎样的？……

只有读过《三国志》，你才能得到真正的答案，认识真实的三国时代和那些个性卓然的乱世群雄。

经典名著，百世流传，不读《三国志》，不足以谈三国。《三国志》是三国蜀汉至西晋时期官员、史学家陈寿历经十年所著，与《史记》《汉书》《后汉书》合称“前四史”。《三国志》以国家为叙述单位，分为《魏书》《蜀书》《吴书》，尊曹魏为正统。

本套书《小三国志》遴选《三国志》中的精彩人物和事件，进行白话新译，为便于小读者阅读，进行了适当改写和补充，捕捉细节，渲染气氛，让小读者能够感同身受地理解当时的人物及其境况。

北宋大学者司马光说：“人之患，在于不读史。”历史是人所创造的，读史就是认识人本身，认识祖先的根、民族的根，认识世界，由此才能把握好现在，选择好未来的路。希望小读者在阅读《小三国志》时，能够拥有不一样的阅读体验。

本套书体量大，难免有不足之处，欢迎读者批评指正。

注：本书插图均为古人所绘，同一人物在不同古人笔下形象或有差异，读者可领略不同画师的风格，以下不再一一标注。

目录

名将辈出

魏书

夏侯惇

夏侯渊

曹仁

曹洪

张辽

于禁

徐晃

许褚

张郃

邓艾

钟会

魏书

夏侯惇

元功之臣

夜奔鄄城

冷冷的月光之下，一支军队正在快速行进，直奔鄄城。

队伍的最前端，是一位高大威猛的将军，他警惕地环顾四周，如同一只在黑暗中巡视的鹰隼。这位将军是魏国大将夏侯惇，字元让，沛国谯郡人。

夏侯惇脾气刚烈，十四岁时，有人侮辱他的老师，他为老师雪耻，刺杀了那人。曹操起兵后，他做曹操的副将，跟随曹操四处征伐，成了一位久经沙场的大将。

曹操任奋武将军时，夏侯惇为折冲校尉，兼东郡太守。

曹操东征陶谦时，夏侯惇留下驻守濮阳。曹操派张邈、陈宫留守鄄城。

不料，曹操刚上战场，张邈、陈宫就趁机叛变，要迎吕布进入鄄城。吕布求之不得，带兵攻打鄄城，守卫鄄城的曹军正在奋力抵抗，而曹操的家人就住在鄄城。

曹操得知消息后，让夏侯惇连夜赶去鄄城，支援鄄城的曹军，救援曹操的家人。

因此，夏侯惇才轻车简从地夜路疾行，直奔鄄城。

夜色越来越浓了，夏侯惇赶了一段路，突然，一队军马横亘在眼前。

是吕布的军队。

一瞬间，夏侯惇的心提到了嗓子眼，做好了大战一场的准备。

双方交战后，不分胜负，令夏侯惇意想不到的是，吕布居然后撤了。

原来，吕布久攻鄄城不下，便又改为攻打濮阳了。

被劫为人质

夏侯惇和吕布对峙，期间，吕布派兵偷袭夏侯惇的后勤部队，又派一些士兵去夏侯惇的营中诈降。

“夏侯将军，吕布有勇无谋，已经是穷途末路。我等家有老小，只想择一明主，不想受吕布牵连。望将军不计前嫌，接纳我们吧。”吕布的一众士兵向夏侯惇请求道。

“既然大家真心来降，以后就是一家人了！”夏侯惇接纳了他们。

“多谢将军！”

然而，几天后的一个夜晚，趁夏侯惇睡熟了，这几名投降过来的吕布士兵劫持了夏侯惇。几个人将夏侯惇五花大绑，囚禁在营帐中，逼迫他交出军中的财物。

“你们这帮混账！我好心接纳你们，你们竟然以怨报德！想不到吕布小儿竟用如此奸计！”夏侯惇怒斥道。

“夏侯将军，你还是快点儿交出军中财物吧，免得我们手下无情！”几个吕布的士兵说。

“放肆！赶紧给我松绑！不然你们谁也别想活命！”夏侯惇吼道。

“将军，今天我们弟兄不为别的，就为讨点儿盘缠！你只要把财物交出来，保你没事！”

“休想！我夏侯惇忠肝赤胆，要杀便杀！”

此事发生后，夏侯惇军中震惊不已，惶惶不安，

韩浩，字元嗣，曹操麾下将领，因忠勇而闻名。董卓乱政时，给韩浩官做，韩浩拒绝，后跟从夏侯惇征伐。曹操视其为心腹，让他执掌中护军，封万岁亭侯。

不敢相信。

夏侯惇的得力将领**韩浩**十分震惊，他守在营门口，把各位将领都召集到一起，让他们去安抚手下的士兵，不得贸然行动。

慢慢地，夏侯惇的军队稳定了下来。

韩浩让士兵将主帅大营团团围住，然后，自己来到夏侯惇大营门口。

“你们这些凶残狡诈的反贼，竟然敢挟持夏侯将军做人质，不想活了？”韩浩大声喝道。

“你不要吓唬我们，我们可以马上杀了夏侯惇！”营帐内的人大声回道。

“我身负讨伐叛贼的使命，难道我会为了一个将军而让你们在我军营中为所欲为吗？你们想错了！”韩浩威严地说。

营帐中的几个吕布的士兵听了这话，顿时傻呆呆地不知所措。

接着，韩浩又对被劫持的夏侯惇喊道：“夏侯将军，国法如此，这也是无奈之举，我不得不这样做！”

韩浩眼中泪光闪闪，声音也有些哽咽。

接着，韩浩一声令下，一队兵士冲进营帐，攻打劫持者。

几个劫持者万万没有料到，韩浩竟然会不顾夏侯惇的安危，心中十分害怕，跪在地上，连连磕头。

劫持者求饶道："我们只求给我们路费，让我们回去吧！"

韩浩不同意，命人将他们全部杀死了。

于是，夏侯惇安全获救。

曹操得知这件事后，对韩浩说："你的做法可以作为万世之法。"

于是，曹操下令，以后凡是有劫持人质的，可以连同人质一起消灭，不要顾忌人质而不敢行动。

此后，再也没有发生过劫持人质的事。

失去眼睛

曹操从徐州前线回来后，带着夏侯惇去征讨吕布。

几番交战下来，双方互有胜负。

一日，曹军反攻吕布。夏侯惇领兵冲锋在前，锐不可当。

吕布令弓箭手射箭，箭如雨下，曹军中许多战马及士兵应声倒下。

夏侯惇也中箭了。一支流箭射中了他的左眼。将士们大惊，此战以失败告终。曹军撤退。

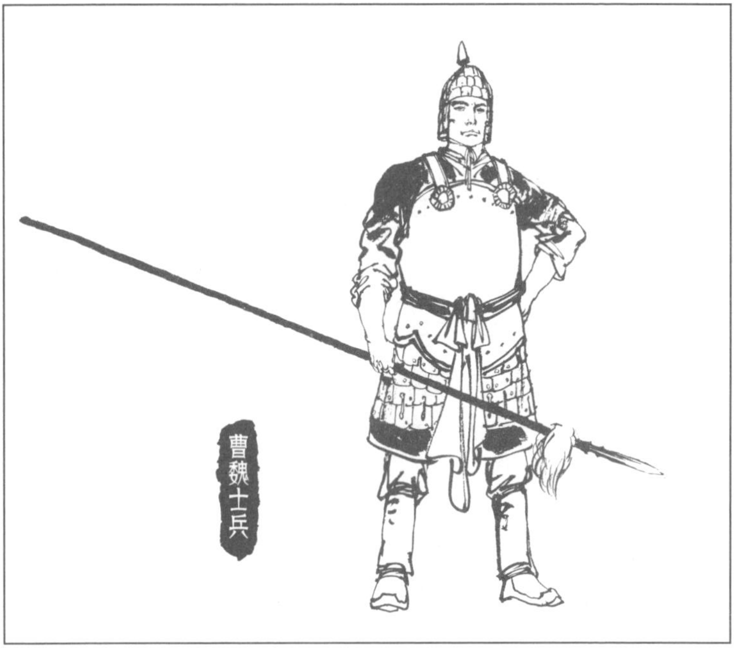

夏侯惇因为失去了一只眼睛，被人称为“盲夏侯”，这让夏侯惇十分不开心。

夏侯惇很在乎外表仪容，总是照镜子，每次看到镜子里自己的独眼模样，都会动怒，将镜子扔到地上。

夏侯惇后任建武将军，封高安乡侯。

截水屯田

已经几个月没有下雨了，炽热的太阳烤干了田地里的水分，河床上也龟裂出一道道的缝隙，好像大地渴得张开了嘴。

田里的庄稼都已干枯，仅存的一点茎叶也被蝗虫啃光。赶上征战频发，放眼望去，到处都是荒野，遍地都是饿殍，至于军粮，已经很难征调到了。

“在这样一个战乱不断、灾荒并起的年岁，臣民更应同心协力，共克时艰。旱灾、蝗灾让庄稼颗粒无收，如果连饭都吃不上，何谈保家卫国！何谈安稳生活！”夏侯惇说。

“将军可有办法？”一位将领问夏侯惇。

“我想把这太寿水截断，蓄水屯田，以解燃眉之急。”夏侯惇说。

“我们自己浇灌庄稼，确实可行。”众人都赞同。

“既如此，各位，就让我们一块儿担土，将这太寿水截断吧。”夏侯惇振奋地说。

“是，将军！”

百姓也都跑来干活，军民一起动手，河岸边人声鼎沸，吆号子的声音不绝于耳。一筐筐、一车车的土石被源源不断地倾倒在了河里。

屯田

“将军！”几个将士呼喊夏侯惇。

“何事？”夏侯惇问。

“您贵为将军，怎么能干这等粗活，让我们来做就可以了。”

“一派胡言！我若高高在上，哪来的臣民一心？”夏侯惇说着，笑了起来。

听到夏侯惇的话，军民大受鼓舞，更加卖力地运送土石。

很快，太寿水被截断了，灾荒得到了很大的缓解。

等到下一季，良田沃土出现了，农民吃上了粮食，前方部队也有了充足的军粮。

无上礼遇

曹操平定河北后，夏侯惇担任后卫，阻挡后面的追兵。他率兵拦截，拼命抵抗追兵攻击，确保大军安全无虞。

等到邺城被攻下后，曹操升他为伏波将军，允许他在战场上可以见机行事，不必向上面汇报，不受等级的限制。

曹操又梳理了一下夏侯惇全部的战功，深觉他功劳很大，收获很少，于是，又给了他很多封赏。

公元216年，夏侯惇跟随曹操去征讨孙权。

魏绛，春秋时期晋国卿士，为人远见卓识，严毅方正，善于领兵作战。他提出和实施“和戎”之策，开创了中国历史上汉族团结少数民族的先例。

回来后，曹操更加器重夏侯惇，让他一个人掌管二十六路人马。这还不够，又赐给夏侯惇很多东西，供他享乐。

曹操说：“**魏绛**因为联合西戎的功劳，都能得到钟磬等乐器的赏赐，何况你呢。”

夏侯惇说：“多谢魏王，实在愧不敢当。”

公元219年，曹操驻军摩陂，出入时，经常让夏侯惇与他同乘一辆车，引起众人的羡慕。

曹操极度信任夏侯惇，允许夏侯惇出入自己的内室，毫不防备。

夏侯惇所受的器重，是一般将领达不到的，曹操死后，曹丕自立为帝，也信任夏侯惇，任命夏侯惇为大将军。但没过几个月，夏侯惇就去世了，谥号为忠侯。

夏侯渊

白地将军

替曹操入狱

大雪纷飞，漫山遍野白茫茫一片。鹅毛大雪中，两军对峙，一场大战正在进行中。

在惊天动地的喊杀声中，战马如蛟龙出水，兵士如山虎腾跃。有一员猛将手持大刀，左突右杀，锐不可当。大刀过处，敌人折刀断剑，狐奔鼠窜。

这位猛将就是夏侯惇的族弟、曹操的妹夫，复姓夏侯，单名一个渊字，字妙才。

夏侯渊是个天生的将领，多年来跟随曹操南征北战，曾五次平定叛乱，战功赫赫。

曹操年轻居家时，因为一件官司将要被治罪，夏侯渊代替他认罪进了牢狱。曹操又想方设法，把夏侯渊营救出来，使他免受了灾难。

曹操起兵后，夏侯渊跟随左右，任别部司马、骑都尉之职，后又被任命为颍川太守等。

官渡之战后，曹操让夏侯渊负责军粮。当时，征集军粮万分艰难，但夏侯渊尽一切努力运来粮食，使曹军在萎靡中重振雄威。

之后，夏侯渊与于禁一起去讨伐昌豨（xī），又督领诸将去击破庐江叛首雷绪，又跟随曹操征讨西凉韩遂等人……立下了显赫战功。

曹操任夏侯渊为护军将军，封博昌亭侯。

然而，夏侯渊虽然性格刚烈，作战勇猛，但不大会使用计谋，不擅长用兵。因此，军中将士都偷偷地称呼他为“白地将军”。

勇解祁山之围

凛冽的北风穿过山谷，直吹向夏侯渊的军队大营。固定帐篷的绳索吃力地对抗着狂风，帐篷顶上的烟囱冒出的烟也被风吹得歪斜。

士兵穿着黝黑锃亮的铠甲来回巡逻，脸被冻得紫红。远处，一位士兵纵马而来，直奔夏侯渊的大帐。

“启禀将军，马超进攻祁山，姜叙将军被马超包围在城内，眼看粮草用尽，急需援军从外解围。”士兵气喘吁吁地向夏侯渊报告。

话音方落，帐内的其他将领就议论起来。

“夏侯将军，马超现在人数众多，不可贸然行事啊。”一位将领上前说道。

“祁山是战略要冲，一旦我们出兵不利，有个什么闪失，不好向丞相交代。”张郃说。

“张将军的意思是？”夏侯渊问张郃。

“末将以为，我们应该向丞相禀报军情，由丞相调兵差遣，我等再进行配合，才是万全之策！”

“是啊！”其他将领异口同声道。

夏侯渊来回踱步，思索片刻后，停下来对将领说：“这确实是一个万全之策，但诸位有没有想过，丞相在邺城，来回就有四千里，消息还没传到那里，估计姜叙就被打败了吧。”

诸位将领听后，面面相觑。

夏侯渊接着说：“马超虽然人数众多，但很多人都是从张鲁处借调过来的，况且还有很多羌人、氐人兵士，是否能够很好地调度都很难说。刚才，张将军也说了，祁山是战略要地，出师不利事小，若因为不及时出兵，让祁山落入敌军手中，我们又怎么向丞相交代？”

“恕末将愚钝，我等谨听将军调遣！”张郃道。

“好！张郃听命，现命你率精兵五千作为冲锋，从陈仓狭道进入岐山。粮草由我亲自督运，随后启程，其他将领留守大营。”

众将领命，各自去部署了。

夏侯渊赶紧去准备军粮，然后押运粮草车队上路。

夏侯渊心中思量道：“若我不能及时赶到，姜叙怕是会凶多吉少，愿张郃的前锋部队能够旗开得胜。”

想到这儿，他指挥车队加快了速度。

行进间，忽听得前方传来一阵马蹄声，是派去哨探张郃前锋部队的士兵回来了。

“报将军！”兵士纵马前来。

“快说！”夏侯渊大声道。

“张将军到达渭水后，马超退兵，我军毫发无损。”

这可真是个天大的好消息啊！夏侯渊心头一阵狂喜。

他回过头，对着将士们喊道：“马超退兵了，随我速进！”

夏侯渊部一路所经过的郡县，也都望风而降。由此，祁山之围被解。

鏖战韩遂

祁山之围失败后，马超的盟友韩遂屯兵**显亲**。夏侯渊又去袭击韩遂。

韩遂自知不敌夏侯渊，连忙逃走，夏侯渊哪里肯放，一直追到**略阳城**，才驻扎下来。此时，他距离韩遂军只有二十多里的距离。

夏侯渊没有急于主动进攻韩遂，只是驻守原地。几位将领忍不住了，来找夏侯渊。

“夏侯将军，那韩遂已成惊弓之鸟，况且与我们距离很近，不趁着此时去攻打他，要等到什么时候？”几名将领有些不满，开门见山道。

“现在还不是时候，你们回去等我命令吧！”夏侯渊回道。

“如果韩遂又跑了，岂不是让我们白白追击到这里！”一位将领说。

“不可轻视了韩遂，他手中的将士都是身经百战的精兵，若我等猛攻，他们定会死守，最后只能相持不下。”

“如果不进攻韩遂，那么，可以先进攻兴国城的氐人啊。”

“短期内，我军不可能打败韩遂，所以现在不能

显亲，今甘肃秦安县西北。

略阳城，今甘肃秦安县东北。

进攻。至于能不能进攻兴国城，我认为也不能。虽然兴国城离我们不远，但兴国城城池坚固，不能很快攻破。不如这样——”

“怎样？请将军赐教！”

“我们可以先攻打长离一带的羌人，韩遂军中有不少兵是长离羌人，到时候，他们一定会去救援。韩遂有今天的势力，离不开羌人的支持，他也不可能不去救应。我们可以借机与韩遂在平原作战。”

“将军真是用兵如神啊！”众将纷纷称赞道。

于是，夏侯渊留下人看守辎重，自己率军轻装到了长离。他命人焚烧羌人的村子，攻打羌人。韩遂果然带兵前来支援了，夏侯渊便领兵来战韩遂。

望着眼前黑压压的一片兵马，不少曹军士兵心生怯意。

“咱们恐怕要扎好营寨，挖好战壕，才能与韩遂决战。”一些兵士嘀咕道。

夏侯渊听到这些话后，下令把部队集结在一起。

“我们现在转战千里，如果再安营扎寨、挖战壕，会让我们更加疲惫，更加难以与敌军对抗。如果韩遂的军队比我们精良，之前就不会像乌龟一样退守显亲。所以，击败韩遂这个叛将不在话下！大丈夫应临危不惧，勇猛向前！”夏侯渊鼓舞将士们。

夏侯渊说完，曹军士气振作，听从指挥冲向了战场。

曹军有如黄河奔流，一路枪刺刀砍，韩遂军队被打得溃不成军。

很快，韩遂军的军旗便落到了曹军手中。曹军乘胜追击，迫使羌人的部众向夏侯渊投降了。

定军山阵亡

随后，根据曹操的命令，夏侯渊征讨自立为王的宋建，又平定了陇西。

曹操感慨地说：“宋建违逆犯上三十多年，被夏侯渊一举剪灭。夏侯渊像猛虎一样威武地纵横关右，所向无敌。就像孔子说的：‘我不如你啊！’”

虽然夏侯渊屡战屡胜，让曹操心中佩服，十分爱惜这位将才，但曹操还是经常告诫夏侯渊：“作为一名将领，不能光靠勇气。勇为本，但也要有智谋，只是一味地勇敢，不过一介匹夫罢了。”

夏侯渊每次听了，都重重地点头。

此后，夏侯渊又攻打氐人和羌人，缴获甚多，氐人和羌人一听说夏侯渊的名字，都感到害怕。

宋建，陇西枹罕（今甘肃临夏）人，东汉末年凉州军阀，自称河首平汉王，设置文武百官，割据三十多年，被夏侯渊一个月左右攻灭，其文武百官都被杀死。

曹操攻打汉中的张鲁，张鲁投降，曹操北归后，便留下夏侯渊守卫汉中，任他为征西将军。

刘备为了抢夺汉中，进驻阳平关，与夏侯渊展开对峙。

公元219年，刘备率军渡过沔水，进攻定军山。夏侯渊急忙派兵前去争夺，双方一度激战，后又陷入对峙状态。

一日，刘备趁着月黑风高，半夜去偷袭夏侯渊的营寨。夏侯渊让大将张郃守卫东面，自己带一支轻兵守卫南面。

刘备向东发动猛攻，张郃陷入重围，形势十分危急。

夏侯渊大吃一惊，急忙分出一半兵力，亲自带着这些士兵去营救张郃。他深知，张郃驻扎的地方十分重要，一旦失去，将对曹军十分不利。况且，如果张郃战死或被刘备俘虏，也将是莫大的损失。

夏侯渊指挥曹军快速行军，途中，忽听四周鼓声大作，曹军士兵大感不妙，顿时乱了阵脚。

“稳住！不要乱了阵脚！谁敢乱跑，就地正法！”夏侯渊说完，便派人出去查探。

一会儿，那名探子跑了回来。

“报告将军，黄忠带军下山来了！”探子气喘吁吁地说。

“什么？”

夏侯渊赶紧组织防御，但为时已晚。随着周围的鼓声、喊杀声越来越大，他看到数倍于己的蜀兵已经从山上如虎狼般冲下来，很多曹军士兵吓得魂不附体，丢下武器逃跑了。

“嗖”的一声，一支利箭飞过来，射中了夏侯渊。夏侯渊摔下了马。

片刻，一位须发皆白的老将冲过来，正是刘备的猛将黄忠。黄忠手中拿着一把长柄大刀，大喊一声：“夏侯小贼，拿命来！”说完，他的大刀挥向了夏侯渊。

夏侯渊战死，谥号愍侯。

《三国志》和《三国演义》中都曾记载，定军山之战前，曹操听说术士管辂（lù）精通《周易》，请他来占卜天下大事。管辂说：“定军之南，伤折一股。”大意是，曹操将失去一位有兄弟之情的大将。后来，夏侯渊战死定军山之南，曹操这才明白管辂话中的含意。

曹仁

真天人

阵前先锋

“快追！”一位手持长矛的将军咆哮道。

只见他骑在马上，闪电一样飞驰而去。

后面的骑兵队伍受到他的感染，士气大振，也都纵马前奔。

喊杀声、呼叫声、兵器的碰撞声、战马的嘶鸣声，震耳欲聋。

这是公元193年，曹操与袁术作战时，曹仁在率领曹军追赶逃跑的袁术军队。

这一战，曹仁大有斩获，威名大震。

曹仁，字子孝，生于沛国谯县，是曹操的堂弟。儿时的曹仁，不爱学习，喜欢弓马打猎，行为不检点。东汉末年，天下大乱后，曹仁偷偷地集结了上千位年轻人，带着他们游荡。后来，曹操起兵，他便跟随曹操东征西讨。

曹仁领军之后，遵守法令，英勇有武略，深受曹操器重。曹操总是在作战时，让曹仁担当阵前先锋。

他跟随曹操攻徐州，大胜陶谦；征吕布，生擒吕布手下将领刘何，立下累累军功。

曹操迎请汉献帝到许昌后，任曹仁为广阳太守，又让他以议郎身份督军，参与朝政大事。

曹仁

攻伐刘备

公元200年的冬天，这一年似乎比往年更加寒冷萧瑟，凛冽的北风呼啸着，不停地吹打军帐，令人瑟瑟发抖。

“你们先下去吧，让我静一会儿。”曹操对部属们说。

众人答应着，退下去了。

曹操坐在营帐中，心情异常烦闷。

与袁绍在官渡已经相持数月，胜负不分，军粮不足，而袁绍军队的数量远在自己之上，再继续下去的话，情况恐怕会对自己不利。不仅如此，袁绍还让刘备进攻许昌以南之地，得到了不少人的响应，这让曹操愁闷不已。

想到这里，曹操更加烦躁了。

一时，曹仁来了。

曹操问道：“子孝有什么事吗？”

曹仁回道：“末将前来请缨，请允许我去讨伐刘备！”

“刘备攻伐许昌附近的郡县，竟然所向无敌，接连得手，还导致无数人发生叛乱，这确实是一个祸患。”

“南方诸县认为我军有官渡之急，无法解救他们，刘备大军压境，他们选择背叛也是正常的。然而刘备其实不足为虑，他的士兵多是从袁绍那里接过来的新兵，不一定愿意为刘备效力。所以，只要此时攻打刘备，定能取胜。”

“子孝言之有理，好！”

曹操同意了曹仁的请求。

曹仁即刻率军出发，不久，曹仁平定了许昌附近的叛乱，击退了刘备。

捷报传到曹操耳中，曹操又欣慰又振奋，心情一下子愉悦了。

袁绍也得知了消息，他十分恐慌，万分焦灼。他命令韩荀进攻曹军西面的通道，结果令他恼火的是，这支军队被曹仁击败了。

接连的失败让袁绍内心畏惧，他不敢再分兵进攻曹军。

曹仁越战越勇，他与徐晃、**史涣**等人去袭击袁绍的后勤部队，烧毁了袁军的粮草，使袁军军心动荡。

曹军趁机发起大规模的攻击，袁军一败涂地，曹操就此取得官渡之战的胜利。

不久，袁绍就病死了。

曹操由此占据了整个北方。

史涣，字公刘，年少时好侠义，有雄气，忠勇谨慎；初为曹操的门客，后从军征伐，监督诸将，后为中领军，掌管曹操的亲信卫兵，进封列侯。

不战而屈人之兵

壶关，今山西省境内。

“不战而屈人之兵”，出自《孙子兵法》：“百战百胜，非善之善者也；不战而屈人之兵，善之善者也。”大意是，百战百胜不算是最高明的；不作战就能降服敌人才是最高明的。

平定北方之后，曹操率军攻打壶关，不过，进攻并不顺利，遭到了壶关守军的顽强抵抗。

曹操一怒之下，对三军下令道：“破城之后，把敌军全部坑杀！”

然而，破城并不容易，曹军围城许久，都无法攻克。

曹仁对曹操说：“打围城战，要给敌军留出活路，让他们明白还有机会活下来。但我们却放言说，破城之后要屠城，敌军听了，肯定会拼死守城啊。”

曹操听了，默默无语。

曹仁接着说：“壶关城墙坚固，存粮甚多，再攻打下去，我军定会损失惨重，继续强攻恐怕不是良策。”

“那子孝有何良策？”曹操问道。

“可以让士兵减轻进攻的强度，并派人去和谈，诱使敌人投降，达到**不战而屈人之兵**的目的。”

“就依你说的去做。”曹操说。

曹仁的建议被采纳后，不久，壶关守军便投降了。

曹操有感于曹仁的功劳，封他为都亭侯。

三救同袍

公元208年，曹操南征，在赤壁之战中被周瑜击败。

不得不引兵北撤的曹操，留曹仁镇守江陵，以防周瑜北上继续追击。

“子孝，江陵就交给你了，切记不可大意。”临行前，曹操嘱咐曹仁。

“丞相请放心，我一定严守江陵，让周瑜小儿知道我们的厉害！”曹仁回道。

几天之后，周瑜率军来到江陵城外。

曹仁站在城楼上，望见城外几千名东吴的前锋部队汹涌而来，便召集三百名勇士，命部将**牛金**率领他们去迎战吴军。

牛金，起初为曹仁部曲将，后来跟随司马懿出兵蜀国，又跟随司马懿平定辽东，官至后将军。

由于兵力相差悬殊，牛金很快陷入了吴军的包围圈。城上的将领们见到这一幕，都大惊失色。

曹仁怒发冲冠，大喝一声：“牵马！”

陈矫劝阻他说：“吴军人多势众，士气正旺，我们不如舍弃这几百名勇士，固守城池。将军怎么能亲自赴险呢？”

曹仁不理陈矫，披挂整齐，纵身上马，带领几十名壮士，冲出城去。

距离吴军一百步远的地方，有一条河沟，陈矫等人以为，曹仁会停在水沟旁，与吴军形成对峙。不料，曹仁却飞马越过水沟，一马当先，直接冲入敌阵。

没几个回合，他就击毙了好几个东吴士兵，使吴军不敢走上前来。

在一阵厮杀后，曹仁冲出了重围。他回头一看，牛金还陷在敌人的围困中，未能冲出来。

曹仁顾不得疲惫，转身又杀入了敌阵，救出了牛金。然而，还有部分曹军士兵被困在阵中，于是，曹仁再次返回，冲入敌阵。

曹仁的勇猛强悍深深震撼了吴军，很快，吴军就撤退了。

“曹将军是真天人啊！”曹仁回到城中后，守军将士都惊叹道。

消息传到曹操耳中，曹操心中大喜，封曹仁为安平亭侯。

此后，曹操又任曹仁为安西将军，前去征讨马超。在渭南，曹仁大破马超。

后来，曹操又任曹仁为骁骑将军，率领军队去征讨苏伯与田银带领的叛军，大胜而归。

曹仁年轻时很轻浮，但成为将领后，总是把条律放在身边，严格遵守条律行事。公元218年，鄢陵侯曹彰北征乌丸时，曹丕就告诫曹彰：“为将当奉法，难道不该像征南将军（曹仁）那样吗？”

曹彰，字子文，曹操与卞皇后所生第二子、曹丕之弟、曹植之兄。曹彰武艺过人，喜搏猛虎，因胡须黄色，被曹操称为“黄须儿”，封鄢陵侯、任城王，后病死。

死守樊城

曹操让曹仁行征南将军之职，驻扎在樊城，镇守荆州。

关羽率军攻打樊城。

正是黄梅时节，雨水日夜潇潇不停。城墙内外已是一片汪洋，士兵身上的铠甲内外都湿透了，雨水顺着衣襟滴落。

由于汉水陡然暴涨，大将于禁等人率领的七军营房都遭到了水淹，于禁走投无路，向关羽投降了。

曹仁率领几千名士兵据守樊城，大水几乎淹了整座城池。密密麻麻的关羽军仍旧把城池围得如铁桶般，里里外外一共围了好几层。曹仁不禁心急如焚。

去请援军的人已经出城了，但援军不知何时才能赶到。城里与城外断绝了音信，粮食所剩无几，这样的情况，如何才能守得住樊城呢？

手下的大将**庞德**倒是英勇善战，还射伤了关羽，但庞德军始终被关羽军逼迫得死死的，根本无法向前推进。

曹仁几乎到了绝境。

风雨不息，他感到了一阵阵凉意。

庞德，字令明，曹魏武将，常骑白马作战，关羽军称他为“白马将军”，都忌惮他。襄樊之战时，庞德率军支援守卫樊城的曹仁，一箭射中关羽前额，后因暴雨被关羽擒拿，誓死不降，被关羽所杀，曹丕追谥他为壮侯。

“报——”一名士兵急匆匆地跑来，气喘吁吁地报道。

“快讲！”曹仁说。

“庞将军兵败被擒。”

“什么！”曹仁半天说不出话来。

城外传来了震天动地的喊杀声，关羽再次发起了猛攻。

樊城城墙因为水淹和关羽的猛攻已经多处崩坏，曹军陷入了慌乱中。

曹仁感到大事不妙，连忙与众人商议。

“樊城怕是守不住了。”曹仁对众人说。

“今日危难难解，趁关羽还没有彻底合兵围城，我军应该在夜晚乘坐轻船，弃城逃走，这样才能脱身，以图后计。”一人提议。

“不可！”**满宠**回道。

“这样的局势下，先生觉得我们还有胜利的可能吗？”曹仁问道。

“山上流下来的水来得快，去得也快，应该不久就会退去。如果我们现在撤走，那么，洪河以南就不再属于我们了，请将军再坚持坚持，等待援军到来。”满宠胸有成竹地说。

“先生说得没错。”曹仁点头道。

曹仁召集将士们，鼓励他们说：“弟兄们！你们与我出生入死、征战沙场多年，什么样的场面没有见过！什么样的苦没有吃过！如今，我们被关羽团团围住，这不算什么，男儿宁可战死沙场，马革裹尸而还！我们要打起精神，振作起来，死中求生，做最后一战！”

满宠，字伯宁，魏国重臣、将领，曾任许县县令，掌管司法，以严格著称，曾参与过赤壁之战，协助曹仁守卫樊城等，官至太尉。

曹仁表示了誓死守城的决心，将士们被他的精神感动了，决定一心守城。

满宠又把自己的白马淹死，与将士们一起盟誓，以必死之心迎战，众人都重新振作起来。

曹军拼命抵御关羽的进攻，就在生死存亡关头，大将徐晃带领援军赶到了。

徐晃援军分散了关羽的兵力，同时洪水渐渐退去，关羽的军队于是撤围而走。

“关羽撤兵了！”城上的将士们欢呼起来，曹仁也终于放开了紧绷的神经，松了一口气。

征战至死

公元220年，曹操病逝，曹丕继位为魏王，任命曹仁为车骑将军，都督荆州、扬州、益州三地军事，进而封为陈侯。

孙权派人据守襄阳，曹丕让曹仁去讨伐。曹仁与徐晃合力击败了东吴军，领兵进驻了襄阳。

曹丕大悦，提升曹仁为大将军，后又任他为大司马。

公元223年，曹仁去世，此前，他一直处于东征西战中。曹丕回顾他的一生，认为他一生戎马，有勇有谋，追谥他为忠侯。

曹洪

军中豪右

舍命救曹操

兵败如山倒，无数曹军士兵倒在了箭镞之下，“活捉曹操”的口号响彻夜空。曹操在混战中逃命，双腿使劲儿地夹着马肚。

战马嘶鸣，撒开蹄子，跑得更快了。

不料，有人发现了曹操，大喊起来：“快，那个骑马的便是曹操，抓住他！”

听到叫喊声，曹操更加惊慌，频繁地挥动着马鞭。仓皇中，马滑倒了，曹操一下子栽倒在地。

曹操赶紧爬起来，却听得后面传来一阵脚步声。曹操的心提到了嗓子眼，心想：“这下完了。”

“主公。”一个熟悉的声音从身后传来。

“曹洪！”曹操激动地叫起来。

来人正是曹操的堂弟曹洪，字子廉。此时，曹洪追随曹操讨伐董卓，在荥阳被董卓的部将击败。

曹洪翻身下马，搀扶起曹操，急促地说：“快骑上我的马！”

“我骑你的马，你怎么办？”曹操说。

追兵的喊杀声越来越近。曹洪使劲儿将曹操推到自己的战马旁，着急地说：“天下可以没有我曹洪，却不能没有主公啊！”

曹操这才骑上曹洪的马，奔逃而去。曹洪则与步兵一路跑着，跟随曹操来到汴水边。

汴水很深，马无法涉水渡河。

曹洪见状，带上一批兵士沿着河道搜寻，终于找到一艘破旧的渡船。他小心翼翼地护卫曹操上了船，往谯县驶去。

水哗哗流淌，明朗的圆月照得水面闪闪发光。

曹操坐在船上感慨地说道：“本来商定好一起诛杀董卓老贼，可袁绍这帮庸才，不按计行事，让我等孤军深入荥阳，结果中了董贼的埋伏，才有今日之败！”

“袁绍这帮人，胸无大志，不足与谋。”曹洪劝道。

很快，船只靠岸，众人扶曹操下了船。

秋天的风吹得岸边的芦苇沙沙作响，一只水鸟惊飞了起来，扑打着翅膀，飞向了远方。

后来，曹洪说服了扬州刺史陈温，与他一同招募士兵，他们在庐江共募得精兵两千余人，又在丹杨募得数千兵士，与曹操在龙亢会师。

兖州平叛

公元194年，曹操征讨徐州牧陶谦。吕布等人趁此机会说动张邈发动兵变，攻打兖州。

曹洪听说张邈反叛了，赶紧率军占领了东平与范县。

曹洪心想，曹操此时正在攻打徐州，战事吃紧，眼下却又饥荒严重，若是粮草中断，后果不堪设想。

他正在忧虑，一个士兵向他报告：“各地饥荒严重，粮草征不上来！”

“不行！”曹洪脱口而出。

“将军，若是风调雨顺，粮草自然征得上来，可如今是灾年，再加上战乱，确实没办法。”

曹洪怒吼道：“主公养你们何用？现在主公正在前方浴血奋战，苦苦等着我们的粮草，怎么能说征不上来！听着，征不上粮草，就拿你们的脑袋祭旗！”

在曹洪的强力指挥下，曹军最终筹得了足够的粮草，接济了徐州前线的曹军，而后方的曹军也军心稳定，抵挡住了吕布等人的进攻。

曹操苦战徐州，一直不能取胜。他听说吕布、张邈等人反叛后，便暂时放弃了徐州，急忙挥师而返，疾奔兖州救急。

曹操到达濮阳时，与吕布、张邈等人大战，取得了胜利，占领了东阿。

曹洪得知曹操得胜后，大为振奋，他指挥手下的曹军乘胜攻击叛军，很快平定了兖州的叛军，并协助曹操攻克了济阴、中牟等地。

此后不久，曹洪被升为扬武中郎将。

公元196年，曹洪奉曹操之命，将汉献帝接入许昌。

他继续东征西讨的生涯，在舞阳、叶县等地打败刘表的军队，被封为国明亭侯。

官渡立功

公元200年，曹操与袁绍展开官渡之战。起初，曹军一度处于被动地位，后来，在谋士许攸的建议下，曹操率军夜袭袁军的粮草基地乌巢，留下曹洪与荀攸坚守大营。

袁绍听知曹操进兵乌巢的消息后，心中大惊，急忙命令大将张郃与高览率军猛攻曹军大营。

曹洪早已做好准备，所以，面对袁军的进攻毫不惊慌。他指挥曹军用弓箭射击，打退了袁军的多次冲锋。

袁军大将张郃并未撤退，而是命令袁军又开始了新一轮的进攻。冲锋的袁军士兵潮水一样涌来，前仆后继地奔向曹军大营。

曹洪知道，张郃这么做，就是想在气势上震慑曹军。

他大声下达命令："坚守营寨，不许出战，向敌军放箭！"

随着"嗖嗖嗖"的箭响，曹军营寨前不断有袁军士兵倒下。

张郃眼见着越来越多的士兵应弦而倒，只得下令鸣金收兵。曹洪暂时松了一口气。

夜深了，袁军营寨突然燃起熊熊大火，火光将夜空映照得一片鲜红。

得知袁军营寨起火的消息后，曹洪仔细观察对面冲天的火光，满腹疑惑，心想：“莫非是袁军起内讧了？”

曹洪格外警惕起来。

这时，一个士兵跑来说道：“禀告将军，张郃遣使来我处投降了。”

“暂时不要接见来使，怕是张郃的诈降计。”曹洪犹豫地说。

“未必。”一人朗声说道。

曹洪循声一看，原来是谋士荀攸。

“先生有何高见？”曹洪忙问道。

“如今，丞相大破袁绍的屯粮重地乌巢，这足以动摇袁绍的军心；况且，袁绍猜疑心颇重，不相信部下，张郃屡次攻打不能成功，必定被袁绍猜疑。张郃走投无路，担心受害，只能向我们投降，将军为何不接受呢？”

“先生言之有理，既如此，就依先生所言，准许投降！”曹洪高兴地说。

于是，曹操又多了一员大将。

汉中之战

公元217年，刘备占据益州后，命张飞诸将屯军下辨，有北上进攻之意。

曹操为了防患于未然，命曹洪去阻止张飞。

曹洪将军中事务交与曹休负责，准备自己率军前去抵抗张飞。

下辨，今甘肃省成县。

此时，他们已经得到情报，知道张飞驻扎在固山，准备切断曹军的后路。诸将分析情报后，都建议曹洪停止进军。

“将军，不可再进兵了，不然，必会被张飞偷袭后路。”

曹洪也很犹豫，心想：进兵吧，可能会被张飞断了后路；不进兵吧，还怎么抵御张飞呢？

曹休却毫不担心，说道：“你们犹豫什么呢？你们真以为张飞会切断我们的后路吗？”

曹洪一听这话，忙对曹休说道：“你快说，你怎么看？”

曹休说道：“如果张飞真想断我们的后路，就应该偷偷摸摸地部署他的兵力，怎么会让我们轻易知道他的目的？这一定是蜀军的阴谋诡计！就目前来看，蜀军还没有集结，只要咱们击败蜀军将领吴兰，就能让张飞退兵！”

“好，就这么做！”曹洪大喜。

曹洪率军猛进，迅速战胜了吴兰。之后，张飞果然退回汉中了。

曹洪十分兴奋，命令军中大摆宴席，犒赏三军。

他招来美丽的歌女们来军营表演。歌女们穿着轻

吴兰，东汉末年刘备部将，汉中之战时，与马超、张飞各领一军，驻扎于下辨，被曹军曹洪、张郃击败，在退回汉中的路上，被氐族首领所杀。

杨阜，字义山，三国时期曹魏名臣，因讨马超有功，封关内侯；魏文帝曹丕、明帝曹叡时，在朝廷任职，德才兼备，刚正不阿，死时家中无余财。

薄的丝绸舞裙，翩翩起舞。将领们沉浸在喜悦中，喝着美酒，欣赏着歌舞，笑声不绝。

在一片欢声笑语中，杨阜对曹洪说道：“请问将军，这是在军营里还是在酒池肉林里？”

曹洪听后，浑身一僵，不敢说话了。

“主公让将军出兵，是为了击退敌军，不是让将军享受歌舞。更何况，男女有别，这是自古以来的礼节，将军这么做，和夏桀、商纣有什么区别？”

杨阜说完，便直挺挺地走出了营帐。

曹洪羞红了脸，赶紧下令让歌女停止歌舞，然后，亲自到帐外，向杨阜道了歉，将杨阜请回了帐内。

关入大狱

曹洪是曹操宗室，备受曹操亲近、信任，人们把他和琅琊人**刘勋**称为“军中豪右”。

刘勋，字子台，东汉末年大臣，曾为袁术部下，后投奔曹操，任征虏将军，封华乡侯，因为恃宠而骄，图谋不轨，被下狱诛杀。

曹洪有很多门客子弟，他非常纵容这些人。有一次，曹洪的门客在许县多次犯法，被县令满宠抓捕。曹洪写信给满宠，让满宠放了门客。满宠根本不理。曹洪又去求曹操。满宠意识到曹操会赦免门客，便在曹操的使者到来之前杀死了门客，令曹洪猝不及防。

在长社，曹洪的门客依旧为所欲为，县令杨沛抓捕门客，先将门客的腿打断，然后处死。

后来，曹操让杨沛做邺县县令。曹洪害怕杨沛，派人告诉门客子弟，让他们老实一点儿，这才没有惹事。

曹操死后，曹丕自立为帝，任曹洪为骠骑将军，封都阳侯。

其实，曹丕的心里对曹洪深有不满。原来，曹洪非常富有，曹操活着时就曾感慨：“我的钱哪有曹洪的钱多啊。”但曹洪很吝啬，曹丕年轻时，曾向曹洪借钱，曹洪不大愿意，从此，曹丕便对曹洪心怀芥蒂，恨之入骨。

后来，曹丕想法给曹洪安了个罪名，将曹洪打入了死牢。

卞太后（曹丕生母、曹操正妻）知道后，对曹丕说：“曹洪一生追随你父亲四处征战，现在则帮你镇守大梁，立功无数，忠心耿耿，你怎么能将曹洪治罪呢？”

曹丕不听。

卞太后便对曹丕的皇后郭氏说：“如果曹洪今天死了，我明天就让陛下废了你。”

郭皇后十分害怕，日夜啼哭，不停地在曹丕面前为曹洪求情。

最终，曹丕免去了曹洪的死罪，剥夺了曹洪的官位、爵号、封邑，将曹洪贬为庶人。

曹洪身为功臣，却被曹丕如此对待，时人议论纷纷，有很多不平和抱怨之语。

曹丕死后，其子曹叡继位，是为魏明帝。魏明帝重新起用曹洪，任曹洪为后将军，改封乐城侯，又任命为骠骑将军。曹洪死后，被追谥为恭侯。

张辽

时之良将

屡易其主

夜深了，喧闹的夏蝉停止了歌唱，困倦地睡了。

万籁俱寂，张辽仰望天上的明月，发出一声长长的叹息。

他的家乡在北方的边陲之地——雁门马邑（今山西省朔州市），该地经常受到胡人的侵扰，胡人闯入寻常百姓家，烧杀抢掠，无恶不作。雁门的军民曾集中力量一起对抗胡人，但胡人兵强马壮，几次反抗都死伤惨重。

从小在战乱中长大的张辽习得了一身好武艺，还会带兵打仗，小小年纪便担任了雁门郡的郡吏。

长大后，张辽因为武艺高强，被并州刺史看中，召为从事。刚好大将军何进召集天下豪杰进京对付宦官，张辽便跟着并州刺史一起去了都城。

都城并不安宁，先是大将军何进被刺身亡，接着是董卓领军入主皇宫，操纵朝廷，后来吕布又杀死了董卓。张辽因此从何进的部下变成了董卓的部下，又变成了吕布的部下。

张辽凝望着月亮，想到自己二十八岁了，却屡屡改换门庭，却始终没有一个英明的人能真正赏识自己，让自己大展宏图，创立事业。

想着想着，张辽不禁又长叹起来。

漫漫长夜，究竟什么时候才能遇到明主呢？

智降昌豨

公元199年，曹操打败吕布，张辽率吕布残兵归降了曹操。曹操任命他为中郎将，封关内侯。

至此，张辽总算迎来了人生的转机。

此后，他随着曹操四处征讨，立下累累战功，被曹操任命为中郎将，后升迁裨将军。

公元201年，张辽跟随夏侯渊去讨伐东海郡的昌豨。

昌豨为徐州境内的一霸，虽然军队不多，但骁勇善战，曹操几次攻打他都没能成功。

这一次，曹操派夏侯渊带兵驻扎在离东海郡二十里外，进行围攻。但围攻数月，仍久攻不下，大家都想退兵。

夏侯渊焦头烂额，急忙与张辽商议。

“东海郡易守难攻，军粮将尽，不如退兵，他日再重整旗鼓。”夏侯渊叹着气说。

“夏侯将军，我看事情还有转机。”张辽不赞成退兵。

“噢，文远有什么看法？”夏侯渊急忙问。

“这阵子，我们每次围攻，昌豨都会站在城墙上注视我，射过来的箭也明显不如以前猛烈。我猜测，昌豨有投降的念头，内心动摇不定，所以才没有全力反击。”张辽沉思着说。

夏侯渊听了，感觉昌豨的确没有拼尽全力。

“我想去昌豨那里试探一下。倘若可以使昌豨降服，岂不是更好？”张辽决定去昌豨那里招降。

夏侯渊想了想，也没有别的办法，就同意了。

当夜，张辽在帐中辗转难眠，想着自己曾经追随过的丁原、何进、董卓、吕布，历历在目，现在得到曹操青睐，大丈夫应当建功立业，明日之行不成功便成仁……

张辽想着想着，终于睡着了。

第二天，张辽单枪匹马去见昌豨。

他来到城下，大喊道："曹公有命，着我前来传达。"

声音刚落，城墙上就探出了昌豨的脑袋。

张辽说道："曹公想以德政收服四方之众，先依附曹公都能受到重赏，既往不咎。"

张辽向昌豨讲述招降的条件，脸上不动声色，泰然自若，十分沉静。

昌豨听后，很快答应了投降。

曹操非常爱惜张辽，当他知道这件事后，立刻训责了张辽。

"这太危险了！你身为将领，却只身赴敌营，这不是大将所为！"曹操批评张辽。

"主公的威信昭著四海，我相信昌豨会忌惮主公，必然不敢加害于我，因此，我才敢假奉主公您的旨意前往劝降。"张辽回道。

曹操听了，对张辽的胆识和智谋更加赞叹。

斩杀乌桓单于

公元203年，张辽随曹操奔赴黎阳，讨伐袁绍之子袁谭、袁尚。张辽为中坚将军。

袁谭、袁尚兵败，退守邺城，坚守不出，曹军久攻不下。

曹操依从郭嘉之计，先行撤军，静待袁谭、袁尚

兄弟不和，自相残杀。

第二年，袁谭、袁尚果然反目，张辽随曹操攻下邺城。张辽又转攻赵国、常山，招降了很多敌军。

之后，张辽讨灭袁谭及袁绍在冀州的残余势力，平定了冀州。

张辽返回邺城时，曹操亲自出城迎接，牵着张辽的手，一同乘车回城。

曹操上表汉献帝，表功张辽，并任命张辽为荡寇将军。

张辽又率军攻打荆州，平定了江夏多个郡县，在临颍屯兵，受封都亭侯。

一日，曹操对张辽说："袁绍之子袁熙、袁尚还活着，他们投靠了**乌桓**，我打算征讨乌桓，以绝后患。"

张辽不赞成。

"天子现在许昌，许昌为都城，如果我们北征乌桓，刘表派刘备来袭击许都怎么办？一旦刘备占据许都，就会号令天下，我等来不及救应，就大势已去了，还是暂且勿进为上策。"张辽劝阻道。

曹操摆了摆手。

"刘表不过坐守之徒而已，不足为惧。况且，他忌惮刘备，必定不会重用刘备。"曹操坚持要北征乌桓。

其他将领和谋士想要再劝，都被曹操拒绝了。

乌桓，也叫乌丸，是中国古代北方游牧民族之一。乌桓的最后一任大单于为蹋顿，在白狼山之战中被张辽斩杀。乌桓自此散落，被汉人、鲜卑人等同化。

白狼山，今辽宁省朝阳市喀左县白塔子镇大阳山。

公元207年，曹操亲自出征乌桓。

八月，曹操带领张辽等人作为先锋，登上了**白狼山**。深山草深林密，越往上走，山势越险峻，十分危险。

正当曹军吃力地行军时，突然，大片茂密的丛林间飞出几支响箭。

响箭的呼啸声十分凌厉，未等曹军反应过来，刹那间，又有响箭冲天而起，一支接着一支。

“有埋伏！”不知谁大喊了一声，行军的队伍顿时骚乱起来，急匆匆地朝山上跑去。

很快，可怕的箭矢声渐渐消失了，他们暂时甩掉了伏兵。但士兵们不敢放松警惕，他们惶恐不安地打量着四周。

“我们暂时不要前进了，等后面的大部队上来再继续走吧。”有人对曹操说。

“不可！”张辽大喊，“方才胡人只是稍作攻击，便停下了，说明我们双方是偶然遇到，对方并没有埋伏。我们应当趁现在胡虏阵势不整，准备不足，发起进攻，而不是等待后援！”

张辽的话稳住了军心，曹操也被激起斗志，将自己的麾旗授予张辽，命张辽为前锋出战。

张辽与许褚、于禁、徐晃奋力急攻，杀得乌桓军四处逃窜。

此战，张辽斩杀了乌桓的单于**蹋顿**，乌桓兵见单于被杀，都纷纷投降或逃跑了。

蹋顿，辽西郡（今辽宁省义县）人，乌桓族，骁勇善战，才略过人，曾出兵协助袁绍，击破公孙瓒，后被曹操的先锋张辽临阵斩杀。

智寻叛贼

公元208年，曹操率军南下，占据荆州。荆州之军落入曹操手中。

张辽率领其中一支军队，准备前往颍川郡的长社县。

就在临出发前的一夜，军中有人叛乱，放了一场大火，将军营搅得一片混乱。士兵们望着火光冲天的营帐，惊慌失措，有的不假思索地四散奔逃，有的干脆扔掉了武器，惊恐大叫。

“不要乱了阵脚！并非全军营的人都想反叛，必定是有人想制造事端，扰乱人心！”突然传来一个雄浑的声音。

只见张辽站在那里。

张辽料想，可能是吸纳的荆州将士没有真心归降，因此制造了混乱。

他镇定自若地拿出军旗，递给身边的将领，对他

们说："你们去告诉各自军中的将士，如果不是谋反者，就坐在原地不要动。"

接着，张辽率领几十个士兵，立于阵中。不一会儿，全营都安定下来。

叛贼头目惊惶不安，很快就被捉到了。

勇登天柱山

陈兰，东汉末年袁术部将，后背叛袁术，落草为寇，聚集几万人，在江淮一带掳掠，被张辽斩杀。

灊县，今湖北黄冈市故郏城。

六县，今安徽六安市北张巷村西古城。

公元209年，**陈兰**、梅成在**灊**（qián）**县**、**六县**一带造反。曹操派于禁、臧霸等人讨伐梅成，派张辽带领张郃、牛盖等人讨伐陈兰。

梅成投降了于禁，于禁带着梅成班师。不料，梅成是诈降，在班师途中，寻找机会逃走了，又投奔了陈兰。

梅成和陈兰带军逃进了灊山中最险要的天柱山，在峰顶修筑了壁垒，依山防守。

张辽想要强行进攻，但众将领纷纷反对。

“天柱山险峻陡峭，步行勉强通过，我们兵少而道路险要，恐怕难以深入。”众将望而却步。

“这就到了展现实力的时候了，谁勇敢谁就能冲在前面。”张辽眼神坚定。

在张辽的鼓励下，将士们在山下安营扎寨，然后，冲上山头，发动了袭击。

伴随着震天动地的军鼓声，曹军斩杀了陈兰、梅成，虏获其军。

胜利后，曹操谈论各将领的战功，说道：“我军能登上天柱山，踏过险峻，克服重重艰难，打败陈兰、梅成，都是张辽的功劳。”

于是，曹操给张辽增加了封邑。

张辽止啼

赤壁一战，曹操被孙权和刘备打败，之后，曹操派张辽、乐进、李典和七千多士兵驻守合肥。

公元215年，曹操去讨伐汉中的张鲁，临行前，交给护军薛悌（tì）一封信，信被封好了，上面写着：等敌人前来时再拆开。

风平浪静地过了几个月，等到炎热的八月，敌人果然来了。

孙权率领十万军围攻合肥。

张辽等将领急忙打开曹操留下的信，看到了的指令：

“如果孙权来犯，张辽、李典两位将军出战迎敌，乐进将军守城，护军薛悌不得参战。”

“张将军意下如何？”乐进问张辽。

“丞相远征在外，吴军以为必攻破我们。如果我们一味等待救兵，孙权恐怕早就攻破此城。所以，丞相是希望我们趁孙权尚未完全集结好的时候，就出战迎击，挫败他们的锐气，安定军心。”张辽分析着。

李典与张辽素来有私怨，因此，听了张辽的话，默不作答。

乐进反对道：“敌众我寡，贸然出兵，难以抵敌，我以为，不如坚守。”

张辽听了，不禁恼火，大声道：“你们各怀私心，不顾公事。成败在此一战，你们如果还在犹豫不决，

李典，字曼成，东汉末年至三国时期曹魏名将，自幼好学，不喜欢兵事，但从军后，屡立战功。博望坡之战中，识破刘备的伪遁之计，救下夏侯惇、于禁等大将，又参与了逍遥津之战。李典风度儒雅，对人尊敬，深明大义，不与人争功，官至破虏将军，三十六岁时去世，后被追谥为愍侯。

我愿意独自与他们决一死战！”

李典终于开口了，说道：“国家大事取决于计谋是否周全，我怎么会因为个人恩怨而罔顾公义？我愿意听从指挥。”

其他将领听了，也都不再有异议了。

于是，张辽紧急挑选了八百勇士，杀牛犒劳将士，准备次日大战一场。

第二天清晨，张辽身披铠甲，奋勇当先，冲锋陷阵，带领部将突袭孙权的敌阵。

孙权军没有防备，被张辽杀掉数十士兵，损失两员大将。

张辽边战边喊：“我乃督军张辽是也！”

他一边喊，一边冲到了孙权的麾旗之下。孙权大惊，在身边卫队的保护下跑到了一个小山坡上。

张辽见了，哈哈大笑道：“我乃荡寇将军张辽，谁敢与我决一死战！”

孙权看着勇武的张辽，心中胆怯。但很快，孙权就发现，张辽已经孤身闯入自己的军阵中，身边跟随的士兵非常少。

孙权急忙下令：“集中兵力将张辽重重围住！”

越来越多的吴国士兵向张辽围了过去。

张辽大喝一声，挥舞着武器，带领部下奋力冲杀，攻破了重围。

但还有一些部属仍在重围之中，向张辽呼救。张辽又回身闯入敌阵，将剩下的士兵救了出来。

张辽在吴军包围中往来冲突，如入无人之境，吴军望风而退，无人能阻挡。

大战从黎明打到正午，张辽才引军回城。曹军将士无不佩服张辽的判断和勇猛。

孙权在合肥城外围了十多天，攻不下合肥，只好退兵。

张辽趁机率兵将袭击吴军。他预估到了孙权的撤军路线，派出一支军队，提前将他们渡河的桥毁掉。然后，他带领一队精兵杀来。

孙权大惊，急忙命人唤前队的吕蒙、甘宁来抵挡。

说话间，张辽兵已到，孙权身边一位叫凌统的将领带领三百多骑兵，奔驰而出，与张辽交战。

没几个回合，凌统抵挡不住张辽的猛烈的攻势，败下战来。

凌统大喊道："主公快渡桥！"

孙权纵马上桥，却发现桥上的木板已经被曹军破坏，断了一半。

眼看身后的张辽就要追来，孙权来不及多想，骑马后退十多米，继而一跳飞过桥去。幸有吕蒙、甘宁、凌统等人拼死拦截护卫，孙权才得以从张辽、李典的手中逃脱。

此战过后，曹操甚为满意，大赞张辽，提升张辽为征东将军。

合肥之战威震江东，传说江东的小孩半夜啼哭，大人便说“张辽来了”，以此吓唬孩子，啼哭便会停止。

公元216年，曹操再征孙权，到达合肥时，经过张辽当年所战之处，赞叹了许久。于是，他给张辽增加了兵力，多留了几支军队屯兵居巢。

将星陨落

公元220年，曹操去世，曹操之子曹丕继承魏王之位，升张辽为前将军。此前，孙权刚刚归附，现在又反叛了，曹丕便派遣张辽再次屯兵合肥，封他为都乡侯。

曹丕还赐给张辽一辆舆车，送给张辽的母亲，以示荣宠。曹丕还派兵护送张辽的家人到他驻军的地方，又下令，等张辽的家人到达驻地时，官吏们都要在道路两侧迎接。

人们看到这一情景，都觉得张辽很了不起。

曹丕称帝后，进封张辽为晋阳侯。

公元221年，张辽到都城洛阳，朝拜天子。

魏文帝曹丕在建始殿见张辽，问他昔日大破吴军的情况。张辽如实讲述了作战经过。

曹丕听后，赞叹道：“你真是古代的召虎啊！”

曹丕又为张辽建造府第，为他的母亲建造殿室。

然而，张辽身体状况不佳，驻守雍丘后患了重

舆车，小车，王室使用的轻车。

召虎，即召穆公，西周大臣，曾平定淮夷之乱。周厉王暴虐，引发国人暴动，召穆公藏匿太子，用自己的儿子假冒太子，使太子脱险。

病。曹丕派太医前去探视，病情并没有好转。

张辽为人公私分明，重情重义，爱兵如子，他的士兵都很担心他，纷纷前去探望，士兵们多得能在路上碰见。

张辽久病不愈，曹丕便把张辽接到自己住的地方，亲自看望，派人每日送御食。张辽病情稍有好转后，便返回屯军之处，忠于职守。

为了威慑孙权，张辽乘舟到海陵，与大将曹休会合。孙权知道后，十分恐惧。

孙权警告各将领说："张辽虽然有病，但仍旧势不可当，还是要多加谨慎！"

身体抱病的张辽仍旧出征，和其他将领一起，打败了孙权的将领吕范。

之后，张辽病情加重，最后死在了江都县。

曹丕知道后，伤心流泪，追谥他为刚侯。

公元225年，曹丕追念张辽和李典在合肥的功劳，下诏说："合肥之战，张辽、李典用八百步兵，大破十万贼军，自古以来用兵如神的，从来没有这样的，使贼兵至今丧胆，他们真是国家的栋梁啊！"

于禁

持军严整

临危不乱

金戈铁马，旌旗蔽空，**宛县**河畔战火连天。

阳光透过硝烟照射在波光粼粼的河面上，倒映着曹操率领的大军。

与曹操一起进军宛县的，还有他手下的大将于禁。

于禁，字文则，泰山郡**钜平县**人。黄巾军起义时，于禁参加了**鲍信**的队伍。投顺曹操后，为将军王朗的部下。王朗视他为奇才，向曹操推荐他，说他可以当大将军。曹操很好奇，叫于禁来谈话，果然不简单，于是任命他为军司马，

此后，于禁四处征战，讨伐吕布时，独自率兵攻破了吕布的两座营寨，之后又立下多次战功，升任平虏校尉。

这一年，曹操带领于禁等人攻打张绣。但交战不久就失利了，曹军溃败，退回了**舞阴县**。

在退回舞阴县的路上，曹军边打边退，各军秩序混乱，多有死伤，很多将领都派人来向曹操求救。

于禁却独自率领他的几百个人，且战且退。虽然也有伤亡，但秩序始终没有散乱。

等到敌人的追击渐缓渐停后，于禁便清理整顿了队伍，敲着战鼓，往大营行军。

宛县，今河南南阳市宛城区。

钜平县，今山东泰安市宁阳县磁窑镇西太平村。

鲍信，东汉末年济北相，破虏将军。鲍信四十一岁时，在与黄巾军的战斗中，拼死救出曹操，自己惨遭杀害。曹操苦寻鲍信的遗体，没有找到，令人用木头刻出鲍信的模样，含泪祭之。

舞阴县，今河南省驻马店市泌阳县。

路上，于禁看见十多个士兵拖着受伤的腿艰难前行。他询问了原委，得知这些人是被青州兵劫掠打伤的。

青州兵原本是起义的黄巾军，归顺了曹操后，曹操格外宽待他们。但他们却趁着战乱打劫，破坏曹操的军队纪律。

于禁怒火中烧，决定惩治青州兵，很快打击了青州兵。

很多青州兵仓皇逃往曹操处告状，诋毁于禁造反。

于禁毫不在意，指挥将士们安扎营盘，丝毫不为告状的事情分心。

将士们纷纷议论，认为于禁应该尽快去曹操那里，把事情解释清楚，于禁却岿然不动。

于禁说道："如今后有追兵，不知何时就追上来了，如果我们不事先做好准备，怎么去对付追兵呢？而且，曹公明察秋毫，就让他们先去告状又何妨？"

说罢，他开始指挥众人挖掘堑壕，等所有的事情都安顿好以后，他才去见曹操，详细陈述了青州兵的罪状。

曹操听完来龙去脉，露出了笑意。

他赞赏地看着于禁，说道："这次危难，我自己都惊慌失措，将军却能在如此混乱的形势下整顿军队，讨伐残暴的士兵，坚固营垒，保持不可动摇的气节，即使是古代的名将也比不上你啊！”

曹操记下了于禁的显赫功劳，封他为益寿亭侯。

对阵袁绍

公元200年，曹操征讨袁绍。袁绍的势力如同狂风巨浪，强大得令人望而生畏。于禁已是年近四十的老将，脸上刻满了战场岁月的沧桑，但他毫不犹豫地自愿作为先锋。

曹操赞赏于禁的勇气，派遣步兵两千人，由他率领，驻守**延津城**。

曹操自己打算回到官渡，然而就在此时刘备叛变。曹操不得不去东征刘备。袁绍获得军情后，便亲自率领大军攻打于禁驻守的延津城。

尘土飞扬的战场上，于禁端坐战马，威风凛凛，面对袁绍的强大军队，丝毫不惧，严阵以待，娴熟地布阵迎敌。

袁军如猛虎下山，气势汹汹地扑向于禁的阵地。

然而，于禁阵形严密、稳固，袁军无法攻破防线。

两军对峙，箭矢如雨，刀光如电，最终，于禁击退了袁绍的进攻。

于禁又与大将乐进等人率五千马步军，攻击袁绍的其他营垒，一连焚烧了袁绍三十多个驻地，杀死几千人。

延津城，今河南省新乡市延津县一带。

于禁后来升为裨（pí）将军，前往官渡，和曹操并肩作战，共同抗击袁绍。

曹操和袁绍都把自己的营帐连接起来，筑起土山相对。于禁让士兵们守着土山作战，气势高昂。

经过一系列激战，曹操击败袁绍，平定了冀州。于禁升任偏将军。

不念私情

冀州刚刚平定，东海太守昌豨又发动叛乱。曹操派于禁前去征讨。

于禁领命出兵后，对昌豨急攻猛打。两军战斗激烈异常，硝烟遮天蔽日。力战许久，于禁没有取胜。

曹操派夏侯渊去助阵，曹军人多势众，势如破竹，很快打败了昌豨。

昌豨曾与于禁为好友，昌豨麾下的将领眼看己方节节败退，便劝说昌豨投降。昌豨犹豫良久，最终决定投降于禁。

昌豨来见于禁，表达了投降的意愿。

曹军将领们都认为，既然昌豨已经投降，就应该送他去见曹操。

然而，于禁却说：“难道诸位将领不晓得曹公一贯的法令吗？先被包围、后来投降的人杀无赦。奉命守法是下对上的大节，昌豨虽然和我有交情，但我怎么能因此而失节呢？”

于是，于禁去见昌豨，与昌豨诀别，之后，流着泪杀死了昌豨。

曹操驻军在淳于县，消息传到他的耳中，他长叹了一口气，感慨地说：“昌豨不来向我投降，却去找于禁，这难道不是他命该如此吗？”

此事过后，曹操对于禁的忠信更加敬重。平定**东海郡**之后，他把于禁提升为虎威将军。

东海郡，今山东郯（tán）城北。

不受敬爱

梅成、陈兰反叛，曹操让于禁与臧霸等人去攻打梅成，让张辽、张郃等人去讨伐陈兰。

于禁带领的军队刚刚抵达战场，梅成便率领三千多士兵投降了。

然而，梅成投降不久，又反悔了，偷偷溜走，与陈兰会合。

张辽等人紧急追赶，与梅成、陈兰发生大战，因为长时间不分胜负，军粮告急，士气沮丧。

于禁于是紧锣密鼓地组织运送粮草，支援张辽，使张辽最终击败了陈兰和梅成。

由于于禁的出色表现，他的食邑增加二百户。

当时，于禁、张辽、乐进、张郃、徐晃等人都是曹操手下有名的大将。每当曹操出征时，他们总是充当先锋；大军回师之时，他们又留下来作为后卫。

于禁治军严整，严遵法律。他每次缴获敌人的财物时，从不私自占有，因此受到很多赏赐。然而，他对将士们很严苛，因此不得人心，不受敬爱。

解除朱灵兵权

曹操的帐下有一员大将，名叫朱灵。朱灵本是袁绍的部将，后来投靠了曹操。朱灵性格古怪，有时不听号令，曹操多疑，担心他怀有二心。因此，他想夺下朱灵的兵权。

曹操想来想去，觉得于禁有威严，可以通过于禁解除朱灵的兵权。

于是，曹操命于禁去做此事。

于禁接到命令后，带领数十骑兵，前往朱灵的军营。

深夜，月光洒满大地。于禁率领几十名骑兵，骑兵如同幽灵般一路疾行，来到朱灵的军营。

于禁拿出曹操写的手令，给朱灵和朱灵的部下看。他表情严厉，言行有威，无一人敢发出声响。

朱灵也不敢作出任何反抗，只得低头屈服，交出了兵权。

于是，朱灵成为于禁手下的督军。

假节钺，代表皇帝的出行，“假”为借的意思，代表短期代理；“节”代表皇帝的身份；“钺”为专属于君王的斧钺。持节的人代表皇帝亲临，武将在战时可以不必请示，直接斩杀自己军中触犯军令的将士。

此举震撼了整个军营，众人对于禁的畏惧达到了顶峰。

曹操升于禁为左将军，**假节钺**，甚至把他的一个儿子封为了列侯。

晚景凄凉

公元219年，曹操派曹仁前往樊城讨伐关羽，同时命于禁协助曹仁。

时值秋季，大雨连绵不止，使得汉水泛滥成灾，漫过堤岸。平地水深几丈，于禁等七支军队都陷入水患之中。

于禁与众将登上高处察看水情，就在此时，关羽乘船趁机发起了攻击。

周围一片汪洋，无处躲藏，进退无路，突围不出。于禁等人身陷绝境。

于禁万般无奈，只能投降了关羽。大将庞德拒绝投降，宁死不屈，被关羽杀死。

于禁投降关羽的消息迅速传遍曹营，让将士们为之震惊。

曹操得知这一消息后，也非常震惊。

他长叹道：“我与于禁相识三十年，哪料到他临

危遭难时，反倒不如庞德呢！”

战局瞬息巨变。关羽击败于禁后，孙权又捉住了关羽，收编了关羽的军队。于禁因此又投降了东吴。

曹操死后，曹丕称帝，孙权归附了曹丕。公元221年，孙权为向曹丕示好，便想让于禁回到魏国。

孙权的部属想要杀死于禁，理由是：于禁率领百万军队，却败给了关羽，被关羽俘虏后，又没有以死谢罪。他回到魏国后，一定不会得到重用。但是，于禁之前战功赫赫，把他放回去，就好比把盗贼送回山中，还不如把他杀掉，以此告诉将领们，身为臣子却有二心的下场。

孙权思来想去，觉得还是把于禁送回去，至于杀不杀他，还是由魏国来决定。

就这样，于禁坐上了回到北方的船只。

当曹丕再见于禁时，只见昔日威风凛凛的大将已是鬓白如雪，形容憔悴。

于禁痛哭流泪，向曹丕连连叩头，内心充满悔恨和愧疚。曹丕的心中同样泛起涟漪，感叹命运的无常。

曹丕安慰于禁道："昔日荀林父兵败，孟明视全军覆没，秦、晋两国国君都不计较，仍然官复他们的原职。后来，因为这二人的努力，秦国得以在西戎称霸，它们那样的小国，都能做到这一点，更何况我们驾驭万邦的大国呢！樊城之战的失败，是由于洪水突然泛滥，并非战斗失利的缘故，因此，理应恢复将军的官职。"

关羽擒将图

之后，曹丕任于禁为安远将军。

不久，曹丕准备派于禁出使东吴。在出使前，曹丕让于禁去拜见高陵（曹操陵，在今河北临漳西北）。

曹丕派人事先在高陵墙壁上刻画，上面有关羽战胜、庞德愤怒、于禁屈膝投降的场面。于禁来到高陵后，一见这画面，瞬间陷入深深的羞愧中。

他想起自己投降关羽的时刻，心中的痛悔翻江倒海，无法平息。他又想着曹操对他的恩情，不禁为自己的懦弱感到悲伤痛苦。

于禁无法忍受高陵壁画的羞辱和内心的惭愧愤恨，身心俱疲，最终生病而死，谥为厉侯。

徐晃

壮猛有谋

持斧大将

秋雨淅淅沥沥地下着，阴冷的寒风中，一支部队正在冒雨前行。

这是一支由新兵组成的部队，走在队伍最前方的，是一个手持开山斧的威猛将军。

他骑着一匹大马，全然不顾冷飕飕的秋雨，语气坚定地训话道："既然各位是一起征战沙场、建功立业的军人，军人就要有军人的样子，既要勇猛，又要忠义，更要遵守法纪。凡是蓄意叛逃、有违军令者，一律当斩！"

待这位将军讲完，瑟缩着身躯的士兵顿时昂首挺胸起来，整个军队的士气为之一振。

这位手持开山斧的大将就是曹魏旗下的**五子良将**之一，名叫徐晃，字公明。

徐晃是河东郡**杨县**人，跟随车骑将军杨奉讨伐贼寇，立下功劳。当时，天子流亡在外，徐晃劝说杨奉护送天子回都城洛阳，杨奉听从了。

不料，到了洛阳以后，大臣们天天争权夺利，钩心斗角，徐晃便劝杨奉归顺曹操，杨奉又听从了。但很快就反悔了，于是，曹操攻打杨奉，徐晃便投奔了曹操。

五子良将，曹操麾下的五位战功卓著的将领，分别是前将军张辽、右将军乐进、安远将军于禁、征西车骑将军张郃、右将军徐晃。

杨县，今山西洪洞县。

徐晃跟随曹操征吕布、破刘备、打颜良和文丑，立下诸多功劳，官职也得到了提升。

眼下，他率军去攻打袁绍的运粮车队。他法令严厉，要求行军疾速，很快占了先机。在与诸将攻打袁军时，他立下的功劳最多。

战后，徐晃被封为都亭侯。

招降易阳

公元204年，曹操发兵北上，攻打冀州。

曹军势如破竹，很快包围了邺城。为防止周边的郡县派兵支援，曹操又攻打周边的郡县。在曹军的猛烈进攻下，多数郡县被击破，或者投降。

此刻，曹操正坐在中军大营，思考兵力部署的问题。

一人进来禀告："易阳令韩范拒绝投降，并加强了城中的防备。"

"哦？"曹操皱起眉头，"此前，韩范已经表示愿意投降，如何现在又拒绝？"

"之前韩范是诈降。"

"诈降？邯郸已被我们打破，邺城也陷入我们的包围之中，他韩范还有什么底气诈降？传令徐晃，即刻领兵攻城！"

"是！"

军令下达到徐晃这里，徐晃片刻不敢耽误，迅速带领帐下的兵将，来到易阳城下。

只见城上的守军戒备森严，早已做好决一死战的准备。

徐晃担心死伤严重，便下令，暂停进攻，就地安营扎寨。

当天夜里，徐晃写了一封信给韩范。在信中，徐晃向韩范陈述了归降与抵抗的利害，建议他投降。

信写好后，徐晃叫来了营中的神射手，命神射手将此信射入城中。

果不其然，韩范看到徐晃的信件后，非常后悔，很快回复了徐晃，表示愿意归降。

徐晃向曹操报告了此事，曹操大喜，赞道：“公明有勇有谋！”

徐晃却没有被胜利冲昏头脑，他对曹操说：“袁绍、袁术至今都没有被打败，其他没有被攻破的城池都对他们俯首听命。今天虽然取下了易阳，但明天还有更多的城池需要攻伐，这样一来，黄河以北应该永无宁日了。”

曹操点点头，问道：“公明有何良策？”

“最好优待易阳令韩范，并以此昭示各郡县。那么，其他郡县的县令就容易望风归降了。”

“公明所言极是啊，就按你的意见办。”

于是，曹操封韩范为关内侯。

紧接着，涉县长梁岐也降了曹操。

人们都说，曹操能够迅速剪除邺城的羽翼，夺得冀州，和徐晃的智谋是分不开的。

大破马超

徐晃跟随曹操纵横沙场，攻袁谭，剿蹋顿，伐荆州，讨关羽，击周瑜……立下显赫战功。

公元211年，西凉军阀韩遂与马超聚集十余万兵马，对抗曹操。

徐晃率军屯守汾阴，以防河东郡响应马超与韩遂的联军。

曹操率领大军来到潼关，遭到了马超联军的阻击，被打得十分狼狈。

曹军难以渡过黄河，这让曹操的内心十分忧虑。

曹操召来徐晃询问：“公明，可有办法？”

徐晃回道：“丞相大军在此，而马超却不另派兵马驻守蒲阪，可见失策。只需给我一支精兵，从蒲阪津渡过黄河，去充当全军的先头部队，截断马超军，就可破敌了。”

曹操说：“好。”

曹操命徐晃率四千精兵出发。夜里，他们趁着漆黑的夜色，顺利渡过了黄河。

上岸后，徐晃带领将士们挖沟，立栅栏，还没等站稳脚跟，就被军阀梁兴发现了。

当时，马超、韩遂联络了多位军阀，共十部势力起兵反抗曹操，其中一部就是梁兴军。

梁兴率领五千兵马，前来攻击徐晃。

但徐晃十分勇武，骑在马上，手持大斧，高喊“杀敌”，带领曹军就厮杀起来。

一瞬间，梁兴军就大败了，溃逃而走。

曹操大军终于得以渡河，与徐晃合兵一处，最终击破了马超势力。

大战胜利后，曹操回到邺城，命令徐晃与夏侯渊平定马超余党，并且斩杀了逃走的军阀梁兴。

后来曹操去征讨汉中的张鲁，另派徐晃征剿氐族人，氐族人都投降了。徐晃被升为平寇将军。

解救襄樊

曹操回到邺县，留下徐晃与夏侯渊驻守阳平关，以防御刘备。

公元219年，刘备派关羽攻打襄阳与樊城。关羽水淹樊城，攻势凌厉，眼看樊城岌岌可危，曹操连忙命令徐晃等人前去支援。

徐晃带领援军到达阳陵陂后，下令扎营。

徐晃一生小心谨慎，在统率军队时，一般会先做好打不赢的准备，然后才开始作战，穷追不舍，争取胜利，将士们常常顾不上吃饭。

此时，徐晃望着瓢泼大雨，不禁犯起了愁：对手关羽是一位勇将，曾轻易击杀了袁绍的爱将颜良，如今更是擒于禁、斩庞德，兵锋正盛。而自己手下带领的都是新兵，如何才能打败关羽呢？

雨渐渐停了，徐晃却没有下令攻击。

这一日，徐商、吕建也奉曹操之命，率兵来到了襄樊前线。两人来到徐晃的营帐中。

“丞相有令，我等兵马集结后，便一同攻打关羽。”徐商、吕建对徐晃说。

徐晃还没说话，一名士兵就跑进来，向他报告：“关羽已经进兵偃城了！”

徐晃点点头，接着，他冲徐商与吕建招招手，示意两人靠近，很神秘的样子。

然后，他小声说：“两位将军附耳过来，我想出了一个对付关羽的妙计。”

徐商与吕建不知徐晃作何打算，只能伸长了脖子，仔细倾听徐晃的计策。

徐晃说完后，二人不禁点头，都赞道：“徐将军的策略真高明啊！”

之后，徐晃率兵逼近偃城，他没有攻击关羽，而是命令将士们放出消息，说要修筑长堑，以截断关羽的后路。

结果，关羽军听到消息后，害怕陷入包围中，烧掉营寨撤走了，徐晃得以进占偃城。

关羽的主力军此时正驻扎在围头，在四冢（zhǒng）也驻扎着军队。

徐晃分析了战况后，让一位将领挑选一些嗓门大

关羽

的士兵，让他们做出攻打围头的架势。

这位将领不解，问徐晃："将军是要攻取围头吗？"

徐晃摇头道："要打围头，直接打就是了，何必搞这么大阵仗！我是要虚张声势，声东击西，实际上是要打四冢！"

这位将领明白了，赶紧去安排了。

于是，徐晃在虚张声势中，秘密攻进了四冢，直接杀入关羽军的重围中。

关羽军依靠鹿角与栅栏，暂时挡住了徐晃军的进攻，但是四冢即将失守。

关羽试图挽救四冢，亲自率兵五千迎战徐晃。

徐晃越发来了精神，将大斧一挥，就冲杀起来。

关羽军也毫不示弱，高喊"杀"声，冲向了曹军。

天地间充满了兵器的撞击声、兵士的喊杀声与哭喊声。

然而，由于徐晃是突袭，关羽军防备不足，最终开始撤退。

徐晃不愿放弃这么好的机会，赶紧下令："乘胜追击！"

曹军再次向关羽军发起猛烈冲击，将关羽军冲散，很多人自己投入沔（miǎn）水而死。

就这样，樊城之围被解开了。

军情汇报给曹操后，曹操传令说：“我用兵三十多年，加上听到的古代善于用兵的人，都没有长驱直入冲进敌人重围的，而且，樊城、襄阳被包围，比起战国时的莒城、即墨，要严重得多，将军的功劳要超过**孙武**和**田穰苴**（ráng jū）！”

徐晃率军回到摩陂，曹操出城七里，亲自迎接，并设宴庆祝。

曹操亲自举杯，向徐晃劝酒，说道：“保住樊城、襄阳，都是将军的功劳。”

徐晃连忙谢过曹操，一饮而尽。

当时，好几路人马都聚集在一起。曹操巡视各营，士兵都离开队伍去看曹操，只有徐晃的将士严肃整齐，全体将士站在队列中不动。

曹操感叹道：“徐将军可以说是有周亚夫的风度了。”

但徐晃非常谦虚，时常叹息：“我有幸遇到了明主，应该建功效力，哪能自夸呢！”

他始终不多交朋友，全部心思都用在建功立

孙武，春秋时期齐国人，所著《孙子兵法》为中国现存最早的兵书，他被尊称为孙子或兵圣，曾为吴国将军，因忧国忧民和郁郁不得志而死。

田穰苴，春秋末期齐国人，军事家，后被谗言所害，抑郁发病而死，他的军事思想对后世影响巨大。

业上。

曹操去世，曹丕称帝后，封徐晃为杨县侯，后徐晃在上庸击败了刘备的军队，又被封为阳平侯。

曹丕死后，曹叡继位，徐晃在襄阳击败了吴将诸葛瑾，曹叡为徐晃增加了食邑。

徐晃一生简朴，公元227年，徐晃病重，垂危之际，他告诉家人，等他死后，要给他穿着平时的衣服下葬。

这一年，徐晃去世，被追谥为壮侯。

许褚

勇猛虎侯

拽牛而行

夜幕降临，月光穿过云层，洒在谯郡谯县（今安徽亳州市谯城区）的边境上。

寒风呼啸，杂草摇曳，给这片险恶之地增添了几分诡异的氛围。

在凌厉的寒风中，许褚正带领族人修筑壁垒，抵御猖獗凶恶的强盗。

东汉末年，时局动荡，天下大乱，无数强盗趁机四处作乱。有一群来自**汝南**的强盗集结了万余人，前来攻打谯县。守军不敌，很快就败得一塌糊涂。

汝南，今河南省驻马店市。

许褚带领族人拿起兵器，与强盗们作战。

许褚挥舞着手中的大刀，身先士卒，奔向强盗。族人也都跟着他奋勇杀敌。

许褚人少，寡不敌众，一番激战后，已经疲惫不堪。箭也要用光了。

显然，得想别的办法了。许褚迅速调整战术，让大家捡拾石头，然后拼尽全力把石头扔向强盗。

石头密密麻麻地朝强盗飞去，强盗们被砸得鼻青脸肿，很多人受了伤。强盗们不敢再逼近。

不过，眼见粮食快要没有了，没有办法，许褚又想了一个办法，他去见强盗，假装和强盗讲和。

“这头牛给你们，你们给我们一些粮食。”许褚直截了当地对强盗说。

强盗沉默了一会儿，同意了。

许褚得到了粮食，但强盗却没有得到牛，因为强盗赶牛时，牛像发疯了似的，扬开四蹄，跑回去了。

许褚一看，闪电一样冲出来，一只手抓住牛尾巴，一步一步地向后走。他的手紧紧地攥住牛尾，单手拽着牛走了一百多步。

强盗们惊恐地看着许褚，心里万分惊怖，也不敢要牛了，转身都逃跑了。

这件事很快传遍了周围郡县，自此之后，凡是听到许褚名字的强盗，都会瑟瑟发抖。

投奔曹操

公元196年2月，曹操骑着马，正在巡视淮南、汝南二郡。

他眺望远方，心想：不知汝南有没有出众的人才能为我所用……

就在此时，许褚正带领他聚集的侠义之人前来投奔曹操。

曹操一见许褚，既惊讶又兴奋，只见许褚身高八尺多，腰阔十围，相貌雄伟刚毅，力气大得惊人，他高兴地拍着许褚说：“这是我的樊哙啊！”

当天，曹操就任命许褚为都尉，让他当自己的贴身护卫。跟随许褚的侠客们也得到了重用，成为曹操的虎士。

曹操讨伐军阀张绣，到了战场，许褚毫不犹豫地冲锋陷阵，勇敢地率先闯入张绣的阵营。

他英勇奋战，斩杀无数。

曹操再次惊喜不已，对许褚赞不绝口，将他升为校尉，负责殿内守卫，并负责夜里开关城门等要事。

清除刺客

曹操看重许褚的勇猛和忠诚，公元200年，许褚跟随曹操在官渡与袁绍对峙。

当时，曹操身边有一位叫徐他的人，徐他纠集另外几个人，想要刺杀曹操。

但许褚经常不离曹操左右，徐他等人惧怕许褚，不敢下手。

一日，徐他等人趁着许褚去休息时，藏着利刃，准备潜入曹操房内，杀死曹操。

然而，许褚离开曹操后，心头突突直跳，特别不安。于是，他又回到了曹操的身边。

徐他等人不知道许褚已经回来了，闯入曹操房间后，一见许褚横眉怒目地看着他们，顿时大惊失色，想要逃跑。许褚当即动手，杀掉了他们。

这件事后，曹操更加看重许褚，出入同行，不离左右。

公元204年，曹操围攻袁绍的大本营邺城，许褚屡次冲破敌军阵营，英勇奋战。因其卓越的战功，曹操封他关内侯。

对阵马超

公元211年，曹操出兵征讨马超。两军在潼关交战。曹操驰骋在前，许褚作为随从，紧随其后。在他们身后，是一百多名威武雄壮的虎士，他们的铁甲闪烁着耀眼的光芒。

只听一声号令，兵士们举起武器，奋不顾身地上

前杀敌。

激战到济河的河边时，曹操命大部队先渡河，自己带领许褚和一百多位虎士断后。

大部队渡河成功后，许褚对曹操说：“现在大军已经过河，主公也该走了。”

许褚扶着曹操登上船只。

这时，马超率领的万余名步、骑兵追了上来。箭雨密集如暴风骤雨，瞬间刺破了天空。

面对马超军的猛烈攻势，船上的曹操等人拼尽全力想要渡河。但船只承受不住过多的人，摇晃不已。

许褚一边击退试图攀住船边的士兵，一边举起马鞍，为曹操挡住箭矢。

突然，一支流箭射中了船工。

济河浪涛汹涌，失去了船工的船在河面漂流、打转，似乎随时都可能被吞没。

危急关头，许褚用手抓住船桨，猛力划船，勉强到了对岸。

曹操对众人说：“如果没有仲康（许褚字仲康），我就丧命于此了！”

后来，曹操与韩遂、马超等叛将单独会晤。曹操只带了许褚一个人跟自己去。

马超力气很大，在会晤过程中，心里一直打算冲过来，活捉曹操。但他之前听过许褚的勇猛之名，怀疑许褚就是站在曹操旁边的人，因此，没敢妄动。

马超打量着许褚，然后问曹操："听说曹公麾下有一位虎侯，他现在在哪里？"

曹操看了一下许褚。许褚瞪眼盯住马超，马超不

敢动。

最终，双方各自返回。

几日后，双方大战。曹军击败了马超联军。许褚冲到阵中，连续杀敌，骁勇无比。

战后，许褚升为**武卫中郎将**。“武卫”这个称号，就是从许褚开始设立的。

武卫中郎将，级位仅次于殿中将军，主要负责殿中守卫，为侍从第七品。

由于许褚力气大，像虎一样勇猛，但不是很精于计谋，军中便给他起了个外号叫“虎痴”。

严守法度

许褚虽然是一个“虎痴”，但严守法度、稳重寡言。

有一次，曹仁来拜见曹操。曹操正在寝宫更衣，曹仁在大殿外等候。

刚巧，曹仁瞧见许褚在一边，就邀请许褚进屋坐下来聊天。

许褚回答：“魏王就要出来了。”然后，他径直走进了大殿。

曹仁非常不满，觉得许褚轻视自己。

这一幕被旁人看在眼里，旁人便对许褚说：“曹仁身为征南将军，掌管荆、豫两州，驻扎新野，乃国家重臣，且为魏王宗室。他邀请你，你为何要推辞？”

许褚耿直地说：“曹仁虽然是王室重臣，但他终究是在外的地方大将，我则是内廷臣子。内外有别，彼此在大庭广众之下交谈即可，为什么要进房间里私谈呢？”

曹操听说这件事后，十分赞赏许褚严守规矩的作风，更加喜欢他，将他提拔为中坚将军。

曹操去世，许褚一时不能接受，痛哭不止，悲伤到口吐鲜血。

公元220年，曹丕称帝，继续重用许褚，进封他为万岁亭侯，升武卫将军，让他总督中军宿卫禁兵，负责自己的警卫工作，与他非常亲近。

公元227年，曹丕的儿子曹叡即帝位，进封许褚为牟乡侯。许褚生病去世后，被追谥为壮侯。

张郃

巧变良将

有才遭忌

淳于琼，字仲简，东汉末年官吏，汉灵帝时期，被任命为西园八校尉之一的右校尉，与袁绍、曹操等同列，后为袁绍大将，与张郃齐名。在官渡之战时，淳于琼镇守乌巢，被曹操偷袭而惨败，被斩首。

夜深了，袁绍的军营里，将士们已经入睡。

突然，一阵马蹄声打破了深夜的寂静，一个士兵从战马上一跃而下，闯入营帐，大喊："大事不好！曹操带兵突袭了乌巢！正与淳于琼将军激战！"

袁绍一个激灵清醒过来。他连忙召集将领们商议对策。

"曹操所选偷袭者都是精兵，淳于琼必然难以抵挡。如果淳于琼大败，主公的大业也就败了！主公需即刻发兵援救！”一个年轻的将领说。

此人名叫张郃（hé），字儁乂（jùn yì），河间郡**鄚**（mào）**县**人。最初是为了讨伐黄巾叛贼而参军，先在韩馥麾下，后来投靠了袁绍。

鄚县，今河北省任丘市。

“此言差矣！”还没等袁绍回应，谋士郭图就道，“当此之际，与其回救淳于琼，不如驱兵急攻曹操的大本营！曹操见此，必撤兵而回，这样一来，乌巢之围不救自解，岂不是更好吗？”

“曹操大营坚固，我军在仓促之间怎能攻克？”张郃皱着眉头说。

然而，袁绍没有听取张郃的劝阻，只派轻骑兵去援救淳于琼，而以重兵攻打曹操的大本营。

结果正如张郃所料，袁军未能攻克曹操的营地，而淳于琼则被曹操擒杀，乌巢的粮草也被焚烧。袁军溃败而回。

郭图因为自己的计谋失败，害怕受罚，也因为嫉妒张郃，便向袁绍诬陷张郃。

“张郃因为主公没有采纳他的建议，一直怨恨主公。眼下看到主公战败，他幸灾乐祸，正在背后说风凉话！”

袁绍听后大怒，想要惩罚张郃。张郃也知道了这件事，内心惊惧，为了保命，便带着自己的部下，连夜投奔了曹操。

曹操激动地接待了张郃，说道：“往日，伍子胥不能早早觉悟，导致自己身首异处，哪里比得上微子抛弃殷纣、韩信离楚归汉呢？”

曹操赞许了张郃之后，任张郃为偏将军，封都亭侯。

伐灭袁氏

张郃跟从曹操后，帮助曹操攻占了袁绍根据地的中心——邺城。

袁绍死后，袁氏政权迅速土崩瓦解。袁绍的三个儿子袁谭、袁熙、袁尚各据州县，相互攻伐。

曹操乐得坐山观虎斗，以收渔翁之利。等袁绍三子的势力各有削弱时，曹操便带着张郃，先将兵锋指向了渤海郡的袁谭。

攻灭袁谭后，张郃独自带兵，北上幽州，攻入袁熙的属地。

袁熙、袁尚带着残兵败将逃亡到乌桓部落。乌桓人生活在东北苦寒之地，曹操为彻底消灭袁氏势力，不惜千里远征。

曹军与乌桓军相遇于柳城的白狼山。此时，张郃与张辽被任命为行军先锋，他们勇猛向前，最终大破乌桓军，杀死了乌桓部落的头领，俘虏了二十万人。

张郃因屡立战功，升为平狄将军。

此后，张郃跟随曹操南征北战，平叛扫逆，屡建奇功。

进军汉中

公元215年，曹操的目光又瞄向了西南，去讨伐汉中的张鲁。

旌旗遮蔽了天空，兵马行进在飞扬的尘土中，张郃骑着战马，追随大军循着山径逶迤而进。

队伍犹如一条巨龙，出了陈仓地界，向着散关进击。

当张郃紧随大军来到大散关时，看到一座灰色的城堡雄踞山腰，由高大的石壁拥着，拦在前路。

一番弓弩对射，几次呐喊冲锋，训练有素的曹军轻易击垮了薄弱的守军，进入汉中。

“散关是由秦入蜀的必经之地，可谓咽喉要道。据守此关，凭借两山夹峙，进可攻，退可守，如此雄峻，张鲁不能用，军备又如此松懈，看来，这汉中已是主公囊中之物了！”张郃暗下里思忖。

正在这时，传令官来报：“丞相有令，命张将军率本部人马前方探路！”

张郃不敢迟疑，率领五千人马逆着嘉陵江往武都的河池县进发。

一路跋山涉水，张郃几乎日行百里，第三日方进驻到河池县。

“报！前方道路阻塞，大军无法前进！”探马来报。

原来，当地部族的首领氏王窦茂，依恃险峻的地形，带领氏人搬来大石、滚木等，阻塞了道路。

张郃命令士兵强攻。但氏人高踞山腰，只要魏军一出现，雨点般密集的箭矢便从天而降，令魏军不能行进。

张郃急得咬牙切齿。

曹操得知张郃进军不利，亲率大军而来。凭着人多势众，一再强攻，氏人终于败下阵来。

曹操说：“此处距阳平关不远，过了阳平关这道险关，南郑可一举攻下，如此，汉中便入我囊中了！”

曹操志得意满，手握马鞭，遥指东南。

大军直逼南郑。张鲁听说曹操亲率大军而来，自觉势不可当，便主张请降了。

汉中争霸

占据汉中后，曹操班师凯旋，留下张郃、夏侯渊驻守汉中，抵挡已经占据了益州的刘备。

张郃积极防御，以攻为守，他率军进击巴东、巴西二郡，终使二郡来降。

巴人世代生活于高山深林里，远离中原。张郃深知，巴人来降，是形势所迫，并非真心实意，于是将两郡的人迁徙到汉中，以防他们见风使舵，又归附刘备。

紧接着，张郃进击邻近益州的宕渠。

刘备派大将张飞阻击。

张郃一时不能取胜，又害怕高山深谷，远离腹地，会导致粮草跟不上，便退回了南郑。

远在许昌的曹操对张郃甚为嘉许，任他为荡寇将军。

刘备也眼馋汉中，等到他的势力在益州稳固后，便亲率大军，翻山越岭，来攻打汉中。

张郃屯扎广石。蜀军到达广石后，刘备便把一万多精兵分为十部，趁着夜幕，猛攻张郃的大营。

张郃一马当先，对士兵慷慨陈词："将士们！汉中是我们历尽千辛万苦所得，岂可落入刘备小儿之手？我们要誓死保卫汉中！"

在鼓舞了士气后，张郃一声令下，带领将士们冲向刘备的大军。

在张郃等人的拼死阻击下，刘备没能攻破广石。

两军僵持，刘备像一只盘旋的鹰隼，静静等待着机会。张郃与夏侯渊则万分谨慎地每日察看营地，丝

毫不敢放松。

时间一天天过去，粮草也越来越少。两军都在等待对方先露破绽。

就这样，由春至冬，一年将过。一天，刘备趁着山风凛冽，命士兵焚烧魏军布设的鹿角。火借风势，噼啪作响，刘备军围攻甚急。

“张将军去救东面之急，我自将轻兵往南面厮杀！”夏侯渊与张郃商议。

“夏侯将军，保重！”张郃与夏侯渊分头作战。

刘备素来惧怕张郃，轻视夏侯渊，因此，以重兵攻打东面，而在南面伏轻兵准备偷袭。

蜀军再三冲锋，几番浴血奋战，张郃渐渐不敌。

张郃派人去向夏侯渊求助，夏侯渊派出一半人马前去支援张郃，自己领着小股士兵去救火。

正当夏侯渊指挥士兵掘土灭火之际，刘备的士兵发现夏侯渊没有重兵保护，于是，埋伏在周围的蜀军迅速集结，然后一起杀出，夏侯渊由此断送了性命。

曹军失去了统帅夏侯渊，惶惶不安。

夏侯渊的司马郭淮号令大家说：“张将军是国家的名将，刘备惧怕他。现在形势紧急，非张将军不能安定人心！”

于是，众人推举张郃为统帅。

张郃镇定自若地排兵布阵，指挥东西，全军上下无不听令而行。就这样，军心渐渐稳定下来。

曹操远在北方，心系前方战事，派人前来战场，确认了张郃的指挥权。

接着，曹操又亲自领兵来到汉中，终使刘备退守高山，不敢出战。

然而，汉中终非能久守之地。曹操害怕自己前脚刚离开汉中，刘备又领兵来到，这样日积月累的缠斗对远离大本营的魏军终究不利。因此，他便命张郃领兵退至陈仓，屯田固守了。

街亭之战

曹操逝世后，曹丕自立为帝，国号为魏，即魏文帝。

曹丕拜张郃为左将军，封鄚侯。张郃随大将军曹真平定了羌、胡联兵，奉诏归来后，又参与了夏侯尚进击江陵的水战。张郃领兵渡江，一举攻占江陵中州，占据了州中的石堡。

曹丕在位六年即病逝，魏明帝曹叡继位。

公元228年，诸葛亮兵出祁山，南安、天水、安定三郡竞相呼应，形势危急。曹叡派张郃统摄诸军，往拒蜀军。

张郃领兵与诸葛亮麾下大将马谡相持于街亭，马谡不据守城池，而是屯兵山上，自以为依据险要地形，可以逸待劳。

“哈哈哈……马谡自愿做一只困兽！我们岂有不

马谡

成全之理？”张郃大笑。

张郃指挥三军截断蜀军各路补给通道，阻断河流，不准许一粒米、一滴水进到山中。等到马谡人马疲敝之际，便指挥魏军杀出，杀得蜀军丢盔弃甲，几乎全军覆没。

张郃马不停蹄，恰如风暴一般攻城略地，南安、天水、安定诸郡皆被收复。

曹叡大喜，下诏赞道："贼人诸葛亮带着巴蜀之众，竟来敌我虎贲之师！张将军披坚执锐，所向披靡，朕甚为心悦！"

这年冬日，司马懿在荆州治理水军，想要顺着沔水进攻吴国，便调张郃来助阵。

张郃到了荆州以后，赶上冬天水浅，不能行驶大船，张郃便又带兵回守方城。

此时，诸葛亮再出祁山，急攻陈仓。魏明帝急忙通过驿马传信张郃，来京师见驾，为张郃饯行。

魏明帝亲自驾临洛阳西面的河南城，派士兵三万人以及武卫、虎贲护卫张郃。

"等将军赶到前线，陈仓怕是已落入诸葛亮之手了吧？"魏明帝忧虑地说。

张郃知道诸葛亮孤军深入，粮草必然不济，便笑着说：“只怕臣还未到，诸葛亮就已经跑了。我屈指一算，估计诸葛亮的粮草撑不过十天！”

此后，张郃别过天子，昼夜行军，进入南郑，果然诸葛亮已退军。

魏明帝下诏，令张郃回师京城，拜他为征西车骑将军。

张郃与其他将领不同，他懂得事物变化的规律，善于安营布阵。无论是诸葛亮，还是蜀中各位大将，都害怕他，但他却愿意与儒士交往。

张郃有一个同乡，名叫卑湛。张郃认为他学识渊博，行为高尚，便向天子推荐他。

魏明帝说："朕非常感谢将军的美意，准许提拔卑湛为博士。"

战死沙场

公元231年，诸葛亮再出祁山，魏明帝再次下诏，命张郃与司马懿统兵拒敌。

司马懿分四千精兵与费曜、戴凌，命他们留守上邽（guī），其余皆去祁山救援。

张郃不同意，说："不如分两路驻守雍县、郿县。"

司马懿揶揄他道："如将军所言，费曜、戴陵他们能抵挡住诸葛亮尚可；但是，如果他们抵挡不住，那么，我们就会像当年刘邦留守在楚地的三军一样被擒杀。"

张郃无奈，只好随着司马懿前行。

诸葛亮料到司马懿会驻兵上邽，便留兵于祁山驻扎，自己亲自领兵，往上邽挑战。

郭淮、费曜见诸葛亮领兵而来，出城迎战，结果大败。诸葛亮命令士兵收割了上邽已经成熟的麦子。

这时，司马懿的军队姗姗来迟，两军在上邽的东面相遇。诸葛亮的军队依靠险要的地势，司马懿不敢轻战，坐看蜀军带着麦子，满载而去。

随后，司马懿率军沿着蜀军的行踪追至卤城。

这种欲战不战、欲止不止的状态，让张郃无法忍受。他又向司马懿进言道："敌军远来，认为我们是想通过'不战'来消耗他们，我军可出其不意地袭击蜀军。像这样跟着蜀军又不敢靠得太近，只会失了军心民望。再说诸葛亮孤军在外，本来粮草难继，这样他也会跑了的。"

司马懿摇头不听，还是率领着军队，跟着蜀军行进。

等跟上了蜀军，魏军以为大战在所难免，谁知司马懿竟命令魏军登上高山，掘地造营，不跟蜀军交战。

魏国将领数次请战，皆被斥退。

直到五月十八日这天，司马懿终于派张郃去进攻蜀军的南面大营，自己则领兵与诸葛亮旗鼓相拒。

诸葛亮随即派出魏延等大将，分兵来袭，大破魏军，俘获的盔甲角弓数以千计。

司马懿退守大营，不敢轻出。

蜀军虽胜，终因粮草不继而退兵。

这时，司马懿命令张郃领兵追击。

张郃气愤地说："围堵城池必留出一面作为出路，所谓穷寇莫追、追之必败，已经撤走的军队不要再追！"

司马懿不听，强行命令张郃前往追击。

张郃只得率军追击蜀军。

蜀军埋伏在山腰，待魏军追至，乱箭齐发。

张郃正要拨转马头退兵，一支飞箭袭来，射中了他的膝盖。张郃大叫一声，坠下马来，由此阵亡。

张郃死后，被追谥为壮侯。

邓艾

文武全才

先天口吃

春暖时节，泥泞的稻田间，有一个身躯瘦小的少年正在插秧。

他便是邓艾。

邓艾很小便失去了父亲，又出生在战乱时代，为了保命，他跟随家人离乡背井，从义阳郡**棘阳**迁到了**汝南**。

在这里，他为当地屯田农户放养牲畜，干庄稼活，勉强维持生计。

邓艾十二岁那年，跟随母亲踏上了前往**颍川**的旅程。这次行程，让他看到了已故的名士**陈寔**（shí）的碑文。

夕阳映照下，古老的石碑显得庄严肃穆。邓艾凝视着碑文，眼中闪烁着好奇和敬仰。其中“文为世范，行为士则”这句箴言，深深地触动了他的心灵。于是，邓艾为自己取名为范，字士则。

时光荏苒，邓艾逐渐长大。

一天，邓艾意外地发现，在同族的人当中，有人与自己同名。于是，他又恢复了原名。

从此，邓艾怀着“文为世范，行为士则”的信念，踏上了属于他的传奇之路。

棘阳，今河南新野县。

汝南，今河南上蔡一带。

颍川，今河南许昌以东。

陈寔，字仲弓，东汉名臣，出身卑微，发奋苦读，为官后，受百姓拥戴。见证官场阴暗后辞职并多次拒绝为官，深居家中。陈寔死后，文学家蔡邕亲自为他撰摹碑文。

邓艾富有才学，被推举为典农都尉学士。他有一个毛病，就是口吃。邓艾的长官觉得，口吃的邓艾不适合担任重要职位，就将他派去看守稻草。后来邓艾功成名就，依旧“艾艾”地口吃。

广开河道

邓艾喜好军事，痴迷演兵布阵，每次遇到高山大泽，都会驻足观测度量，指点谋划如何依借各种地势屯兵、扎营等，仿佛未来的战场已经呈现在眼前。

很多人都嘲笑邓艾，觉得他是一个白日做梦的人。

邓艾并不介意，除了尽职尽责地做事之外，就是钻研兵法。

一天，邓艾因为公事被派遣入朝，他得以谒见了太尉司马懿。

邓艾恭敬地向司马懿汇报事务情况，司马懿审视着这位年轻的后辈，眼中闪过一丝赞许。

他看出了邓艾的才智和潜力，破格授之为掾属。

邓艾非常感激，更加尽心于事务了。

不久后，司马懿又擢升邓艾为尚书郎，邓艾的仕途渐露曙光。

当时，朝廷正打算多屯田、广积粮，为出征东吴时储备军粮。司马懿于是派邓艾沿着陈州、项城以东至寿春一带，进行实地考察。

邓艾没有丝毫松懈，来到田野后，进行仔细研究。他发现，这些地方的土地非常肥沃，非常适合种植粮食，只是供水不足，限制了农事的发展。

他认为，只要能在这里开凿河渠、引水灌溉，就能获得丰收。这样一来，不仅能帮助朝廷广积军粮，还能开通漕运的水路。

为此，邓艾撰写了《济河论》，建议引水东下。

他分析道：淮北驻扎着二万士兵，淮南有三万士兵，让这五万士兵进行轮休，始终保持有四万人边耕作边戍守。如果风调雨顺，收获将是许昌的三倍。除去屯田需要的花费，每年可上缴五百万斛军粮，六七年内就能积累三千万斛军粮，供十万大军食用五年。如此，进攻吴国就没有后顾之忧了。

司马懿非常赞成，邓艾的意见得到了采纳。

于是，朝廷下令开凿河渠、兴修水利。几年之后，淮南和淮北粮食大增，变得十分繁荣和富庶。

之后，邓艾继续开展水利工程。每当朝廷出动大军时，便可乘船顺流而下，直达江淮。军队物资粮食有了保障，还避免了水灾。

对阵姜维

公元249年，蜀国偏将军姜维攻打**雍州**，并依靠曲山筑造了两座城池。

此时，魏国的皇帝是**曹芳**，但政权已被司马懿攫夺。司马懿令征西将军郭淮去对抗姜维。

邓艾是郭淮的部下，奉命带兵围困**曲城**。在将士们的齐心协力之下，击退了姜维。

郭淮准备乘胜西进，攻打羌人，邓艾觉得此举不当，急忙阻止郭淮。

邓艾说："蜀军撤退不远，很可能会返回。我们应分兵行动，以防不测。"

郭淮觉得有理，便听从了。

邓艾于是驻军白水北岸。三天后，姜维果然派廖化在**白水**南岸与邓艾对岸扎营。

雍州，今陕西关中及甘肃东部。

曹芳，三国时期魏国第三位皇帝，疑为曹操曾孙，八岁即位，由大将军曹爽和太尉司马懿辅政。司马懿杀曹爽后，掌控朝政。后来，司马懿的长子司马师将曹芳废为齐王，曹芳四十三岁病逝。

曲城，今甘肃岷县东漳南。

白水，今甘肃白水江。

城阳，今山东诸城。

魏军都很惊慌，邓艾却很镇定。

邓艾说："姜维突然返回，而我们兵力有限，按理来说，他应该趁机搭桥渡水，进攻我军，但他却没有搭建桥梁，这说明，他只是想让蜀将廖化牵制我军，拖延时间。而他真正的目的，是偷袭洮城！"

众人听了，半信半疑，但都按照邓艾的部署去做了。

洮城位于白水北边，距邓艾的大营六十里。当晚，邓艾带人悄悄地前往洮城。果然，姜维趁夜渡河，偷袭洮城，但由于邓艾抢先一步赶到，洮城的魏军没有遭到重创。

此事过后，大家都觉得邓艾料事如神，对他十分敬服。

朝廷因邓艾有功，封他为关内侯，加讨寇将军，后又任他为**城阳**太守。

分化匈奴之计

邓艾注意到，朝廷的敌人并非只有蜀国、吴国，还有匈奴，他时刻关注匈奴的动向。

并州，今山西太原附近。

他得到消息，**并州**的匈奴单于打算统一部落。他觉得，这不是一件好事，因为一旦统一，匈奴实力就

会增强，而匈奴本性野蛮，一旦强盛，就会四处侵扰掳掠；只有虚弱了，才会臣服朝廷。

怎么才能制约并分化匈奴的力量呢？

邓艾沉思细想，觉得匈奴的单于远居塞外，朝廷难以控制他。如果能把单于诱惑到京城，叫他归顺，匈奴各部落失去了首领，就难以统一了。

邓艾得知，南匈奴的首领刘豹势力强盛，而且处处有反叛朝廷的迹象。他想，不如利用刘豹，分化匈奴的力量。

于是，他向朝廷建议："当年右贤王去卑的儿子没有继承父亲的位置，不如加封这种失势的人，让他们常驻在雁门，既能为朝廷拉拢一股势力，还能削弱刘豹的力量。”

邓艾的建议传开后，很多人都认为，这是防御边患的长远大计。

不忘旧恩

朝廷任命邓艾为汝南太守。汝南是邓艾小时候生活的地方。重归故地，这让邓艾想起了曾经资助自己的一位小吏之父。

他想要报答对方昔日的恩情，但等他找到那名小吏时，才得知小吏的父亲已经去世了。

斯人已去，邓艾万般无奈，便让人代替自己去祭奠恩人，并厚赠小吏之母，让她安度晚年。他又提拔小吏的儿子为计吏，让他有机会发挥才能。

公元253年，吴国的太傅诸葛恪出兵，围困合肥新城。不过，诸葛恪久攻不下，最终无奈退回吴国。

邓艾得知后，对**司马师**说：“孙权已死，东吴的大臣尚未归附新主，国中名门望族都有自己的私人武装，他们各自号令一方。而诸葛恪身为托孤大臣，把持朝政，立足还不稳固，却不思抚恤百姓，反而一味对外用兵，如今大败而归，正是自取灭亡的预兆。”

司马师，字子元，三国时期曹魏权臣，司马懿的长子，司马昭的同母兄，晋武帝司马炎的伯父。司马师沉着坚强，有雄才大略，雅有风采，在父亲司马懿死后独揽朝廷大权，后废魏帝曹芳，改立曹髦为帝，四十八岁病死。

果然，正如邓艾所料，诸葛恪回到吴国后不久，就遭到了杀身之祸。

不久，邓艾晋升为兖州刺史，封振威将军。

当机立断

公元254年，曹魏宫廷里爆发了一场政变。司马懿的长子司马师废黜魏国皇帝曹芳，改立曹髦为帝。曹髦年仅八岁，朝政全部掌握在司马家族手中。随着曹髦年龄的增长，他越来越不满司马师、司马昭，却苦于没有办法。

有一位名叫**毌（guàn）丘俭**的大将，心向魏室，不满司马师操纵朝政，便派人偷偷去见邓艾，希望邓艾能和自己一起谋反。

毌丘俭，复姓毌丘，字仲恭，三国时期曹魏大将、文学家，两次出塞远征，摧毁高句丽王国，征服朝鲜半岛，又击退吴国太傅诸葛恪，加位镇东大将军，因为不满司马师废黜皇帝而起兵，兵败后逃亡途中被杀。

邓艾几乎没有犹豫，当机立断杀死了来人，然后，带领军队奔赴**乐嘉城**，修建浮桥，帮助司马师的军队顺利驻扎下来。

乐嘉城，今河南商水。

与毌丘俭一起在扬州起兵的，还有一位大臣，名叫文钦。文钦打算占据乐嘉城，但他来迟了一步，在城下时，与邓艾相遇，被邓艾击败。

文钦带领残兵败将逃跑，邓艾紧追不舍，文钦无奈之下，只好逃往了吴国。

文钦到了吴国后，被任命为镇北大将军、幽州牧，封谯侯。

此时，吴国大将孙峻等人率领大约十万士兵，渡过长江，北伐中原。文钦参与了这场伐魏战争。

镇东将军诸葛诞命令邓艾驻守肥阳，邓艾认为，肥阳离吴军太远，而且不是战略要地，便转移到附亭。部署停当后，邓艾派泰山太守诸葛绪等人前往黎浆，抵抗吴军。

两军激战，最终魏军战胜了吴军。参与伐魏的降吴将领文钦也被杀死。

此战过后，邓艾获封方城乡侯，代行安西将军之职。

鏖战姜维

公元255年，魏国大将军司马师病故，司马师的弟弟司马昭开始掌控魏国的朝政。蜀国的大将军姜维知道这个消息后，出兵攻打魏国。

姜维的军队来势汹汹，犹如一柄锋利的宝剑挥向了**狄道**，驻守此地的雍州刺史王经在交战中惨败，退守城中，蜀军团团围困了狄道。

狄道，今甘肃临洮。

陈泰，字玄伯，三国时期魏国名将，多次击退蜀将姜维的进攻，两度抵抗东吴的进攻，官至左仆射。司马昭的亲信贾充指使他人杀害魏帝曹髦，司马昭问陈泰：“天下人当怎么看我？”陈泰说：“只有杀贾充才能谢天下。”司马昭不愿意：“可有别的办法？”陈泰回答：“难道还能让我说别的话吗？”不久，陈泰悲愤呕血而死。

朝廷得到军情后，大为惶恐，赶紧派邓艾、**陈泰**等人出战。

邓艾打算放弃狄道，暂时不去救援。

他说：“陇右的灾难，比毒蛇还要过分，眼下应该避开姜维的锋芒，等姜维疲惫、露出破绽时，再进军救援狄道。”

陈泰不同意，说：“姜维孤军深入，这是我军迅速打败他的时机，所谓迅雷不及掩耳，说的就是这个。”

于是，邓艾等人与陈泰合兵，攻打狄道的蜀军。陈泰还扬言，要截断蜀军退路，蜀军震恐，很快撤退了。

狄道之围解除后，邓艾升安西将军，兼领护东羌校尉。

虽然逼退了蜀军，但邓艾并未放松警惕。将士们纷纷表示，姜维的军队已经疲惫不堪，不会再次发动攻击，但邓艾却不这样认为。

邓艾反驳将士们道：“诸位想错了。”

“错在何处？”将士们向邓艾发问。

邓艾向他们分析了五大要点：

第一，魏军之前大败，损失惨重，如今粮草空虚，百姓流离失所，正处于弱势。

第二，蜀军都是身经百战的士兵，与蜀将配合默契。而魏军是新换的将领，士兵又都是新兵，彼此不熟，装备也不充足。

第三，蜀军可以用船行军，而魏军只能徒步前进，相比之下，魏军更加疲惫。

第四，魏军本来就兵力不足，还要在狄道、陇西、南安、祁山各地分兵把守，兵力分散；而蜀军只要集中兵力攻击一地，都能将魏军逐个击破。

第五，蜀军如果从南安、陇西进军，可以从当地羌人那里征粮，如果攻打祁山，当地就有农田，不会缺粮。

“所以，我推断，蜀军必会再次发动进攻。”邓艾语调重重地说。

众位将士听了，也都提高了警惕，加紧备战。

果然，不久后，姜维开始率军进攻祁山。

在武城山战场，魏军与蜀军紧张地对阵。邓艾麾下的骑兵大多手持长枪和军刀。姜维的蜀军分布在地势险要的高地上，弓箭手们手持弓弩，箭矢锐利。

大战开始后，士兵们举起武器，厮杀起来。铁戟和长矛交错挥舞，发出刺耳的碰撞声。弓箭手们不停

地拉弦，箭矢如暴雨般倾泻而下。步兵们手持鹿头矛和天狼牙槊，拼力抵挡对方的进攻。

经过一整天的激战，邓艾终于击败了姜维，迫使他撤离战场。

朝廷发布诏书，表彰邓艾的英勇和智慧，任邓艾为镇西将军，封邓侯，都督陇右诸军事。邓艾的儿子邓忠被封为亭侯。

长城，今陕西周至县南。

公元257年，邓艾在**长城**与姜维交战，再次击退姜维，迫使姜维撤回蜀国。邓艾被升为征西将军。

公元262年，姜维起兵再度攻魏，邓艾与姜维展开激战，一举大败姜维。

邓艾的连续胜利，使他在朝廷和军队中的地位和声望愈加显赫。

阴平小道

公元263年秋天，魏国决定全力攻打蜀国，一举攻下蜀国都城成都。

朝廷派出三路大军，浩浩荡荡地向蜀地进发。

在进入蜀地的必经之路上，有一道天堑，名叫剑山。剑山峻峰连绵，地势险要，在峭壁之间，有一个凿石而建的阁楼，叫剑阁，有“一夫当关，万夫莫开”之称，易守难攻。蜀国大将姜维凭险据守，在剑阁驻了重兵。

魏国的将领钟会奉命攻打剑阁，却始终不能攻打下来，无计可施。

邓艾发现，直攻很困难，不如想一个曲折点儿的办法。

他心中已有一个计策：

派一支精兵部队走**阴平**小路，途经德阳亭，攻下

阴平，今甘肃文县西北。

剑阁

涪县，今四川绵阳市东。

剑阁以西四百里的**涪县**，这样一来，魏军离成都就只有三百多里地了。如果被姜维发现了，姜维必然会回师去救成都。这样一来，剑阁的兵力就少了，钟会就可以趁机攻下剑阁了。如果姜维不带剑阁的守军去救援成都，那么，涪城的兵力空虚，魏军可以一鼓作气，攻下涪城，然后直取成都。

邓艾把自己的计策和钟会说了，但钟会不听，认为阴平小路艰险难走。

邓艾于是上奏朝廷道："如今贼兵遭受重创，我军应当乘势进取，我愿意带领一支精兵部队走阴平小路。兵法说：'攻其不备，出其不意。'如今乘贼军空虚无备，我军挥师疾进，必会大获全胜。"

于是，冬天的时候，邓艾率军走上了阴平小路。

他们攀登小道，翻山越岭，一路上，山峰耸立，谷深如渊，每一步都走得极为艰险。他们需要一边凿山架桥，开辟栈道，一边行军。

狭窄悬空的栈道只容一人通过，但不管如何艰辛，邓艾都没有退缩。他与士兵们共患难，鱼贯而进。

七百多里渺无人烟的险域，粮食运不过来，他们多次陷入生死困境。

当他们走到马阁山时，道路断绝，他们进不得，退不得，邓艾于是用毛毡裹着身体，第一个滚下了山坡。士兵们见了，也都这个样子滚下了险恶的高山深谷。

终于，经历种种艰苦的跋涉，这支魏国奇兵成功地越过荒无人烟的险域，来到了**江油**。

当地的蜀军守兵如见天兵，毫无防备，很快便投降了。

邓艾军队的到来，令蜀国上下一片慌乱。此刻，姜维调动大军回来救援已经来不及了，诸葛亮的长子、卫将军**诸葛瞻**带着仅存的蜀军，飞速从涪城赶回绵竹，列下军阵，等待邓艾。

邓艾派儿子邓忠和司马师纂进攻绵竹，未能取胜。二人向邓艾诉苦："贼兵坚守牢固，难以击破。"

邓艾听后，怒火中烧，大骂道："生死存亡，在此一举，还说什么可与不可！"

说完，他就要将二人处斩。

二人一听，立刻策马跑回战场，继续苦战。

邓艾也亲自督战，最终，攻破蜀军，杀死了诸葛瞻等人，占据了绵竹。

魏军势如破竹，一路高歌猛进，很快便抵达了**雒城**，逼近了成都。

江油，今四川平武县东南。

诸葛瞻，字思远，三国时期蜀汉大臣，蜀汉丞相诸葛亮之子，十七岁迎娶公主，后为平尚书事，统领中央事务。魏将邓艾伐蜀，诸葛瞻带领长子诸葛尚在绵竹拦截，坚守阵地，决一死战，兵败被杀。

雒城，县名，今四川广汉市北。

诸葛瞻战死绵竹
诸葛瞻

成都的皇宫内，蜀后主刘禅惊恐失措，在主降派的劝说下，派人送上皇帝的印绶，向邓艾请降。邓艾率军进入成都，蜀汉灭亡。

刘禅又派人去前线，命令姜维等人投降，姜维得到命令后，悲愤难当，只得去钟会军中投降了。

居功自傲

邓艾入城后，处处约束军队，因此，没有发生任何抢掠行为。他还妥善地安置了归降的蜀国君臣，出榜安民，维持以往的秩序。蜀国上下对他赞誉有加。

邓艾这次出奇兵，进行大纵深迂回穿插，直捣成都，是战争史上著名的奇袭战例。他自己也非常得意。在忘乎所以中，邓艾命令在绵竹城筑高台，作为京观，以宣扬战功。

邓艾自负地对蜀国的士大夫炫耀道：“各位有幸遇到的是我，因此才有了今天的安宁。如果碰上了别人，你们早就灰飞烟灭了！”

提到姜维时，他又傲慢地说：“姜维虽然堪称一代英雄，但也不过是昙花一现，遇到我这样的对手，他只能束手无策。”

人们听了，都暗地里嘲笑他。

皇帝下诏说："周亚夫平定七国之乱，都还比不上邓艾。"

邓艾被任命为太尉，两个儿子被封为亭侯。

邓艾对**司马昭**说："凭借平定西蜀的声威，乘势伐吴，正是席卷天下的有利时机。但大举用兵之后，将士们都已经疲劳了，暂且缓缓再说。"

邓艾提出了伐吴的具体措施。

但他的居功自傲，已经引发了司马昭的不满。

司马昭，三国时期曹魏权臣，司马懿次子，司马师弟弟，早年随父亲司马懿抗击蜀汉，多有战功；司马师死后，拜大将军，专揽国政；派钟会、邓艾、诸葛绪三路大军灭蜀，封晋公，又封晋王，五十五岁病逝。

司马昭令人告诫邓艾："此事应该先上报。"

邓艾不满地回应道："蜀地已经归降，如果等朝廷的命令，往返会花费很长时间。大丈夫出征，可自行决策有利于国家的事。吴国未降，形势紧迫，不能拘泥常规。我没有古人的节操，但我不虚伪，不会损害国家！"

含冤而死

不仅司马昭对邓艾不满，与邓艾一同伐蜀的大将钟会也对邓艾不满。钟会觉得，自己全力进攻剑阁，使蜀国的主力部队都集中到剑阁，邓艾才有机会绕道阴平，捷足先登，进入成都，自己才是那个居功至伟的英雄。因此，钟会十分嫉恨邓艾。

钟会向司马昭诬告邓艾谋反。还有其他将领说邓艾狂傲荒悖，桀骜尊大，有反叛的迹象。

司马昭于是令人逮捕邓艾。

一夜之间，威风凛凛的传奇将军邓艾沦为了一个落魄的囚徒，被锁囚车里押往京城。邓艾的儿子也被囚禁，一同押送。

邓艾悲愤地长叹道："身为忠臣，却沦落到这种地步，没想到**白起**的境遇，竟在我身上重现了。"

白起，战国时期名将、军事家，熟知兵法，用兵如神，担任秦军主将三十余年，攻城七十余座，为秦统一六国做出贡献，后因触怒秦昭襄王，被赐死。

公元264年，钟会来到成都，送邓艾父子前往京城洛阳。这时候，钟会掌握着二十多万的魏、蜀军队，又远离朝廷，他刚送走邓艾父子，就开始谋反。

司马昭早就对钟会有所防备，已经派一万多步兵进入蜀地，他自己则亲率十万大军驻扎长安。钟会没想到谋反会遇到波折，便与蜀国降将姜维商议。

姜维提议，扣押所有的魏国将领，士兵就不会反抗了。

钟会慌乱之中听从了。

然而，这只是姜维的计谋。姜维的真正意图是引起魏国内讧，然后趁机杀死钟会，恢复蜀汉。

还没等钟会动手，消息就泄露了，魏国的将领们蜂拥而起，杀入蜀宫，混战中，钟会被杀死了。

邓艾的部下听说后，急忙去追赶囚车，然后簇拥着邓艾回到成都。

可惜，命运的垂青是如此短暂。邓艾回到成都后，根本无法控制局面，魏军士兵们仿佛一头头饥渴的野兽，大肆劫掠，无法禁止。后来，还是监军**卫瓘**（guàn）出面，才勉强平息了混乱。

此前，卫瓘曾经参与诬陷邓艾，他害怕邓艾回到朝廷后会报复自己，便派军队追杀邓艾父子。

卫瓘，字伯玉，三国曹魏至西晋重臣、书法家，以代理镇西将军军司、监军身份参与伐蜀战争。蜀灭汉亡后，与钟会一道逮捕邓艾，之后平息钟会叛乱，杀邓艾父子。晋朝建立后，为太子少傅，后在政变中满门被杀。

在绵竹城西部，卫瓘派出的人抓住了邓艾与他的儿子邓忠，将他们杀死。邓艾在洛阳的其他儿子也被杀死，妻子和孙子被流放到遥远的西域。直到晋朝建立后，晋武帝**司马炎**才为邓艾平了反。

司马炎，字安世，西晋开国皇帝，司马懿之孙，司马昭长子，逼迫魏元帝曹奂禅让而为帝。此前，魏国于公元263年攻灭蜀国，司马炎建晋后，于公元280年攻灭吴国，实现全国统一；后骄奢淫逸，怠惰政事，五十五岁病逝。

钟会

反叛之才

眼中灵光

一辆马车缓缓停在蒋家的大门前。

车上下来一个衣着华贵的男人，此人是朝廷重臣，也是大书法家**钟繇**。

跟在钟繇身后的是一小男孩，名叫钟会，字士季，是钟繇的小儿子。

父子俩走进蒋家，一位老者迎了过来。

“蒋大人，”钟繇对老者施礼，“久闻大人擅长相术，还写了不少专著，劳烦大人帮我看看幼子如何。”

“嗯，”**蒋济**摸了摸胡子，“通过观察一个人的眼瞳，就能洞悉此人的品性和才能。我来看看令郎的眼睛吧。”

钟繇急忙让五岁的钟会抬起头。

蒋济仔细地看着钟会的眼睛。只见这个孩子有一双明亮澄澈的双眼，流露出智慧的灵光。

蒋济惊讶地赞叹道：“这个孩子将来一定是一个与众不同的人物！”

钟会之所以与众不同，离不开母亲张氏的教导。钟会幼年起，张氏就严格教导他。四岁时，钟会便开始学习《孝经》；七岁能诵读《论语》；八岁读《诗经》；十岁读《尚书》；十一岁读《易经》；十二岁

钟繇，字元常，汉末至三国时期曹魏重臣、书法家，有“正书之祖”之誉，与王羲之并称“钟王”。他镇守关中时，功勋卓著，被比为萧何；曹魏建立后，官至太傅，封定陵县侯。

蒋济，字子通，汉末至三国时期曹魏名臣，曹操的心腹谋士，曹魏建立后，官至太尉，封都乡侯，后因病而死。

读《春秋左传》《国语》；十三岁读《周礼》《礼记》；十四岁读父亲钟繇所著的《易记》；十五岁被送进太学学堂，学习各种奇文异训。

五字客

正如蒋济所说，钟会长大后，成为一名才华横溢的才子。他博学多识，擅长辨析，精通玄学，还十分勤奋，凡是见过他的人，都为他的才华惊叹。

一日，司马师让中书令虞松作表，虞松修改了好几次，司马师还是不满意，沉着脸命他重写。

烦恼的虞松愁眉苦脸，钟会瞧见了，问他原因。之后，钟会看了看表，帮他改了五个字。

虞松将修改后的表给司马师看，司马师读后很惊讶："这不是你改的，是谁改的？"

虞松如实回答："是钟会。"

司马师不由得露出欣赏的神情，让钟会来见自己。钟会得到消息后，心中既兴奋又紧张，闭门钻研了十日，才去见司马师。

没想到，二人相见恨晚，从早上一直谈到深夜。钟会离去后，司马师激动地拍手感叹："此人真是国家的栋梁之材！"

曹髦
司马昭亲信

公元254年，掌控朝政的司马师扶立曹髦为帝，之后，钟会被封为关内侯。

这一年，钟会年仅二十一岁。

钟会的母亲张氏拉着他的手教诲道："你这么年轻就能当官，应当感恩。如果贪图太多，可能给自己招来危险。"

钟会点头称是。

第二年，不满司马氏专权的大臣毌丘俭起兵反叛。钟会跟随司马师出兵讨伐，为司马师出谋划策，展现出敏锐的洞察力和高超的谋略。

司马师死后，他的弟弟司马昭掌控朝政，钟会依然在军中担任谋士。

司马昭刚刚掌握大权，根基不稳，魏帝曹髦想趁机夺回兵权，除掉司马家族。

曹髦降下诏书，命令尚书傅嘏（gǔ）率领诸军还朝，而让司马昭单独留在许昌。

钟会听说后，与傅嘏密谋，没有按照魏帝的旨意去做，使魏帝铲除司马氏的想法落空了。

魏帝无可奈何，只好拜司马昭为大将军，并作为辅政大臣。钟会也因此被升为黄门侍郎，封东武亭侯。

屡出计谋

公元257年，魏帝命诸葛诞为司空。**诸葛诞**不满司马家族专政已久，但他看到很多反对司马氏的人，要么被杀，要么被株连三族，心中惶恐不安，也非常愤怒。

诸葛诞，字公休，三国时期曹魏将领，蜀国诸葛亮、吴国诸葛瑾的族弟，官至司空，封高平侯，起兵讨伐司马昭时，战败被杀，夷灭三族；几百个部下全部拒绝投降而被杀。

当时，钟会的母亲刚刚去世，他正在家服丧，听说这个消息后，钟会认为，诸葛诞不会听命于司马氏，而且很可能反叛司马氏。

于是，他命人驰马飞报司马昭。

司马昭觉得，天子的诏命已经下达，无法更改，就算诸葛诞反叛他，他也没办法。

没过多久，诸葛诞果然举兵反叛司马昭。

诸葛诞起兵时，向东吴求援。东吴派来了援军。

司马昭发兵攻打在寿春起兵的诸葛诞，钟会跟随司马昭出征。

吴国派来支援诸葛诞的大将是全怿。全怿兄长的儿子全辉、全仪，之前在吴国惹上官司，便带着母亲，归顺了司马昭。钟会知道这个情况后，设下连环计，伪造信件，然后，派全辉、全仪给大将全怿送去。

信中说，当时吴国君主因为全家在战场失利而暴怒，要处死全家所有的人，所以，全辉、全仪才带着母亲投靠魏国。

全怿等人看到信后，害怕打不赢战争也被处死，便投降了魏国。

投降的人获得了封赏和优待，吴国的士兵知道后，也萌发了投降的心思，导致军中士气低落，人心惶惶。

之后，司马昭下令进攻寿春，攻城的计谋大多是钟会提的。有人将他比作西汉谋士张良。

攻破寿春后，大军凯旋，朝廷给钟会升官，钟会坚决推辞了。

朝廷降诏赞扬道："钟会推辞封赏，诚恳且坚定。像这样有功却不骄傲的人自古受人尊敬。现在，只能尊重钟会的个人意愿，彰显他的美德。"

公元261年，钟会被升为司隶校尉。

虽然钟会在外任职，但朝廷上许多决策，他都插手了。杀死名士**嵇康**，也是由钟会谋划的。

领兵伐蜀

蜀国的大将姜维前后组织了十一次北伐，想要打败魏国。司马昭认为，姜维屡次出兵，使得蜀国民力衰弱，财源耗尽，如果趁此机会，大举发兵，可以一举消灭蜀国。

很多大臣都并不赞同司马昭的想法，但钟会认为，进攻蜀国是明智之举。

不久，钟会任镇西将军，都督关中诸军事。不

嵇康，字叔夜，三国时期曹魏思想家、音乐家、文学家，竹林七贤之一，妻为曹操曾孙女，司马氏掌权后，隐居不出。钟会去见嵇康，嵇康在树下打铁，不理钟会。钟会离开时，嵇康问："何所闻而来？何所见而去？"钟会说："闻所闻而来，见所见而去。"后来，钟会诬陷嵇康有罪，使嵇康被杀，时年四十岁。

过，司马昭对外宣称，魏军将要伐吴，以此来迷惑蜀国。

公元263年秋天，魏国出动三路大军，开始伐蜀。

西路是邓艾带领的三万士兵，负责进攻沓中，牵制姜维。

中路是诸葛绪带领的三万士兵，驻守在雍州边境，切断姜维的退路。

东路是钟会带领的十几万大军，分为两路，进入斜谷和骆谷。

蜀道艰险，钟会便命牙门将许仪作为开路先锋，在前方修筑栈道和桥梁，然后，大军随后跟进。

不料，钟会在经过一座桥时，他的坐骑马蹄陷进了坑里。钟会大怒，下令将许仪处死。

许仪是猛将许褚的儿子，是魏国功臣之后，还有牟乡侯的爵位，但钟会不顾许褚的功绩，依旧斩杀了许仪。此事传遍全军，士兵们都极为惊恐。

早在钟会出征之前，司马昭的心腹大臣邵悌就不赞成钟会领兵。

邵悌忧心忡忡地对司马昭说：“钟会没有家室的牵挂，独自率领十几万大军，恐有不妥，万一反叛……不如另派他人。”

司马昭笑着回答：“提到灭蜀一事，众人皆怯懦，只有钟会与我志同道合，派他征蜀必能成功。即便出现了你所忧虑的事，钟会也很难成事。因为蜀亡后，蜀人恐惧，魏军思归，钟会想造反也没用。”

司马昭嘱咐邵悌：“无须忧虑，但一定要谨慎，千万别泄露了秘密。”

邵悌点点头，但心中仍存顾虑，只是因为司马昭已有决断，他只得听从了。

攻打剑阁

汉城，今陕西勉县。

乐城，今陕西城固县。

蜀国得知魏国派出三路大军进犯后，派士兵在**汉城**和**乐城**防守，军情极为紧张。

钟会派荀恺和李辅各领一万人，分别包围汉城和乐城，并让**胡烈**带领魏军攻破阳安关，缴获大量的粮食。

期间，钟会带领大军继续向**阳安口**进发，途中经过诸葛亮在定军山的坟墓，钟会特意派人前去祭拜，表达敬意。

蜀军面对魏军凶猛的攻势，节节败退。姜维在无奈之下急速撤军，与蜀将张翼、廖化等人守卫剑阁，一起抵抗钟会的十几万大军。

剑阁是魏军入蜀的必经之路，是一处易守难攻的要塞。

钟会久攻不下，就发了檄文，希望驻守剑阁的蜀军权衡利害，早日归降魏国。

但檄文没有起到作用，蜀军的军心并未动摇，他们众志成城，一次又一次地将魏军阻拦在高耸陡峭的山崖下。

日子一天天过去，魏军的伤亡也越来越多。剑阁好似一扇天门，无法打开。

正当魏军一筹莫展之际，魏军大将邓艾提出，可以由一支精兵部队走阴平小道，翻山绕过剑阁，直接攻打成都的门户涪城。

钟会听了，不同意。

胡烈，字玄武，三国时期曹魏至西晋将领，参与魏伐蜀之战。钟会谋反时，胡烈挑动军士的对抗情绪，诱使魏军攻杀钟会，后与鲜卑作战，遭到围困，兵败阵亡。

阳安口，即阳安关，今陕西宁强县西北。

钟
会

诸葛绪，字佑明，三国时期曹魏至西晋大臣，参与魏灭蜀之战时，邓艾邀他一起走阴平小道，他以没收到命令拒绝，去与钟会会师。其后，军队被钟会收编。西晋建立后，被封为乐安亭侯。

邓艾于是请示司马昭，司马昭同意了。

司马昭下令，由邓艾带兵走阴平小路，为了牵制住蜀国大军，中路的**诸葛绪**带兵也到剑阁，与钟会一起攻打剑阁。

然而，钟会一心想要独揽统兵大权，于是偷偷给司马昭写信，诬陷诸葛绪畏敌不前，贻误战机。

司马昭勃然大怒，下令抓捕诸葛绪，押解到京师治罪。

此后，诸军的统率权全部归钟会一人掌控。

就这样，钟会独自率领诸军攻打剑阁，与姜维交战。

士兵们在烽烟弥漫的战场上厮杀，兵马奔逐，尘土飞扬，利箭铺天盖地，但激战良久，魏军还是攻不下剑阁。

月朗星稀的夜晚，钟会眺望着高耸入云的剑阁，未免长叹。他甚至打算领兵撤退，重新思考战略了。

就在这时，邓艾已经翻越阴平小道，抵达绵竹，并以雷霆之势斩杀了蜀将诸葛瞻，兵锋直指成都！

姜维得到消息后，大为震惊，立即撤离剑阁，想要回去救援。

但一切都来不及了！

钟会趁此机会一举攻克剑阁，抵达涪城。

眼见成都难以救援，蜀后主刘禅思虑再三，向魏国投降了。

蜀国灭亡了，姜维也接到刘禅的命令，去向魏军投降。姜维只能放下武器，去投降钟会。

钟会接受了姜维的投降，与姜维格外亲密。他还严格要求部下，禁止抢掠蜀中士民，同时，以谦恭的态度笼络蜀国的臣子。

诬陷邓艾

灭蜀后，朝廷颁发诏书，任钟会为司徒，封为县侯，封他的两个儿子为亭侯。

钟会得到了褒奖后，心中并不满意。他觉得，在讨蜀将领中，他是职位最高、牺牲最大的，而邓艾只是平民出身的将领，职位也没有自己高，能力也不比自己强，却先自己一步进入成都，接受了刘禅的投降。这让他很不高兴，对邓艾充满了嫉恨。

妒火越烧越旺，钟会决定铲除邓艾。

钟会是一位书法家，擅长模仿他人的笔迹。他想方设法取得了邓艾准备向朝廷上报的奏章，然后篡改了邓艾的言论，使邓艾的言辞变得傲慢、不恭，甚至

有诋毁司马昭之意。

篡改过的奏章成功地让司马昭对邓艾产生了疑心。于是，朝廷下令捉拿邓艾，将其用囚车押送回京。

司马昭担心邓艾反抗，命钟会迅速进入成都，送邓艾的囚车进京。

监军卫瓘在钟会之前到了成都，向邓艾及其部下宣布了司马昭的命令。邓艾被押入囚车。

钟会欣喜若狂，彻底地独揽了统兵大权。他得意扬扬地想：“终于铲除了邓艾这个心腹大患，属于我的霸业唾手可得！”

在姜维的怂恿下，他开始谋划如何占领长安。

他们决定，由姜维等人先率领蜀军从斜谷出兵，再由钟会带领大军紧随其后。一旦抵达长安，就让骑兵走陆路，步兵走水路，从渭水进入黄河。这样一来，五天就能抵达孟津，在洛阳与骑兵会师。届时，天下便唾手可得了……

死于战乱

钟会无论如何也没有想到，司马昭已经做好了防备他反叛的准备。

一天，钟会突然收到司马昭的书信，信中写道：

“我担心邓艾不甘心接受惩罚，因此，特派中护军贾充带一万人马，经由斜谷，驻扎在乐城。我将亲自率领十万大军，驻守长安。我们很快就会相见。”

钟会读完信后，脸色大变。

他想，司马昭明知道他有能力独立处理邓艾之事，却额外部署了一万人马，还在长安驻军，这一定是发现了异状。

怎么办？钟会陷入了焦虑中。

他急忙招来亲信，说道："我们应该立即出兵，如果成功，天下就在我们手中；即使失败，也可以退守蜀汉之地，依然可以效仿刘备自立为帝。"

此时，钟会觉得，自己必须马上行动。

他说："自从我平定淮南以来，策略运筹从未失手，这是四海皆知的。我有如此崇高的功绩和名声，岂能束手就擒！"

公元264年，正月十五这天，钟会抵达成都。

第二天，他邀请魏国和蜀国的高级官员来到蜀国皇宫，为魏国的太后举办丧礼。

他谎称太后留有遗诏，命他起兵废除司马昭。

之前，他已经伪造了太后的诏书。他命人把假诏书给众人看，并让众人签名做证，之后，他又将诸军的将领替换为自己的亲信。

然而，魏国的将领们刚刚苦战一场，根本不愿意再打仗，也不愿意谋反，钟会没有想到这种局面，恼

交战

怒之下，将所有的魏国官员都囚禁起来，并封锁了宫门、城门，派重兵严密守卫。

钟会有一个亲信，名叫丘建，曾是将领胡烈的部下。丘建看到胡烈被囚禁，倍感同情，便劝说钟会，留下一名士兵给胡烈提供饮食。

钟会同意了，给其他被囚禁的将领也都各留了一名士兵侍奉。

胡烈便编造谎言，让士兵在各个将领中间传递。他说："丘建私下对我透露，钟会已经准备好一个大坑和几千根白色木棒，准备叫城外的驻军进城，每人赐白帽一顶，被任命为散将，然后趁其不备用棒击杀，埋在坑中。"

通过各个士兵的口耳相传，被囚禁的将领们都以为棒杀之事是真的。他们开始骚动，寻求对策。

有人劝告钟会道："应该尽早杀死这些关押的将领，以绝后患。"

钟会犹豫不决，毕竟杀掉这么多的将领不是一件小事。

公元264年正月十八日，中午时分，胡烈的儿子鼓动军兵擂动战鼓，冲出大营，攻向蜀宫。

其他各路军队见状，也都鼓噪出动。

无数士兵自发地冲向蜀宫，一时间，人声鼎沸，一片混乱。

有人慌慌张张地冲入宫内，报告钟会，说宫外发生兵变，正在攻打禁城。

钟会大惊失色，连忙问姜维："外面的来兵，好像要不利于我，应当如何应对？"

姜维道："应当立即攻击。"

钟会于是拿上武器，想要出去拼杀，又派人去杀死所有被囚禁的魏将。不过，胡烈等将领已经用桌案将门顶住，外面的人无法进入。

双方正在相持之际，宫外的军兵已经登梯上城，四处焚烧，且箭如雨下，宫门很快被攻破了。

姜维与钟会冲出去作战，但对方人多势众，姜维最终被杀。

钟会更加势弱，被乱军争相斩杀，时年四十岁。

在这场变乱中，魏国只有长史**杜预**等人幸免于难，多数人都遇害了。

杜预，字元凯，魏晋时期军事家、经学家，出身富贵，却勤学简朴，初任尚书郎，后为权臣司马昭的幕僚，钟会入蜀时，任长史，依靠智慧幸免于难；后接替羊祜任镇南大将军，镇守荆州，为晋灭吴之战的统帅之一，封当阳县侯。杜预一生受人尊敬爱戴，是明朝之前唯一同时进文庙和武庙之人。

司马炎
杜预

少年读史

小三国志

第四册

名将辈出

谢冕 解玺璋 主编

高翡 汤新钊 编著

文化发展出版社
Cultural Development Press
·北京·

图书在版编目（CIP）数据

小三国志 / 高翡，汤新钊编著. — 北京 ：文化发展出版社，2024. 7. —（少年读史 / 谢冕，解玺璋主编）. — ISBN 978-7-5142-4365-9

Ⅰ. K236.042-49

中国国家版本馆CIP数据核字第2024P40C08号

少年读史：小三国志

主　　编：谢　冕　解玺璋
编　　著：高　翡　汤新钊

出 版 人：宋　娜　　责任印制：杨　骏
责任编辑：肖润征　杨嘉媛　　责任校对：岳智勇　马　瑶
策划编辑：鲍志娇　　封面设计：李果果
出版发行：文化发展出版社（北京市翠微路2号 邮编：100036）
网　　址：www.wenhuafazhan.com
经　　销：全国新华书店
印　　刷：天津睿和印艺科技有限公司

开　　本：880mm × 1230mm　1/32
字　　数：512千字
印　　张：30
版　　次：2024年7月第1版
印　　次：2024年7月第1次印刷

定　　价：268.00元（全4册）
I S B N：978-7-5142-4365-9

◆ 如有印装质量问题，请电话联系：010-68567015

前言

历史上的关羽真的使用青龙偃月刀吗？诸葛亮真的骂过王朗吗？刘备为什么要白帝城托孤？吴下阿蒙为什么令人刮目相看？赤壁之战的真相是怎样的？……

只有读过《三国志》，你才能得到真正的答案，认识真实的三国时代和那些个性卓然的乱世群雄。

经典名著，百世流传，不读《三国志》，不足以谈三国。《三国志》是三国蜀汉至西晋时期官员、史学家陈寿历经十年所著，与《史记》《汉书》《后汉书》合称“前四史”。《三国志》以国家为叙述单位，分为《魏书》《蜀书》《吴书》，尊曹魏为正统。

本套书《小三国志》遴选《三国志》中的精彩人物和事件，进行白话新译，为便于小读者阅读，进行了适当改写和补充，捕捉细节，渲染气氛，让小读者能够感同身受地理解当时的人物及其境况。

北宋大学者司马光说：“人之患，在于不读史。”历史是人所创造的，读史就是认识人本身，认识祖先的根、民族的根，认识世界，由此才能把握好现在，选择好未来的路。希望小读者在阅读《小三国志》时，能够拥有不一样的阅读体验。

本套书体量大，难免有不足之处，欢迎读者批评指正。

注：本书插图均为古人所绘，同一人物在不同古人笔下形象或有差异，读者可领略不同画师的风格，以下不再一一标注。

目录

名将辈出

蜀书

关羽

张飞

马超

黄忠

赵云

魏延

姜维

吴书

太史慈

周瑜

吕蒙

甘宁

陆逊

诸葛恪

蜀书

关羽

义薄云天

兵败下邳

公元200年，初春时节，正是乍暖还寒时候。夜风还滞留着寒冬的肃杀，吹得城楼上的灯笼摇摇欲坠。

营帐内，一名威武的大将来回踱步，满心踌躇。

他就是关羽，字云长，河东郡**解县**人。战乱时，关羽背井离乡，逃到**涿郡**，正巧刘备在家乡招兵买马，关羽和张飞就投奔了刘备，三人结为兄弟，关羽和张飞担任刘备的护卫。

刘备任平原国国相后，任关羽、张飞为别部司马，分管军队。三人情同手足，睡觉都在同一张床上。平时，关羽和张飞就侍立在刘备身边，在跟随刘备对敌作战时，从来不畏惧艰难和危险。

刘备袭击徐州，杀死刺史车胄后，占据了徐州。他让关羽镇守**下邳**城，代理太守，自己则驻扎在小沛。

这一年，曹操攻打徐州，刘备大败，关羽所镇守的下邳，成了一座孤城，被曹军围得水泄不通。

忽然，外面传来了一阵喊杀声，关羽吃了一惊，连忙冲了出去。

“将军，大事不好！”一名士兵慌慌张张地跑了过来。

解县，今山西省运城市盐湖区解州镇。

涿郡，今河北省涿州市。

下邳，位于今江苏省睢宁县。

“何事惊慌？”关羽问道。

“报将军，曹军进城了！”士兵急促地回答。

“不必慌乱，随我一起杀敌！”

“将军，曹军一直在外面叫喊，说主公已经丢下我们逃走了，如果我们还不投降，他们就要屠城，弟兄们为了活命，不得已开了城门。”

“叛贼！主公是仁义之主，怎么会独自逃走？！休得谣言惑众，快与我上阵杀敌！”

关羽话音方落，无数火把照亮了黑夜，数不清的曹军涌了上来，包围了关羽。

无奈降曹

关羽被押送到一座宅院前。

“主公让你们礼请关将军，谁叫你们绑他过来？！赶快松绑！”一个官员模样的人走过来，呵斥押送关羽的人。

“是，大人！”士兵赶紧给关羽松绑。

“关将军，请随我来。”官员向关羽施礼道。

关羽“哼”了一声，大踏步地走进宅院。

官员把关羽带进了宅院中的一个房间里。

曹操正坐在房中，一见关羽走进来，立刻迎了过去，请关羽落座。

关羽只是昂着头，并不理他。

“云长，不要拘礼，还记得当年我们一起攻破吕布，我们也是旧相识了。”曹操满脸笑容地对关羽说道。

关羽笔直地站着，对曹操道：“我是不会投奔你的。我和刘将军是结义兄弟，此生只追随刘将军。所以，你若要杀我，还请尽快。”

曹操心中凉了半截，但还是不忍杀死关羽这样有义气的将才。

他对关羽说：“我是不会杀云长的。刘备是一位世间罕见的英雄，虽然他眼下与我敌对，但是他一直是我的兄弟。”

“你若不杀我，我早晚还是要回到刘将军身边的。”

“好！到时候如果你真的想回去，我决不阻拦。”

“多谢！”关羽有些被曹操感动了。

“云长，我从不食言。眼下刘备行踪不明，生死未卜，等打听到他的消息，我自会告知你。”曹操说。

“好！”关羽感激地向曹操施礼。

就这样，关羽暂时做了曹操的部将，被曹操拜为偏将军。

同时被俘的还有刘备的夫人糜夫人，关羽按时问安，从不怠慢。

身在曹营 心在汉

这日，曹操召见大将张辽。

“文远，你与云长是旧友吧？”曹操问张辽。

“是的，我与云长相识多年。”

“好！那你去为我做一件事。”曹操大笑。

“不知是何事？”

“云长勇猛，人称万人敌，且为人仗义，我若能得此猛将，必将如虎添翼。现在他虽然归降于我，但是他不是真心想留下，想让你前去试探一下，并劝服他。”

“我今晚便去关羽处。”

到了夜晚，一轮圆月缓缓升起。月光下，城池白茫茫一片，好似铺上了一层白霜。张辽来到关羽的住处。

关羽见张辽前来，急忙迎接张辽。

“文远何以夤夜至此？”关羽道。

“云长兄，今夜前来，与你共饮。”张辽将带来的酒打开。

士兵取来酒碗，把酒斟满。关羽、张辽一边共话往事，一边推杯助盏地饮了起来。

“云长兄，近来可好？”张辽问道。

“曹公待我不薄，一切都好。只是——”关羽面有难色。

“只是什么？”张辽关切地问道。

“只是我同样蒙受刘将军的厚恩，而且与刘将军结为兄弟。我已发誓终身追随刘将军，绝不背叛他，我不会久留此处的。”

“云长兄，大丈夫自当建功立业，现在我的主公‘奉天子以讨不臣’，刚好是你我大展宏图的时候。况且，我的主公唯才是举，你若能追随左右，一定能得到重用。”张辽劝导关羽。

侍卫
关羽

“文远，我们虽为老相识，但你我各为其主，你的心意我领了。大丈夫不仅要建功立业，而且要义薄云天。我是一定要离开此处追随刘将军的，只是我在离开之前，会先报恩再辞别。”关羽道。

“唉，云长兄，你我难得像今日这样叙旧闲谈，离别的事先不谈了吧，喝酒！”张辽道。

二人一饮而尽，相视而笑。

翌日，张辽便来见曹操，向曹操禀告此事。

曹操深感惋惜，长叹一声道：“难得有这样的虎将，我终究是留不下他。关羽是罕见的义士啊！”

不久，曹操与袁绍大战，袁绍派兵攻打**白马**。曹操为了救援白马，派张辽与关羽为先锋，迎战袁绍的大将颜良。

曹军到达战场后，关羽按捺不住，紧握手中的长矛，策马冲向颜良的军队，直逼麾盖下的将领颜良。

望着横冲而来的“飞将”，颜良手下的士兵都傻了眼。颜良也猝不及防，刚刚招架没几下，就被关羽刺死在了马下。就这样，白马之围解除了，曹操立即上奏朝廷，封关羽为汉寿亭侯。

封侯的第二天，关羽便离开了曹操。他得知刘备在袁绍那里，便去袁绍军中寻找刘备去了。临走前，

白马，今河南滑县。

《三国演义》中，关羽使用的兵器是青龙偃月刀，但偃月刀是一种仪仗兵器，且重量大，不适用于实战；《三国志》中记载，颜良被关羽刺死，推测关羽使用的兵器可能是长矛。

他把曹操赏赐给他的东西都留在了曹营。

得知关羽离开后，曹操的不少部将都请曹操下令追关羽，曹操却摆了摆手："大家各为其主，就让他去吧，不要为难他。"

关羽与刘备见面后，刘备备受感动。张飞怀疑关羽仍然感念曹操，关羽便斩杀了一位曹军将领以明心迹。

不久，关羽和张飞跟着刘备离开了袁绍，去投奔了荆州的刘表。

曹操率军攻打荆州，占据了荆州。刘备撤往江夏，与江东的孙权联合起来，在赤壁之战中打败了曹操。刘备趁机占据了荆州。

刘备命关羽镇守荆州，之后，又夺取了益州与汉中。从此，刘备与曹操、孙权形成了三足鼎立的局势。

刘备从寄人篱下到与曹操、孙权平分天下，关羽功不可没。

关羽镇守荆州时，听说刘备在汉中收降了武将马超。马超的勇猛远近闻名，关羽便写信给诸葛亮，询

问马超的武艺怎么样。

诸葛亮知道关羽心高气傲，便回信说：“马超文武双全，勇猛过人，可以和张飞并驾齐驱，但比起你这位美髯（rán）公，还是逊色不少。”

关羽读完信后，哈哈大笑。他一边抚摸着自己漂亮的胡须，一边将信件传给部下们看。关羽“美髯公”的称号逐渐传播开来。

之前，关羽在作战时，曾被流箭射中，箭头穿透他的左臂，后来，伤口愈合了，但一遇到阴雨天气，臂骨便异常疼痛。

请郎中来看，郎中说：“箭头有毒，毒渗入骨中，必须在臂上重新开刀，刮去臂骨上的毒，才能治愈。”

关羽听了，立刻伸出手臂，让郎中为他开刀。

当时，关羽正在请众将饮宴，臂上鲜血淋漓，流满了在下面接着的盘子，但关羽却饮食自如，与众人谈笑自若。

刘备夺取益州后，孙权向刘备索要荆州。刘备再三拖延不给，说自己准备攻打凉州，等攻破凉州后再把荆州给孙权。

孙权勃然大怒，让鲁肃约镇守荆州的关羽谈判。

关羽并不畏怯，当即同意，而且单刀赴会，不把吴国的大军放在眼里。

谈判时，关羽寸土不让。最终，两方不欢而散。

最终，双方为了对抗曹操，还是分割了荆州六郡，一方得三郡，暂时平息了紧张局面。

辱骂吴使

公元219年，刘备自封为汉中王，拜关羽为前将军。

孙权权衡利弊，觉得孙刘联盟还是对自己有利，于是派使者去见关羽，要与关羽联姻。

关羽见了吴使，不知何事，吴使便说：“我奉主公之命，特来向将军贺喜。”

单刀赴会

关羽不解，问道：“何喜之有？”

“我家主公想为儿子娶妻，将军有一女，恰好可以嫁到东吴，我们两家永结秦晋之好。”

“哼！”关羽立刻怒目圆睁，“把我女儿嫁去东吴，怕是有去无回，成了你们的人质！”

“将军，我们并非此意啊。”

“当初赤壁之战之后，汉中王（刘备）得到了荆州六郡，孙权竟然擅自派官吏入长沙三郡，如果不是汉中告急，汉中王也不会答应，白白把三郡让给你们！现在，孙权还想跟我联姻？要不是看在之前两家联盟的分上，我现在就杀了你！速去！”关羽气不打一处来，把吴使辱骂了一通。

吴使只好离开了。

孙权见关羽拒绝结亲，还辱骂自己的使者，心中更加愤恨。

攻打襄樊

这一年，关羽攻打曹军驻守的樊城和襄阳。

在出发之前，关羽加强了荆州三郡的城防，防止曹操南下攻打，也防止孙权向西攻打。他留下了守城部队，还告诫镇守南郡的糜芳，千万要提防孙权来偷袭。糜芳答应了。

关羽指挥军队兵分两路，一路包围了襄阳，另一路在他的率领下，直逼据守樊城的曹仁。

一旦关羽攻破了襄樊，兵锋就能直逼许都，威胁曹操了。

曹操深知这一点，下令曹军奋力抵抗，并派大将于禁督领七军（其中一支由庞德领军）去樊城救援曹仁。

一场激战在樊城外展开。

曹军中，为首的一个将领，骑着白马奔驰而来，此人正是庞德。

庞德原是西凉马超的部将，被曹操俘虏后，受到曹操的优待，因此投降了曹操。庞德面对关羽大军的进攻，镇定自若，指挥曹军列阵击杀，异常勇猛。

关羽军与曹军杀得难解难分。

一个将领对关羽说："曹军抵抗猛烈，我军久攻不下啊。"

关羽摸着胡须道："想不到庞德小儿竟如此难对付！"

说罢，关羽纵马而出，奔向庞德。关羽的将士们一见，顿时士气大振。一时间，庞德的军队有了溃散的迹象。

但是，庞德不甘示弱，他拿出弓箭，瞄准关羽，射了过去。

这一箭正中关羽的额头，如果不是因为头盔的保护，关羽恐怕已经命丧黄泉了。

正待众人要救护关羽时，只见关羽挥动长矛，大喝一声："杀！"顿时，军威大振，士气高涨，庞德的军队不得不暂时后撤。

此后，关羽军与曹军陷入了拉锯战，难分胜负。

水淹七军

时值秋天，连续雨天，汉水泛滥而涨。

眼见着雨水越下越大，没有停下的迹象，关羽不禁大笑起来。

"将军为何发笑？"部将们不解地问道。

"我笑破城指日可待！"关羽说。

"此时下雨不停，攻战艰难不易，破城难啊。"部将们说。

"不难！樊城是一片谷地平原，地势低洼，四周是山，并且，河谷遍布。眼下，曹仁镇守樊城，于禁与庞德等援军在城外与我们对抗，如果长期作战，我们会处于主动一方，于禁他们只能被动防守。而正值雨季，只要山洪爆发，到时候，我军将士乘船而行，先攻打屯兵在樊城北部的于禁与庞德，然后，再包围樊城，逼迫曹仁投降，樊城可破矣。”关羽说。

“将军真是神策啊！”众将纷纷赞叹。

雨水越下越大，暴雨果真引发了山洪。此时，关羽军已经做好了准备，将士们趁着洪水爆发，上了战船，船队直逼樊城外的曹军。

樊城外，洪水连天，把于禁督率的七军全都淹了，无数曹军士兵被淹死。

在关羽军的猛烈进攻下，于禁置身于大水中，无处可退，又无法进攻，便率众军投降了。

于禁投降了关羽。但曹操的大将庞德拒绝投降，关羽劝降不得，便斩杀了庞德。

此战令曹操分外胆寒。

一些地方的豪强武装十分尊崇关羽，在关羽的印信号令下，成为关羽指挥的地方武装。一时间，关羽威震中原。

放弃樊城

樊城岌岌可危，城墙有不少地方已经被洪水泡坏。由于此前曹仁总是给附近百姓增加劳役，襄樊及附近的百姓不堪忍受，便都纷纷反抗曹操，响应关羽。

关羽派人到樊城下喊话，说自己不杀俘虏，现在投降，一律宽赦。被关羽俘虏的于禁降兵也跟着一起向城里的曹军喊话。

听着城外铺天盖地的劝降声，曹仁心急如焚。眼下援军被灭，关羽破城似已成定局，他焦虑不安，想要投降，又犹豫不决。

谋士满宠见此，连忙劝道："将军休生降意，眼下正是关键时刻，只可坚守。"

"城外已经没兵了，城里只有这点儿兵，守得住吗？"

"将军，别忘了你可是曹家人，魏王（曹操）让你镇守樊城，是对你的信任！"满宠提醒曹仁。

"如今，许都以南的百姓都在响应关羽，在这样的局势下，我们能撑得住吗？"曹仁依旧没有信心。

"关羽攻城多日，已疲乏不堪。我们只要坚守，他必会撤军。再者，魏王深知将军与樊城有多重要，一定会派兵前来援助。"

"好，就依先生之言！"曹仁振作起来。

"孙刘联盟一直不够稳固，孙权对关羽充满猜疑与防备。表面上，孙权和刘备、关羽是盟友，但最近，孙权已经暗中与魏王结为盟友。孙权做梦都想夺回荆州，他岂能容忍关羽取得胜利？"

曹仁听完，立刻召集众将，发誓与樊城共存亡。原本打算开城投降的曹兵也不敢再提此事了。

曹操正在为樊城之围忧心，部将们甚至提出了迁都的想法，想把天子迁到其他地方去，免得关羽杀过来，挟持天子。

不过，司马懿极力反对，他建议全力攻打关羽。

最终，曹操放弃了迁都之事，派遣大将徐晃、徐商等人领兵火速援助樊城。

关羽并不知道孙权已经背弃孙刘联盟，此时他接到一封从江东送来的书信，写信人是江东大将陆逊。

陆逊刚刚当上孙权的都督。信中充满了他对关羽的吹捧之词，他还向关羽表示：“敌国败绩，利在同盟。”

关羽微微含笑，觉得陆逊此人不错，能使孙刘联盟变得稳固。他又想起了鲁肃，在他心里，鲁肃是一个值得尊敬的人，正是因为鲁肃，孙刘联盟才得以维持多年。

读完信，关羽心中的一块石头落了地。他立即传令，调荆州的守城部队奔赴前线，以便全力攻打樊城。

曹操派出的援军正在赶往樊城前线。大将徐晃临近前线时，计上心来，决定声东击西袭击关羽。

接下来的几天，关羽得到报告，徐晃的军队在攻打围头。他连忙派出兵力，去支援围头。

然而，没多久，他又得到四冢告急的报告。关羽吃了一惊，他这才明白，徐晃使的是声东击西之计，假装攻打围头，其实是为了攻打四冢。

关羽知道自己上当了，连忙亲自率军赶到四冢，迎战徐晃。

一场激战在四冢展开。徐晃手下的士兵刚刚上战场，锐气正足，而关羽的士兵因为连续作战，已经疲惫不堪，很快显露出了颓势。

一场激战下来，关羽的士兵阵亡太多，关羽不得不退出了四冢。

大量的曹军正源源不断地赶往樊城，关羽不禁叹气：与徐晃交战失利，樊城之围已经被曹军打破，且曹操的援军正不断前来，这样下去，反倒是自己会被包围了。好在襄阳还处于蜀军的包围之中，蜀军的一部分主力也还没有受损，并且还控制着沔水，从水路撤军还来得及。

于是，关羽率军撤退，放弃了樊城。

败走麦城

关羽在撤军途中，突然听到一个晴天霹雳一样的消息：南郡太守**糜芳**和把守公安的将领**傅士仁**投降了东吴，荆州三郡都落入孙权的手中。

原来，关羽出征时，命令糜芳、傅士仁负责供应粮草，但两个人没有完成任务，在关羽受困时，他们也不愿意全力救援。关羽知道后放话："回去就以军法惩处他们！"二人恐惧不安，他们以往就怨恨关羽轻慢他们，刚好孙权派吕蒙来偷袭南郡，诱使他们二人投降，两人于是不战而降，把荆州三郡给了孙权。

孙权不仅占据了荆州，还把关羽及其将士的家眷

糜芳，字子方，三国时期蜀国将领，刘备的糜夫人的兄弟。糜芳与哥哥糜竺家财丰厚，十几年来一直跟随刘备颠沛流离，却受关羽轻慢。糜芳为南郡太守、屯守江陵时，见傅士仁开城投降，自己也随之投降，最终导致关羽兵败被杀。糜芳的哥哥糜竺因此羞愧病死。

傅士仁，字君义，三国时期蜀国将领，受刘备重用，但关羽对他态度骄横，使他又怕又气。东吴袭击荆州时，他率先投降。

都抓了起来。消息传开后，关羽的军队迅速溃散了。

关羽感到天旋地转，眼前丢了荆州，腹背受敌，进无可进，退无可退，只好去**麦城**落脚。

麦城，今湖北省当阳市两河镇境内。

途中，关羽派人与吕蒙交涉，想要回荆州，但得到的答复是劝降。身边的士兵们不断地逃跑，到了麦城时，只剩下一百多人还跟随着他。

关羽站在麦城的城楼上，望着眼前的落日，不禁感慨万千。当初“威震华夏”，今日却是“败走麦城”，可恨孙权这个贼人，竟暗中背叛孙刘联盟，与曹操结好。

当晚，孙权遣使来麦城劝降。

关羽不想投降，但为了赢得时间逃走，便对吴使说：“我已无路可退，唯有投降，但手下的将士们还在犹疑不决，我需与他们谈谈。”

使者走后，关羽立即下令，在城墙上插满旗帜。

三更时分，关羽带着残兵偷偷出城，悄悄地行军，向成都的方向走去。

行到半路，一支军队突然杀了出来，有人大叫：“关羽休走！”

原来，孙权料到关羽诈降，便在城外关羽逃跑的必经之路上设下了埋伏。就这样，关羽被孙权的将士俘虏，之后被杀。

此时为公元220年的寒冬，一同被杀的，还有关羽的儿子关平。

孙权为了向曹操示好，也为了嫁祸给曹操，将关羽的首级送给曹操。曹操感慨良久，下令用诸侯的礼节安葬在洛阳。

公元260年，蜀汉追谥关羽为壮缪侯。

《三国演义》记载，关羽被吴将斩首后，魂魄飘荡到玉泉山上空，大喊："还我头来！"普净法师回道："将军生前斩杀的人，他们的头，又叫谁还呢？"关羽听后大悟，此后多次显圣护民。

张飞

万人之敌

长坂退敌

天气很热，**当阳**的路面泛着白光，沮河的水哗哗地向东流着。

突然，一阵马蹄声直奔当阳桥，即长坂桥而来。

只见当阳桥桥头，一个燕颔虎须、手持丈八长矛的猛将骑在马前，威风凛凛、势不可挡，此人即是刘备的大将，也是他的义弟张飞，字翼德。

当阳，今湖北省当阳市。

公元208年，曹操占据了荆州，原本依附荆州的刘备急忙逃往江夏。数十万荆州百姓听说刘备要南逃，便带上家当，自发地跟随刘备一起走。由于民众与军队一起赶路，严重拖慢了行军速度。

刘备不忍心丢掉跟随自己的百姓，又想到身后紧追不舍的曹军，一时毫无办法。众将再三劝他丢下百姓，他始终不能决断。

此时，曹操亲自率领五千精兵追赶刘备。他们追了一天一夜，终于追到了当阳境内的长坂。

曹军士气高涨，一边高呼着“活捉刘备”的口号，一边追到了当阳桥边。

刘备得知曹操已经追上来了，立刻抛下妻子、儿女，自己向前飞逃，并令张飞断后。

张飞只有二十名骑兵，但他没有退缩，而是勒马挡在桥头。

张飞知道，仅凭自己身边的二十名士兵根本无法抵挡得住曹操的五千精兵，但为了掩护刘备撤离，他甘愿赴死。

张飞怒目横睁，盯着前方的曹军，大吼道：“我是燕人张翼德，你们谁敢前来与我决一死战！”

这一吼声犹如雷鸣，吓得曹军士兵肝胆欲裂，一时竟无人敢上前。

曹军的一位将领说道："张飞不可小觑啊，他是刘备手下的猛将！"

另一位将领犹豫道："就算他是猛将，只有区区二十几名士兵又能翻起多大风浪，不然渡河吧？"

"不可轻举妄动啊。当年，夏侯惇攻打刘备，被刘备用伏击战在博望坡杀得大败。只怕是刘备与张飞设下了计谋，想骗我们到他们的埋伏圈里去。"

张飞见曹军没有行动，心中窃喜，但表面上不动声色。

"战又不战，退又不退，你们做什么！"张飞继续吼道。

喊声如雷贯耳，曹军望着张飞，更加不敢轻举妄动。

如此对峙了一段时间，张飞料到刘备已经安全逃脱，便调转马头，向后退去，二十名士兵也跟着他撤退了。

"张飞撤退了，莫非是害怕我们了？"一位曹军将领说道。

"兵不厌诈啊，张飞可能是引诱我们去追他呢。我们毕竟是先锋部队，一旦有失，没法交代啊。"

张飞长坂桥拒敌

“对，我们还是等大部队到了再商议吧。”

张飞带着区区数人，就这样阻挡了曹军的追击。

义释严颜

张飞与关羽跟随刘备出生入死，平定江南各郡，之后，刘备任张飞为宜都太守、征虏将军，封新亭侯，后又调守南郡。

公元211年，益州牧刘璋请刘备入蜀，协商共同抵御北方的张鲁。刘备留诸葛亮、关羽、张飞、赵云坐镇荆州。

一日，张飞与关羽饮酒，张飞端起一碗酒，一饮而尽。

“二哥，大哥入蜀，是好事吧？”张飞说道。

“昔日，孔明在隆中时，就为大哥提出，要占有益州，才可三分天下。大哥此次入蜀，有士元（庞统字士元）在，应该会协助大哥夺取益州。只是……”

“只是什么？”

“只是大哥忠厚仁义，怕是不会同意夺益州。之前，大哥在刘表手下，孔明就建议大哥夺取荆州，大哥就没同意，后来才曲折地占据了荆州这几个郡。只是地盘不够大，孙权也虎视眈眈。”关羽说道。

“哥哥说的是。”张飞点头道。

多日后，一封文书从益州传来，是刘备的急信，大意是益州战事吃紧，需要荆州的援军。

于是，诸葛亮与赵云、张飞率军从水路出发，奔向益州，关羽留守荆州。

张飞到达江州后，江州守将严颜据守不降。张飞大怒，指挥军队奋力攻城，在攻破了江州城后，活捉严颜。刀斧手把严颜推到张飞的面前，只见严颜被捆

严颜，东汉末年巴郡太守，镇守江州，为益州牧刘璋下属。刘璋请刘备入益州抵御汉中的张鲁时，严颜拊心叹息：“这是独自坐在深山里，放出老虎来保护自己。”事实正如严颜所料，刘备入蜀后，开始攻打刘璋。严颜被张飞俘虏，之后又被释放。

绑着，却昂首挺胸，不肯投降。

“我大军已到，你不早早投降，还敢抵抗？！”张飞喝道。

“你们出兵无名，无故侵夺我益州。我们益州没有投降将军，只有断头将军！”严颜正色道。

“好！那我就圆了你断头将军的愿望！来人，把这个老家伙拖出去斩了！”张飞勃然大怒。

“砍头就砍头！”严颜面不改色，镇定自若。

张飞吃了一惊，想不到益州还有这等舍生取义的将领。

眼看刀斧手就要往帐外押送严颜，张飞几步上前，喝退了刀斧手，给严颜松了绑。

“你这是做什么？”严颜有些诧异。

“我若杀了你，这世上便少了一位义士。我们都为人臣子，你大义凛然的气节令我佩服。”

严颜呆呆地看着张飞，简直不敢相信自己的耳朵。

此后，张飞将严颜尊为上宾，严颜受到感化，尽心尽力地辅助张飞，使张飞顺利攻克了**巴郡与巴西**两郡。

张飞兵至成都后，与刘备会师，大军开始合围

巴郡与巴西，位于今四川省与重庆市之间。

益州。益州牧刘璋被迫投降，从此，刘备成为益州之主。

刘备得益州后，任张飞为巴西郡太守，赐张飞黄金五百斤、银千斤、钱五千万、锦缎千匹。

大败张郃

公元215年，曹操进攻汉中的张鲁，张鲁向曹操投降。

曹操又命魏将张郃继续进攻蜀地，张郃多次率兵攻到巴西郡的边界，掳走了当地不少百姓。

张飞大怒，出兵与张郃作战，一连酣战了五十多天，双方不分胜负。

张飞思量着：曹操占据了汉中，而汉中紧临蜀地，从汉中就可以直接入侵蜀地，形势危急，必须想法赶走张郃，不然，益州就危险了。

张飞左思右想，突然计上心来。

第二天，张飞率领一万精兵，从山道夹击驻扎在宕渠的张郃。

只见张飞手持长矛，高声大喝，骑马奔向张郃的驻军。将士们跟在张飞身后，也高呼着冲向张郃的营地。

张郃没有料到，张飞会在狭窄的山道上发起突袭战，不禁有些慌乱，赶紧命令曹兵应战。

然而，为时已晚，由于山道狭窄，曹兵首尾难以呼应，无法互相支援，很快就被张飞军打得七零八落。最后，张郃与十多个手下丢弃战马，攀越山崖从小路逃走了。

自此，巴西郡解除了威胁。

死于非命

公元219年，刘备带领黄忠等人在定军山打败曹军，斩杀了曹操爱将夏侯渊。曹操被迫从汉中撤兵，汉中落到了刘备手中。

汉中之战胜利后，刘备自封为汉中王，任张飞为右将军。

不久，荆州传来了关羽水淹曹操七军的消息。张飞内心振奋，心想："看来曹操气数将尽了，等到二哥攻下樊城，我等再与魏延从汉中杀出去，直取长安，曹操的末日就到了。"

张飞心情大悦之时，没过几日，从荆州又来了一位信使。

信使急匆匆地对张飞说："东吴孙权偷袭荆州三郡，傅士仁和糜芳投降，导致关将军兵败！"

"后来怎样？快讲！"张飞急得怒目圆睁。

"后来，关将军被孙权杀害了。"

"啊！"张飞大喊一声，只觉得眼前一片模糊。他摇摇晃晃地后退几步，勉强扶着桌案坐了下来，之后便再也没有说话。

当夜，张飞写了一封奏章给成都的刘备，请求刘备立即出兵，攻打孙权，为关羽报仇。

奏章送上去后，张飞每天都站在门口，希望能得到刘备的回复，但成都方面迟迟没有回复，这让张飞的脾气变得越来越暴躁。一旦遇到士兵犯了错误，他就鞭打士兵来发泄自己内心的郁闷和怒火。

张飞的雄武威猛仅次于关羽，很多人都夸赞关羽、张飞有万夫不当之勇。平时，关羽对下级士兵非常和善，对上层士大夫则非常傲慢；而张飞对上层人物很敬重，对下级士兵不大爱护。刘备注意到这一点后，常常劝诫张飞。

刘备屡次对张飞说："你过度使用刑法，常常鞭打士兵，还让他们伺候在你的左右，这是多么危险的事情啊，你会因此遭到祸害的，以后一定要注意。"每当念及此处，张飞便感到汗颜，但他仍未悔改。

关羽死后数月，公元221年，刘备称帝，升张飞为车骑将军兼司隶校尉，封西乡侯。

没过多久，刘备令人下旨给张飞，命张飞率领万人，在江州合兵，准备讨伐东吴。

"终于可以为二哥报仇雪恨了！"张飞好不容易等到这一刻，顿时痛哭流涕。

当夜，张飞喝得酩酊大醉。他醉醺醺地躺到床上，恍惚间，想起多年前，他和二哥关羽、大哥刘备桃园结义，一起三顾茅庐请诸葛亮出山，一起寄人篱下，一起东征西讨，一起逃亡……

诸葛亮
刘备
关羽
张飞

诸葛亮

夜越来越深，张飞在不知不觉中进入梦乡。

张飞的两个部下——范强与张达，之前常受张飞

虐待，此时便悄悄潜入军帐，将张飞杀害了。之后，他们顺江而下，投奔了江东的孙权。

张飞军营的都督发现后，急忙上表，飞报刘备。

刘备正在皇宫中，一听到张飞的都督有表上奏，立刻说：“唉！我三弟死了。”

刘备连着失去两位情同手足的义弟，内心悲痛欲绝，追谥张飞为桓侯。

张飞的长子张苞少年时代就死了，张飞的次子张绍继承了他的爵位。张苞的儿子张遵后来跟随诸葛亮的长子诸葛瞻驻守绵竹，在伐蜀抗击魏将邓艾时战死。

马超

西凉雄烈

锦马超

扶风茂陵，今陕西兴平市。

马援，字文渊，西汉末年至东汉初年将领，东汉开国功臣，汉明帝皇后马氏之父，东汉建立后，仍领兵征战，官至伏波将军。马援老当益壮，有着马革裹尸的英雄气概，受到后世崇敬。他六十四岁时，在讨伐五溪蛮时病逝，死后受人陷害，后被平反。

马超，字孟起，**扶风茂陵**人。他出生在一个显赫的家族。他的父亲名叫马腾，是割据凉州一带的军阀，祖上是声名赫赫的伏波将军**马援**。

马腾勇猛善战，怜悯百姓，受人尊敬。汉灵帝末年，由于朝政黑暗，马腾与另一位割据凉州的军阀韩遂一起反汉。马腾与韩遂结为兄弟，但因为一些琐事又反目成仇，连年争斗。

马超就在这种环境下长大，性格彪悍，作战勇猛。马超长得俊逸出众，穿戴锦绣，超凡脱俗，被称为“锦马超”。

汉献帝时，天下大乱，天子被各诸侯轮流劫持、控制，曹操为了扩大势力，派人劝和了马腾和韩遂，把他们拉拢到自己的阵营中。之后，马腾根据曹操的意愿，派马超去讨伐叛军。

马超带领大将庞德和将士们直奔战场。叛军正在渡河，马超让将士们不要轻举妄动。

等到叛军渡河到一半时，马超下令截杀。他自己一马当先地冲过去，叛军连忙射箭抵挡。

马超左冲右突，离叛军很近，一不小心脚中了箭。马超大叫一声，但没有退缩，而是用布裹住受伤的脚，继续冲锋陷阵。

最终，马超大破敌军。马超的大将庞德亲手斩杀了叛军首领。

公元196年，曹操在许昌迎奉汉献帝，从此挟天子以令诸侯，总揽朝政。公元208年，曹操任丞相。曹操任马腾为卫尉，让马腾带着家眷迁入邺城。

此举等于剥夺了马腾的兵权，并把马腾及其家眷当做人质。马腾迫于压力，只得答应了。但马超没有跟马腾去，而是留在了凉州。

曹操又任马超为偏将军，封都亭侯，接领马腾在凉州的兵马。马超得到了兵权。

潼关之战

曹操进攻汉中的张鲁，途径凉州。马超认为，这是曹操的假道伐虢之计，以借道之名，实则是想吞并凉州。马超于是联合义父韩遂，又与其他军阀结盟，一起反抗曹操，攻打潼关。

消息传到曹操耳中，曹操始料不及。

“好一个马家儿郎！”曹操心里骂道，“他爹马腾还在邺城，他竟然不顾他老子的死活！”

这件事发生后，不仅曹操没想到，其他人也都没想到。很多人都改变了对“锦马超”的印象，咒骂他不孝不忠。因为他父亲马腾和其他亲人都在邺城，都是曹操的人质，曹操随时可以杀掉他们，马超却丝毫不顾及亲人的性命，竟然直接挑战曹操。

曹操带着寥寥的几个人，与韩遂、马超会谈。

马超觉得自己身强力壮，武艺超群，想要趁机活捉曹操。不过，他看到曹操身边有一名虎将，始终怒眼瞪着马超，马超料到此人是勇如猛虎的许诸，因此，没敢妄动。

交谈结束后，没取得什么进展。

马超深知曹操以谋略见长，开始不断地派出探子，去打探曹军的动向。

一阵大雨过后，黄河的水势随之上涨，巨浪如腾跃的雄狮，且隆隆发响。

马超、韩遂等人围在一起商议退曹战略。

突然，一名士兵跑进来报告：“大事不好！曹军正准备从潼关北面强渡黄河。”

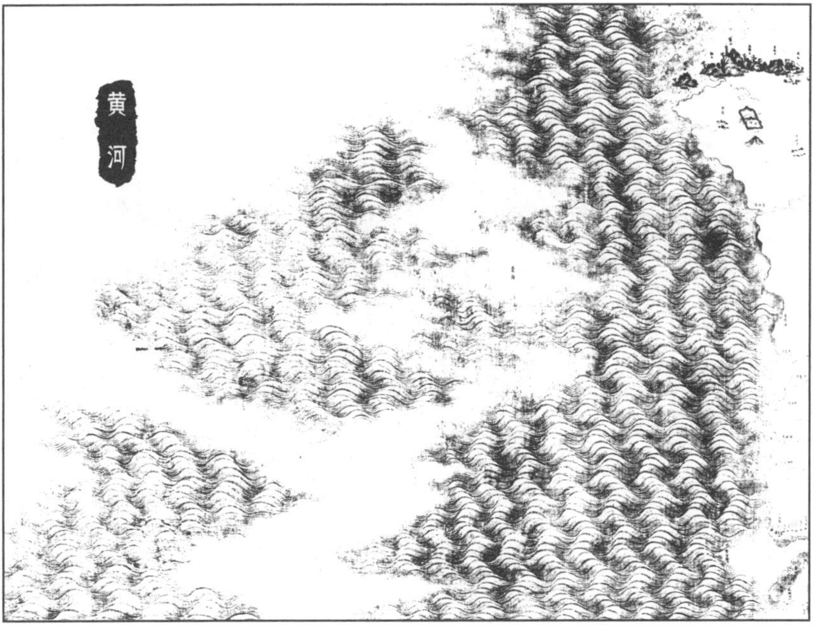

马超听闻，一时有些慌乱。

一旁的韩遂问马超：“如果曹操强渡黄河，你有什么好的应对之策吗？”

马超道：“曹操的军队人数众多、装备精良，我看万全之策是固守不战。那么，不到二十天，等到曹操军粮用尽，他们自会退兵。”

韩遂不同意，说道：“我西凉军也不乏精兵良将，不能做缩头乌龟啊。况且曹操的士兵以陆战为主，而我军水陆皆可。他不是想渡黄河吗？那就让他渡河，等他的一半儿士兵下水后，我们便出击，定然大胜！”

其他将领听了，都附和韩遂的看法。

马超便说：“那我们就主动出击，诛杀曹贼！”

按照韩遂的计划，马超率军在曹军正在渡黄河时，发起了袭击。曹军损失惨重，险些全军覆没。然而，令人没有想到的是，交战中，突然有一大群牛马冲入战场。

马超统领的西凉军顿时被冲乱了阵列，无心作战，纷纷跑去抢夺牛马。曹军趁机渡河。

原来，牛马是曹军将领丁斐故意放出来的。

此举成功转移了西凉兵的注意力，使曹军转危为安。本来曹操已经身陷困境，现在柳暗花明，顺利渡

丁斐，字文侯，东汉末年曹魏典军校尉，为人坚毅稳重，有才干谋略，与曹操同乡，深得曹操爱护。丁斐贪财，多次触犯法律，曹操都原谅了他。曹操西征马超时，丁斐放出牛马，扰乱战场，使曹操捡回一条命，曹操更加厚待他。后其病死。

了河。

曹军渡河成功，让马超十分愤怒，他连夜偷袭曹营，却被曹操击败。

无奈之下，马超只得向曹操求和，以割让黄河以西为条件，曹操没有答应。

马超又率兵挑战，但曹操坚守不出。

马超不得不再次妥协，向曹操请和。曹操假装同意求和，又故意在阵前与韩遂畅谈了很久，让马超怀疑韩遂暗通曹操。

过了几天，曹操又给韩遂写了一封书信，并在信上故意涂改多处地方，让它看起来就好像是韩遂涂改的。

“难道韩遂真的投降曹操了？”马超对韩遂越来越不放心。

马超、韩遂的联军于是出现了裂痕。

曹操趁着联军相互猜忌，出兵打败了马超、韩遂的西凉军。

马超逃奔到西戎少数民族部落，曹操一直追击到安定，赶上北方又有战事，便领兵回去了。

由于马超的行为，马超的父亲马腾被杀，并被夷灭三族。

韩遂
马超

智掌凉州

杨阜，字义山，起先出任凉州从事，后为凉州刺史韦康的参军。杨阜德才兼备，刚正不阿，有远见。

曹操撤兵时，杨阜极力反对。

杨阜说：“马超有韩信、英布之勇，西北的少数民族都拥戴他。如果我军撤退，不严密防守他，陇上诸郡就会被马超夺走。”

曹操点了点头，深以为是。但是，北方的战事如火如荼，他实在难以兼顾，还是选择了撤兵。

曹操走后，马超果然回来，开始攻打陇上郡县，并围攻冀城。

杨阜带着官员和宗族子弟一千多人，与马超苦战。从大雪纷飞的正月一直苦战到树叶枯黄的八月，死守危城，也没有等到救兵。

一位官员偷偷潜出城，沿着水路逃走，去求援兵，被马超发现杀死。

城中粮食不足，不断有百姓饿死，凉州刺史韦康和太守想向马超投降。

杨阜潸然泪下，劝道：“我率父兄子弟死战不降，以节义相鼓励，现在却要投降，给自己蒙上不义的罪名，我愿意以死相守。”

韦康也忍不住落泪，但为了保全百姓，还是打开城门，放马超进来了。

马超占据冀城后，杀死了凉州刺史韦康和太守。韦康仁德，百姓见他被杀，莫不凄然愤慨，愤恨马超。马超自称征西将军，兼并州牧，督掌凉州兵事。

逃亡汉中

姜叙是杨阜的表兄，此时屯兵在历城。杨阜从小在姜叙家中长大，与姜叙和姜叙的母亲是极为亲近的关系。

杨阜去历城，见到姜叙和叙母后，一直忍不住悲伤地哭泣。

姜叙问道："何以如此悲恸？"

杨阜说："守城又守不住，君长死了又不能同命，我还有什么脸活着呢？"

姜叙的母亲听了，分外感慨，让姜叙与杨阜商议，讨伐马超。

两个人定下计谋后，又联络了安定的梁宽、南安的赵衢、庞恭等人。大家都是凉州刺史韦康的部下，都想要给韦康报仇。

他们认为，马超虽是叛贼，但智勇双全，手下多精兵强将，正面作战很难取胜。于是，他们设下计谋，先由杨阜、姜叙在卤城起兵，把马超引出冀城，然后，由赵衢、梁宽关闭冀城大门，不让马超进城。马超进退维谷，再加上缺乏粮草，最终只能败北。大家都觉得，此计万无一失。

公元214年，杨阜和姜叙在卤城起兵。

马超听说后，立刻亲自率兵出击。

赵衢、庞恭等人一见马超出城，立刻关闭冀城大门，百姓见状，也都来帮忙。马超的妻儿被抓了起来。

马超听闻大惊，带兵攻打历城，抓住姜叙的母亲。

姜叙的母亲毫不畏惧，痛骂道："你是背叛父亲的逆子，你是杀害君长的叛贼，天地不容，有何脸面存活于世！"

这话戳到了马超的心病，马超勃然大怒，杀死了姜叙的母亲。

杨阜与马超死战，身上五处受伤，宗族兄弟战死了七个人。

马超攻城不下，眼看粮草用尽，想要返回冀城，谁知冀城早已紧闭城门。马超这才知道中计，因无处可去，便投奔了汉中的张鲁。

遭受诽谤

马超投奔张鲁之后，起初很受张鲁重视，张鲁让他任都讲祭酒，还想把女儿嫁给他。这让马超感觉很好。

但张鲁的部下对此非常不满，在他们的眼中，马超是一个不孝且杀人如麻的人。

张鲁手下的大将杨柏问张鲁：“听说将军想把女儿嫁给马超，是否有此事？”

“马超是有勇有谋的人，是不可多得的人才，如果他能成为我的女婿，可以给女儿一个好的归宿，也可以助我成大事，西可吞益州，东可拒曹操啊。”张鲁说。

“将军难道不知，马超族人两百余人被曹操作为人质杀害，马超依然不为所动吗？如此看来，将军的女儿能对马超起到多大的影响呢？”

“这……”张鲁犹豫起来。

“要慎重啊，将军！”

张鲁沉思良久，最终打消了将女儿嫁给马超的打算。

之后，马超向张鲁借兵，打算攻打凉州。

然而，随着马超兵败，杨柏等人又不停地在张鲁面前进谗，让张鲁对马超起了猜疑。张鲁开始排斥马超。

马超的内心感到悲凉，无奈之下，决定离开张鲁。

投奔刘备

离开了张鲁，自己还能去哪里呢？

马超思索着，想到了一个人——刘备。

他得知刘备正在进军益州，已经把益州牧刘璋围困在成都，于是，他写了一封信给刘备，表示自己愿意归附刘备。

刘备接过信，大为喜悦，笑道：“马超前来投奔，实在是天助我也！”

众将领听了，都说道：“素闻马超力主抗曹，并与曹操有不共戴天之仇，若马超来投，确实是一大幸事。这下我们拿下益州就毫无悬念了！”

“立刻派人前去迎接马超，并给他一支队伍，请他与我军一起合围成都。”刘备即刻下令。

马超没想到刘备如此信任自己，便率军来到成都。成都的守军十分惊慌，他们深知马超英勇无敌，不战自乱。

最终，在大军的合围之下，没到十天，刘璋便投降了，刘备取代刘璋，成为益州牧。为表彰马超的功绩，刘备任马超为平西将军。

公元219年，刘备取得汉中大战的胜利，在汉中称王，为手下众将领加官进爵，将马超提拔为左将军。

马超得到了刘备的器重，与关羽、张飞、黄忠等人都成了举足轻重的人。他从此安顿下来，收敛了锋芒。

刘备称帝后，把马超升为骠骑将军，领凉州牧，还封马超为斄（lí）乡侯。

刘备在册封马超时，下旨说："曹操父子的罪行布满天下，朕十分忧愤悲伤，日夜痛心疾首。你的信义闻名北部边地，你有显赫的威望、武力，所以，朕把凉州托付给你，愿你鹰扬虎踞，守护北方万里之

域，酬报黎民百姓……”

马超听了，无一句不言辞恳切，内心非常感动。然而，马超时时想着因为自己而被曹操屠杀的父亲和族人，内心痛苦悲凉。刘备称帝后的第二年，他就得了重病，卧床不起。

在生命的弥留之际，他想到家族里只剩下唯一一个族弟**马岱**（dài），便挣扎着给刘备写了一封绝笔信。

马岱，东汉末年至三国时期蜀汉名将，马超的从弟。早年追随马超大战曹操，参与围攻成都、汉中之战等。诸葛亮病逝后，其受命斩杀蜀将魏延。其曾率军出师北伐，官至平北将军，封陈仓侯。

“臣征战大半生，战功不足为道，到头来，却是孑然一身。因臣而导致族中两百余人被杀，臣愧对祖上。现在，臣只剩下一族弟，臣自知命不久矣，现将族弟托付给陛下，至于其他，便一无所求了。望陛下江山永固，万寿无疆！”

公元222年冬，马超憾恨而终，终年四十七岁。

黄忠

勇毅冠三军

归降刘备

随着一阵急促的脚步声，一名士兵跑进来，呈给一位身着铠甲、须发皆白的老将军一封书信。

这位老将军名叫黄忠，字汉升，**南阳**人。早年，黄忠在荆州牧刘表手下担任中郎将，后来与刘表之侄刘磐驻守在**长沙攸县**。刘表病逝后，曹操南征荆襄，大军压境，刘表之子刘琮率众向曹操投降，曹操

南阳，今河南南阳。

长沙攸县，今湖南攸县。

任黄忠为代理裨将军，驻守在长沙，受长沙太守韩玄节制。

公元209年，刘备联合孙权在赤壁之战中打败曹操。刘备乘胜追击，带领大将赵云进攻长沙。

曹操已经撤回北方，是不是要抵抗刘备呢？黄忠犹豫不决，他知道刘备仁义，一直有归附刘备的念头。眼下，刘备正率兵攻打长沙，不知道长沙太守韩玄是什么想法。

他打开信件，书信正是韩玄写来的。韩玄表示，大势已去，不如一起向刘备投降。

黄忠思索了一会儿，便脱掉铠甲，换上官服，去拜见了刘备。

“长沙黄忠，特来拜见。”黄忠对刘备说道。

“黄将军不必多礼，快快请坐。”刘备急忙迎了过来。

刘备非常温和谦逊，诚恳地款待黄忠，令黄忠分外感动。

刘备说：“久闻黄将军威名，将军一生戎马，勇猛无敌，令人钦佩啊，以后还有劳将军了啊。”

黄忠连忙道：“主公过奖了，黄忠实不敢当啊。”

“长沙能有今日，离不开将军的扶助，刘备初到此地，还需将军多提点。”

听刘备这么说，黄忠更加感动了。

“多谢主公抬爱，黄忠定不负主公的厚望。”黄忠道。

此后，黄忠便跟随刘备，受到刘备的器重。

三军表率

公元211年，益州牧刘璋邀请刘备入蜀，攻打汉中的张鲁。刘备于是率领庞统、黄忠、魏延等将领入蜀。

在涪城，刘备受到了刘璋的热情接待。

此前，庞统建议刘备，可在宴席上擒拿刘璋，然后进军成都，占据整个益州。但刘备认为操之过急，没有同意。

宴会结束后，刘璋返回成都，刘备大军向北进发，到达葭萌关。

在葭萌关驻兵期间，黄忠严格要求自己的将士们，每日进行操练。

没过多久，刘备突然下令，向南进军。

向南进军就意味着要攻取益州啊！果然，刘备大军与刘璋军队发生了交战。在多次战斗中，黄忠都身先士卒，果敢勇猛，屡次立下战功。

葭萌关，治所在今四川广元西南。

黄忠

在刘备大军的猛攻之下，刘璋残部退守雒城，依靠城防做困兽之斗。

刘备下令强攻雒城，一旦攻破雒城，成都就没有屏障了。但几天强攻下来，依旧没有攻克雒城。雒城的守军坚守城池。

一日，黄忠正在部署兵力，突然得到消息，庞统中箭，伤势严重。

刘备十分悲痛，黄忠劝他不要过度悲伤，为今之计，还是应该抓紧进兵，毕竟雒城守军已是瓮中之鳖，破城之日，指日可待。

刘备含泪点头。

不久之后，刘备大军终于攻克了雒城，此时，庞统已死。

刘璋派大将冷苞、邓贤等人前来阻挡，都被击败。之后，黄忠又追随刘备进攻绵竹，直逼成都。

诸葛亮、赵云、张飞等人也率军从荆州赶来，与刘备会合，一起合围成都。刘璋于是投降。

从进军刘璋起，黄忠一直身先士卒，冲锋在前，其勇猛在三军中屈指可数，令刘备既敬佩又爱惜。

公元214年，刘备实现了占有荆州、益州的战略计划，成为益州之主。

黄忠

欢喜之余，刘备大大封赏将士，将黄忠升为讨虏将军。昔日，黄忠不过是长沙太守韩玄的部将，没想到，如今的地位远远高于韩玄。

“承蒙主公厚爱，黄忠唯有以死相报。”黄忠对刘备说道。

“此次攻打益州，将军身先士卒，是我军表率。我刘备能有将军这样的干将，实在是三生有幸啊。”刘备说。

定军山争雄

公元217年，刘备与曹操争夺汉中。老将黄忠随刘备出征。

开战后，曹军锋芒毕露，占据优势，击退了张飞与马超对**固山**的进攻，并斩杀了蜀将雷铜、吴兰。

眼见作战失利，刘备便从阳平关进兵，把目标瞄向了定军山。

刘备军刚刚占据定军山，曹操便派他的爱将夏侯渊前来抢夺定军山。

黄忠站在定军山上，俯瞰山下的曹军，只见曹军军营的四周都围满了鹿角。从探子的情报中得知，山下的曹军将领除了夏侯渊，还有张郃。

固山，今甘肃成县南山。

“他们都是曹操的猛将啊。”黄忠暗想，“夏侯渊擅长千里奔袭，作战出其不意，威震关右。张郃镇压过黄巾起义，还大破公孙瓒，功勋卓著。”

不过，黄忠并不畏怯，他看着自己亲手训练的军队，相信可以攻无不破。他一边巡视军队，一边思索如何攻敌。

几天后，刘备率兵一万，攻打张郃驻守的东围鹿角。尽管刘备一时没有攻下，但战局对张郃不利。夏侯渊害怕东围鹿角有失，急忙领兵前去救援张郃。

见夏侯渊正在赶来，刘备心中暗喜，立刻派出**斥候**去见黄忠，命黄忠攻打半路上的夏侯渊。

斥候，古代的侦察兵。

黄忠立即命令部队集结，对将士们说：“诸位大多是蜀中人士吧？定军山之战，关系重大，如果我们打赢了，就能将曹操赶出汉中。汉中是蜀地的屏障，一旦汉中有失，曹军就可以直逼蜀地，到时候，诸位的妻儿老小就有可能被曹军掳掠斩杀。因此，我们一定要打赢这场仗！”

黄忠的一席话慷慨激昂，许多将士都受到了感染，不由得齐声大喊：“我等愿听黄将军号令！”

黄忠根据山势地形布阵，占据了有利位置，然后按兵不动，等到曹军越来越近了之后，才下令出击。

霎时间，定军山上响起了震天动地的战鼓声和喊杀声。

夏侯渊派出探子前去侦查，探子气喘吁吁地回

报："黄忠率军下山了！"

夏侯渊吃了一惊，赶快组织防御。

还不到一盏茶的工夫，只听得人声鼎沸，一片混乱之声，紧接着，很多曹兵向后溃散。

夏侯渊不禁大怒，斩杀了两名逃跑的士兵，大声吼道："赶紧挡住蜀兵！"

黄忠的将士们猛冲下来，势如破竹。夏侯渊哪里抵挡得住，突然腿上一阵疼痛，他低头一看，腿上中了一箭。身边的曹兵只顾着溃逃，没人理他。

四周的喊杀声、呼号声不绝。说时迟那时快，须发皆白的老将黄忠猛冲过来，一刀砍向了夏侯渊。夏侯渊就这样死了。

黄忠没有停留，带领将士们继续攻打夏侯渊的大营，曹军大败。

定军山一战的胜利，让刘备大喜，也让张飞、马超等猛将对黄忠感到深深的敬佩，刘备将黄忠升迁为征西将军。

同年，刘备自封汉中王，打算将黄忠提拔为后将军。

诸葛亮知道后，劝阻道："黄忠的名望一直不能与关羽、马超等人相提并论，如今让黄忠与他们平起平坐，马超、张飞亲闻目睹了黄忠的战功，自然不会有意见，但关羽远在荆州，一旦他知道了这件事，一定不会高兴，还是取消这个任命吧。”

刘备摇摇头，说道：“我会想办法对关羽解释的。”

于是，黄忠得到了与关羽等人平级的职位，又被

《三国演义》中记述，赤壁之战后，关羽攻打长沙，与守卫长沙的黄忠大战三天，不分胜负。其间，黄忠战马失蹄，关羽认为这样斩杀黄忠胜之不武，便放了黄忠。黄忠归附刘备后，立下了汗马功劳，只是关羽仍旧轻视黄忠。

刘备封为关内侯。

正如诸葛亮所料，关羽知道黄忠与自己地位相当，勃然大怒，生气地说："我怎么能和一个老头子一个地位！"

刘备派出费诗去劝解关羽，这才化解了关羽的郁闷和怒火。

第二年，黄忠便去世了，后来被追谥为刚侯。黄忠只有一个儿子，早年便死了，黄忠从此没有后人了。

费诗，字公举，三国时期蜀汉官员，原为刘璋部下，任绵竹县县令。刘备夺取益州时，费诗举城而降，后任州前部司马。刘备自封汉中王，派费诗前往荆州，向关羽传达官职任命。费诗巧妙地说服了关羽，让他接受了黄忠被任命为后将军的事实。费诗为人耿直，敢于直言，因反对刘备自立为帝而贬官，才能未能得到充分发挥。

赵云

常胜将军

英杰初识

“我姓赵，名云，字子龙，常山郡真定县人，今日特来投靠将军。”儒雅的赵云向公孙瓒介绍自己。

“如今，人人都去投奔势力强大的袁绍，你为什么来投奔我？”公孙瓒打量着眼前的年轻人。

“势力强大又如何？能保护百姓的人才是真正的明主。我是经本郡举荐的，只求能遇到明主。”赵云回道。

"说得好！从今往后，你就跟着我吧。"

赵云本是乡里的侠客，为了在乱世中生存，便带领本郡义从吏兵投奔了公孙瓒，从此跟随公孙瓒南征北战。

作战时，公孙瓒常常冲杀在队伍的最前面，勇猛杀敌，但每回打了胜仗，公孙瓒都会纵容部下烧杀抢掠，甚至还有屠村的现象。这让赵云有了离开公孙瓒的心思。

这一日，赵云去见公孙瓒时，见到了三个将军。一位身材高大，双臂修长，面容慈祥；在他左侧的一位，燕颔虎须、豹头环眼；在他右侧的一位，身长九尺，髯长二尺，面若重枣，威风凛凛。

赵云这才知道，刘备带着张飞、关羽也来投靠公孙瓒了。

几个人互相施礼后，便攀谈起来。

公孙瓒对刘备说："玄德，从今天开始，就让子龙为你掌管骑兵吧。"

刘备笑道："那就有劳子龙了。"

就这样，赵云成了刘备的部将。赵云发现，刘备很爱护百姓，对将士们严格要求，关羽、张飞也毫不例外地严格地执行刘备的命令。赵云不禁对刘备产生了好感。

长坂救主

不久，赵云的哥哥病逝了，赵云回乡给哥哥守丧。刘备万分不舍，亲自将赵云送出城。

公元200年，刘备被曹操打败，于是刘备带着关羽、张飞投奔了袁绍。

一日，刘备在邺城偶遇了赵云，不禁喜出望外。赵云也又惊又喜，与刘备相谈很久，又成了刘备的部下。

刘备对赵云说："袁绍为人优柔寡断，难成大器啊。"

赵云道："主公有何想法？"

刘备悄悄告诉赵云，依附袁绍绝非长久之计，可暗中招募士兵，为自己积蓄力量。

赵云得命后，没有声张，默默地去执行，很快就招了很多兵马。

公元201年，刘备就带着这些兵马离开了袁绍，去投奔荆州的刘表。

公元208年，刘表病死，曹操占据了荆州。依附刘表的刘备当时驻守樊城，一听说曹操带着八十万大军前来，不得不撤逃了。

刘备率军向江夏转移，一路上，不少百姓都追随刘备转移。由于百姓太多，又拖家带口，行军速度一下子放慢了。曹操的骑兵迅速追上来，一场混战就此展开。

一片喊杀声中，赵云挥舞着长枪，杀出包围圈。他向前奔逃了好一阵，才停下来。他望了望四周，身边只有少数伤兵。

"主公在哪里？"赵云四下眺望。

只见前面地上躺着一个受伤的人，赵云急忙问：

“你是何人？”

伤兵答道：“我是糜大人（糜竺）的部下。”

“糜大人现在何处？”

“不知去向。我们保护夫人与公子前行时，被曹军冲散。”

“夫人与公子现在何处？”

“之前在后面的村子里。”

赵云听罢，立刻纵马向前，只身朝村子奔去。

前方有一群曹魏的步兵，赵云冲了过去，将曹军打散，找到了**甘夫人**与公子刘禅。

甘夫人，东汉末年至三国时期人，刘备之妾，刘禅之生母。刘备早年多次丧偶，甘夫人常代理主持家事。甘夫人随刘备到荆州时，生刘禅，在长坂坡之战时被刘备丢弃，幸得赵云保护，免于遇难。刘备称帝后，追谥她为皇思夫人；刘禅即位后，追谥她为昭烈皇后。

更多的曹军士兵涌过来，赵云挥舞着手中的长枪，越战越勇。

赵云的一个部下帮助甘夫人骑在马上，赵云把还是婴儿的刘禅抱在怀里。

然而，曹军的虎豹骑又冲了过来，一场混战又展开了。

赵云一边护着刘禅，一边击杀曹军，奋力杀出了重围。

赵云猜测，刘备他们应该到了当阳桥，于是，护送甘夫人和刘禅向当阳桥奔去。

一路上，又经过多场冲杀，赵云浑身沾满鲜血，

但拼死保住了甘夫人与刘禅。

他策马狂奔到当阳桥，看到桥头上，张飞正横刀立马，顿时看到了希望。张飞冲他大吼，让他快速过桥。他飞马而去，终于保全了刘备的骨肉。

赵云身长八尺，风姿儒雅，英勇忠诚，稳重可靠，这次英勇护幼主让刘备更加喜爱赵云。此战之后，刘备任命赵云为牙门将军。

入蜀支援

为了对抗曹操，刘备与孙权结盟，在赤壁之战中打败了曹操。

孙权将自己的妹妹嫁给刘备。这位孙夫人飞扬跋扈，身有武艺，身边的侍女也有持枪列戟，刘备时常胆战心惊。刘备便令赵云在掌管军务的同时，兼管内务，约束孙夫人。

刘备攻打益州后，孙权想接回孙夫人，并让孙夫人带走刘备的儿子刘禅，作为人质。

赵云和张飞带兵拦截了东吴的船队，救回刘禅。

公元213年，刘备入蜀，攻打益州牧刘璋，召留守在荆州的诸葛亮等人入蜀支援。

赵云和张飞便跟着诸葛亮从水路出发，一路上平定多个郡县。在攻克江州后，兵分两路。赵云率兵攻取江阳等蜀军大郡，与刘备等人完成了对成都的合围。

刘璋投降后，刘备成为益州之主。

这时，有人说："成都的房舍和田地，可以分给有功的将领们。"

赵云听了，立刻反驳道："霍去病曾说过，'匈奴未灭，无以家为'，现在的国贼还未灭完，还不到安定的时候。益州的百姓刚刚遭遇战祸，应该将田地房屋分给百姓。”

刘备听后，立刻按照赵云的话去做了。

一身是胆

曹操占据汉中后，刘备率军夺取汉中，斩杀了曹操的大将夏侯渊。

为了稳定军心，曹操把几千万袋军粮运到北山下。老将黄忠对赵云说：“我带人去劫军粮！”

赵云与黄忠约定了回营的时间，之后，黄忠便行动了。

然而，到了约定的时间，黄忠却没有回来。

赵云担心黄忠遇到不测，便带了几十个骑兵出去寻找。不料，半路，赵云遇到了曹操的大军，被曹军包围了。

赵云骑着战马，纵横来去，多次突击曹军的阵列。而且，他且战且退，不久便回到了营地。

回营后，赵云没有组织兵力抗击曹兵，而是打开营门，偃旗息鼓，好像在等待什么一样。

曹军以为赵云设有埋伏，正在引诱他们深入，因此，谁也不敢进攻。

曹军撤退了。

赵云见状，立刻下令擂鼓呐喊，用强弓劲弩攻击曹军。

曹军大为惊骇，乱作一团，溃不成军，有很多士兵竟然吓得坠入汉水淹死了。

第二天，刘备来到赵云的兵营察看，忍不住赞叹道："子龙一身都是胆啊！"

刘备特地设宴，一直庆祝到傍晚。军中都叫赵云为虎威将军。

这一战，赵云以少胜多，给曹军造成了巨大伤亡，也使汉中之战中，属于被动一方的蜀军变为主动方，致使曹操的大军到达汉中后只有两个月就败走了。

劝阻伐吴

刘备与孙权的关系日益恶化，孙权设计杀死了关羽，占据了整个荆州，孙刘联盟彻底破灭。

公元221年，刘备称帝，打算为关羽报仇，进攻东吴。

大臣**秦宓**劝阻刘备道："此时出兵过于仓促，不可冒失。"

刘备大怒，下令："把秦宓给我打入大牢！"

"陛下，臣死不足惜，只可惜陛下辛辛苦苦打下的基业将付之东流，万万不可贸然攻打东吴啊。"

霎时间，众人鸦雀无声。

稍后，赵云站出来，说道："陛下，臣以为，

秦宓，字子敕，三国时期蜀汉大臣，早年为益州牧刘璋下属，后降刘备。刘备伐吴时，秦宓劝阻，刘备欲杀秦宓，因诸葛亮求情才保住性命，只被囚禁，后被释放。官至大司农。

如今，主要的敌人是北方的曹丕，而不是江东的孙权……”

“子龙，此事不要再议了！”刘备不耐烦地打断了赵云。

赵云坚持道：“陛下，曹操虽然死了，但是他的儿子曹丕却废掉了大汉皇帝而自立为帝，这是人人共愤的事，我们应当利用这种愤怒，北伐曹丕。事成之后，孙权自会臣服陛下。相反，一旦与东吴交战，就不能轻易停止战争了。”

刘备没有吭声。

赵云继续说：“如今能拯救天下的只有陛下了，所以，陛下更要三思啊！”

刘备终于开口了，说道：“云长被孙权杀害，我心在泣血，我怎能不去为他报仇！此事就这样决定了。”

刘备做出决策后，命令赵云总督江州，为伐吴提供物资保障。

赵云无可奈何，只得接受了命令。

刘备一意孤行、御驾亲征后，大军开始势如破竹，后来战局逆转，被孙权打败。刘备退守到白帝城，不久，就带着无限的遗憾离开了人世。

赵云痛彻心扉，回想自己跟随刘备征伐的这一生，与刘备建立的深厚情义，不禁悲从中来。

他还记得刘备曾与他倾心夜谈，记得刘备夸赞他：“子龙真丈夫也！”“子龙一身是胆也！”如今，他再也听不到刘备的声音了。

赵云念及此处，不禁涕泪交流，声声哀叹。

坚守箕谷

公元223年，赵云升中护军、征南将军，封永昌亭侯，随后又升为镇东将军。

公元227年，诸葛亮率领诸将进驻汉中，准备北伐，赵云跟随诸葛亮来到汉中。

第二年，诸葛亮出兵北伐。诸葛亮下令，由斜谷

道出兵，赵云、邓芝为疑军，据守箕谷。

魏国大将军曹真听说后，率大军阻挡。诸葛亮令赵云、邓芝在斜谷道阻挡曹军，自己率兵攻打祁山。

赵云和邓芝领命，在斜谷道，与曹真大军激烈交战。魏军如同蚂蚁一般成群结队，铺天盖地冲锋而来。赵云和邓芝令士兵放箭。箭镞如雨，压倒了冲锋在最前面的曹兵，但曹兵实在太多了，他们前仆后继，而赵云和邓芝兵力极少，很快就失利了。

山风吹拂着赵云斑白的胡须，赵云观望四周，依据地势，死守箕谷。他知道，一旦箕谷被曹军攻占，正在攻打祁山的诸葛亮就会腹背受敌，因此，他必须舍命守住箕谷。

赵云即刻传令，迅速聚拢被打散的将士，很快，部队被聚拢起来了。赵云又下令，坚守阵地，不得随意出战。他又在山谷的各个要害处，埋伏好了弓箭手。

在赵云的部署下，箕谷的守军不敢有丝毫懈怠，他们顽强固守，没有造成大的损失。

然而，不久，一位斥候从祁山战场飞奔而来，带来了一个惊心的消息。

“将军，街亭失守了，丞相已退兵汉中，请将军撤退。”

原来，把守街亭的马谡违背诸葛亮的指示，导致蜀军溃散。而街亭一旦失守，就意味着北伐失败了。

赵云大吃一惊，但立刻镇定下来，对邓芝说："邓将军，我来断后，你率军有序撤退，不要惊慌！"

有了赵云亲自断后，曹军未能追击，蜀军悄悄撤退，几乎没有造成什么损失。

此次北伐以失败告终，诸葛亮内疚自责，上表刘禅，自贬三级。赵云也被贬为镇军将军。

蜀军退兵时，诸葛亮曾问：“街亭退兵时，我军乱成一团，箕谷退兵时，编制整齐如出军之时，这是什么原因？”

邓芝回答：“赵将军亲自断后，因此，军资没有遗失，人员编制整齐。”

赵云军中还有很多绢布，诸葛亮对赵云说：“分给你的将士们吧。”

赵云摇头道：“我军失利，怎么还能要赏赐呢？先存入府库，等十月寒冬时，给将士们做衣服吧。”

诸葛亮听了，对赵云的品行大为称赞。

第二年，即公元229年，赵云病逝，后被追谥为顺平侯。

赵云戎马一生，曾单枪匹马出入万人之敌中，智勇双全，仁厚大度，光明洞达，小心谨慎，忠肝义胆，被很多人认为是一位完美的武将。

魏延

善出奇谋

担当大任

公元219年，刘备在夺取益州和汉中后，自立为汉中王。他想迁到成都去住，留下一位重要的将领镇守汉中。

留下哪一位将领呢？

众人都认为，如今关羽驻守荆州，驻守汉中非张飞莫属。张飞是刘备的义弟，跟随刘备出生入死多年，是刘备信任的人。

张飞心里也这样想。

然而，刘备的目光在众人身上扫视了一圈，最终却把目光落到了一位名叫魏延的将领身上。

魏延，字文长，本是**义阳县**一霸，赤壁之战后，他听说了刘备的威名，便在刘备入蜀时，带领私人武装跟随刘备。魏延多次立下战功，被任命为牙门将军。

义阳县，今河南南阳。

“魏延听令，由你来做汉中太守，封镇远将军，驻守汉中。”刘备说。

话音刚落，众人纷纷将惊讶的目光投向魏延。

魏延也很惊讶，但他很快恢复了镇定，回道：“末将领命！”

“文长啊，今日委你以重任，你上任后，打算怎

刘备
黄忠
魏延

么做呢？”刘备问。

“如果曹操亲自率大军前来，我就带兵抵御；如果曹操派偏将领十万人马来，我就歼灭了他们！”

“好，文长好胆识！”刘备道。

在刘备看来，魏延气度不凡，胆略超群，值得重用。就这样，魏延统领兵马，镇守在汉中。

魏延心想：汉中王把我从牙门将军一下提携到如今这个位置，我一定要干出一番事业来，让大家瞧瞧，汉中王选对了人。”

魏延以勇猛出名，又擅出奇谋，他考察了汉中的情况后，开始进行具体的部署。随后，他整顿军纪，操练兵马，挑选出能力出众的士兵，组成精锐部队，负责驻守御敌。

魏延又在汉中的各个险要之地设置了关隘，修筑防御工事，使工事中的弩兵和隘口下的轻骑能够在危急时刻相互救援、接应。

在魏延的部署下，汉中被防御得固若金汤。

奇谋被否

刘备称帝后，继续重用魏延，将他提升为镇北将军。

夏侯楙，字子林，三国时期曹魏名将夏侯惇之子，娶曹操之女清河公主，官至镇东将军。夏侯楙不懂用兵，怯而无谋，因与清河公主不睦，遭到陷害，差点儿被曹操杀死。

没过多久，刘备病逝白帝城，太子刘禅登基。由于刘禅年幼，由丞相诸葛亮代为掌管国政。

公元227年，诸葛亮为预备北伐，进驻汉中，以魏延为督前部，兼丞相司马、凉州刺史。

第二年，诸葛亮率领大军出师。魏国派驸马夏侯楙抵抗诸葛亮。

魏延对诸葛亮说："丞相，听说夏侯楙是个纨绔子弟，懦弱无谋。"

诸葛亮笑道："文长，有何高见？"

"我愿意领一万精兵，自带粮草，从褒中出发，沿秦岭东进，到子午谷后，再向北走，不出十日，就可抵达长安。夏侯楙听到我蜀军突然攻来，没有防备，一定会放弃长安城，乘船逃走！"魏延自信地说。

诸葛亮慢慢地摇着羽扇，认真地倾听着。

魏延继续说："到那时，长安城中就剩不下几个人了。存粮足以供我军食用。等魏国在洛阳集结好军队，需要二十多天时间，而丞相已经从斜谷出来，这样一来，我们两军会合，就能一举而平定咸阳以西的地盘了。"

诸葛亮慢慢地摇了摇头，说道："这不是万全之计啊。从褒中到长安距离很远，道路崎岖难行，如果魏军在山间埋伏，我军遭到伏击，死的可不止一万人，而且也大大挫伤了我军锐气。绝不能用此计。"

"丞相，机会难得……"魏延不死心，还想继续劝说诸葛亮。

一旁的大臣杨仪呵斥道："文长不可造次，丞相自有主张。"

魏延不满地瞪了杨仪一眼，愤愤不平地转身离开了。

魏延心想：“可恨杨仪每次都与我作对！而且，丞相太胆小了，打仗哪有十全的把握，我勇猛过人，又善于用兵，却无法施展自己的才能。”

魏延越想越窝火，不禁连连叹气。

诸葛亮并未采用魏延的计策，而是按照自己的计划，派赵云、邓芝据守箕谷，引诱敌军，自己则亲自率军进攻祁山。战事非常顺利，南安、天水、安定三郡纷纷响应诸葛亮。

一切都在诸葛亮的预料之中，他唯独没料到的是，被他寄予厚望的马谡会因为大意而失去了街亭，这次北伐战争因此宣告失败。

公元230年，魏将司马懿、张郃、曹真分别从西城、子午道、斜谷三路进攻蜀国的汉中，由于天降大雨，其中的两路大军不得不撤退了。

此时，魏延与关中都督吴懿进入羌中，攻击曹魏占据的凉州。

魏延行军到阳溪一带时，遇到曹魏后将军费瑶、雍州刺史郭淮的军队。两军会战，魏延大破费瑶和郭淮。

此战过后，魏延被提拔为前军师、征西大将军，封南郑侯。

魏延骁勇善战，深谙兵法，但性格高傲，态度矜持，和他人的关系不够和睦。蜀汉的大臣们都避其锋芒，敬而远之。杨仪是诸葛亮的参军，十分厌恶魏延，言谈举止时时透露对魏延的不屑。

魏延和杨仪的矛盾越结越深，有好几次魏延甚至拔出了大刀，想要杀死杨仪。

诸葛亮爱惜杨仪的才干，也欣赏魏延的骁勇，常为二人之间的矛盾心烦。幸好有费祎在二人之间不停地调解，才暂时没有酿成大祸。

梦中生角

一年年过去，不知不觉，到了公元234年。

诸葛亮第五次出师北伐，以魏延为先锋，从斜谷的北谷口出兵。

魏延的屯扎之处，位于离诸葛亮的大营十里之外的地方。

一天夜里，魏延从睡梦中醒来，一面擦拭着额头上的汗珠，一面吩咐侍从，明日请赵直过来。

第二天，行军司马赵直急匆匆来见魏延，问魏延："将军是否有事吩咐？"

魏延忙道："久闻你精通《周易》。我昨夜做了一个梦，梦到自己在离营十里的地方，突然头上长出角来，不知吉凶，特请你过来听听是否有什么征兆。"

赵直点点头，沉吟着，稍后，他的神色变得有些惊慌。赵直心想：“此为凶兆，我要不要如实相告？魏延向来高傲自大，不可一世，我若实话实说，他很可能迁怒于我。而我推算出的凶兆又不知何时会应验，如果他侥幸再立下战功，那我就是动摇军心的罪人啊。”

赵直想着，不自觉地摇了摇头。

“你摇头是何意，是不祥之兆吗？”魏延急迫地追问。

赵直连忙笑道：“将军勿忧，这是吉兆。”

魏延一听，心头顿时轻松了，问道：“此梦怎解？”

“麒麟头上有角，苍龙头上有角，这是腾飞之象。麒麟有角却不用，这是不战而敌人会不攻自破的预兆。”赵直解释道。

魏延听了，非常高兴，说道：“如果应验，必当重谢！”

赵直离开魏延后，才对身边人说了实话。他说道：“角字的写法，是一个‘刀’字下面一个‘用’字。梦到自己头上长角，就是刀架在头上的意思，魏将军怕是有性命之忧啊。”

违背军令

秋天来临，寒风萧瑟，蜀相诸葛亮在五丈原患了重病。

诸葛亮病危之际，秘密召见了长史杨仪、司马费祎、护军姜维等人，安排自己死后的退军策略，又上奏一封书信给后主刘禅。

诸葛亮对杨仪他们说道："我死之后，你们要小心守好江山，一切按照以往的法度执行。司马懿知道我死了，必然出兵猛攻，我们敌不过他，所以，不要立刻发丧。"

几个人重重地点了点头。

诸葛亮强撑病体，继续嘱咐："我军撤退时，千万不能乱了阵脚，要慢慢后退。我想让魏延断后，但他性格傲慢，怕是不听调度。如果他不听命令，就弃之不顾吧，然后，由姜维断后。"

姜维看着诸葛亮，满面悲戚。

诸葛亮看着姜维，说道："你深通谋略，不必我过多叮嘱。"

姜维泣不成声，让诸葛亮放心。

诸葛亮嘱咐完，没过多久就去世了。

杨仪按照诸葛亮的嘱托，秘不发丧，准备撤军。王平等将领谨遵诸葛亮遗命，稳住了军心。

杨仪与魏延关系紧张，他担心魏延不听自己的命令，便请费祎去见魏延，打探一下魏延的口风。

王平，字子均，三国时期蜀汉名将，初投曹操，后转投刘备，数次力拒魏将张郃。诸葛亮病逝后，王平制止蜀军内乱，后多次痛击魏军，任镇北大将军。公元248年，王平病逝。

费祎去见魏延，屏退了左右后，方在魏延耳边轻声说道："昨夜丞相辞世了，临终之前，嘱咐将军断后抵挡司马懿，可缓缓撤退，不可发丧。兵符在此，今天就可以撤兵。"

魏延问道："何人代理丞相之职？"

"丞相把大事托付给杨仪，兵符就是杨仪的命令。"

“丞相死了，我还活着呢。丞相府的官属可以先护送灵柩回去安葬，我亲自率军进攻贼兵！北伐是匡扶汉室的大业，岂能因丞相一人而耽误国家大事？再说，我魏延是什么人，怎能听杨仪使唤，替他做断后的将军！”

“丞相遗命，暂时撤退，不能违逆。”

“丞相之前要是听我的计策，早就拿下长安！我现担任前军师、征西大将军，怎么能给杨仪断后！”

费祎见无法说服魏延，便道：“将军的话在理，杨仪只是一个文官，不懂军事，等我见了杨仪，言说利害关系，让他把兵权让给将军，如何？”说罢，费祎辞别了魏延。

费祎一出魏延的军营，立刻骑马飞奔而去。

费祎走后，魏延觉察到有些不对，立刻派人去追费祎，但已经追不上了。魏延连忙派人去打探杨仪等人的动向。

费祎回去见到杨仪后，他们便按照诸葛亮的计划安排各营撤兵之事。

很快，探子回报：“长史杨仪正准备撤退，前军快行进到谷中了，后军是姜维。”

魏延听了大怒，喝道：“杨仪这小子竟敢欺骗我！我定要杀了他！”

随后，魏延率领本部兵马向南行进，并下令，烧毁栈道，切断杨仪等人的归路。

魏延随后上奏刘禅，说杨仪自从掌握兵权后，率众造反，劫去丞相灵柩，想引敌军入蜀汉境内。他已烧毁栈道，断了杨仪等人的道路，并派兵守御……

魏延不知道的是，杨仪也上奏了刘禅，说魏延叛国……

蒋琬，字公琰，三国时期蜀汉大臣，为政以安民为本。刘备曾误以为他不勤政事，想处置他，被诸葛亮劝住。诸葛亮将他作为自己的接班人。蒋琬官至大司马，总揽蜀汉军政，后病逝。蒋琬执政期间，蜀国繁盛和平，他的“安民为本”的思想成为后世典范。

两封奏折传到了后主刘禅的手中，后主不知谁是谁非，召留府长史**蒋琬**和侍中董允商议。

“他们二位谁更可信？”刘禅疑虑重重。

“以臣愚见，杨仪虽然性情急躁，不能容人，但是他跟随丞相协助谋划军事已久，现在，丞相临终委以重任，他绝对不会反叛。魏延平日好高骛远，目空一切，大家都不敢得罪他。唯独杨仪不屈服，魏延难免怀恨在心，见杨仪统兵，更是心中不服，因此烧掉栈道，断掉杨仪的道路。臣保杨仪没有反叛之心，不敢保魏延。”蒋琬道。

“魏延凭着自己的功劳，常常抱怨。他此前一直没有反叛，是因为忌惮丞相，现在丞相去世，他便乘机作乱了。”董允说道。

刘禅点点头，相信魏延已经反叛。

惨遭杀害

魏延烧了栈道，抢先到达了南谷，并命令士兵占据谷口，拦截、阻击杨仪。

杨仪带着大军无路可走，只得逢山开路，昼夜兼程地艰难行军。当他们赶到南谷时，魏延已经列阵等待。

杨仪等人派将领王平去迎战魏延。

杨仪，字威公，三国时期蜀汉大臣，性情急躁狭隘。诸葛亮病逝时，杨仪率军返回汉中时，杀了魏延，自觉能代替诸葛亮掌权，但未能如愿，便口出怨言道：“丞相去世时，我若俯就魏延，怎会如此落魄？真是追悔莫及。”杨仪因此获罪，被流放，之后，他又上书诽谤，言辞激烈，遂被下狱，自杀而死。

王平纵马而去，对着魏延大叫：“反贼魏延何在？”

魏延吼道：“你帮助杨仪造反，还敢来骂我！”

王平不理魏延，对魏延的部下斥责道：“丞相归天，尸骨未寒，你们怎么敢如此放肆！”

魏延的士兵知道魏延理亏，也不想愧对诸葛亮，便纷纷散去，不再听魏延的指挥了。

魏延瞬间势单力薄，无奈只得带着儿子等数人逃往汉中。

杨仪不想放走魏延，对马超的弟弟马岱说：“速去追赶，斩杀叛贼！”

马岱领命而去，追上了魏延，因魏延没有防备，被马岱杀死了。

杨仪听闻后依然愤恨不平，骂道：“庸奴！还能干坏事吗？”

他又下令，诛杀了魏延三族。

后来，人们推测魏延的意图，认为魏延只是意气用事，因为他没有北上去投降魏国，而是走了南边回成都的路，他只是一心想杀死杨仪，而不是背叛蜀国。诸葛亮病逝后，很多将领都认为，一定是由魏延

接替诸葛亮，魏延自己更是这样想，可当他得知杨仪掌握了兵权时，更加恨杨仪，便做出烧毁栈道、南谷口阻击的行为，并非想背叛蜀国。

姜维

天下英俊

惨遭遗弃

尘土飞扬的大道上，几人骑马飞奔而去，他们是**天水郡**的几位魏国官员，其中一人是天水太守马遵。他们拼命地抽打着马匹，拼死狂奔着。

本来，马遵今日带领部下姜维等人在各县巡察，没想到，诸葛亮突然兵临祁山，攻打天水郡。让他们没想到的是，天水郡各县的百姓竟然纷纷响应诸葛亮。马遵一下慌了阵脚，急忙扔下姜维等人，连夜跟着雍州刺史郭淮等人逃跑。

马遵一边骑马狂奔，一边心想："姜维等人一定是奸细，暗通诸葛亮，并想捉我去向诸葛亮领赏。趁早甩掉他们！真是引狼入室啊！"

马遵和郭淮逃到了**上邽**，进城后，紧闭城门。

姜维等人发现马遵跑了，只好在后面追。他们快马加鞭，仍没有追上，只好回城，结果城门紧闭，守将不放他们进去。

怎么办？总不能守在城外，等诸葛亮的蜀军杀过来吧？姜维等几个官员面面相觑。

这时，姜维问道："诸位是否愿意跟我一同前往冀县？"

众人无处可去，一听姜维的建议，立刻答应道：

天水郡，今甘肃天水市。

上邽，今甘肃省天水市境内。

“愿意跟随参军前往冀县。”

姜维，字伯约。他的父亲曾是天水郡的功曹，姜维很小的时候，他父亲就在镇压羌人和戎人的战争中阵亡了，姜维便和母亲相依为命。长大后，他因父亲的军功，被任命为天水郡的中郎。

此刻，他见大家愿意跟随他去冀县，便带着他们飞奔而走了。

归降诸葛亮

几个人策马狂奔，来到了冀县。然而，迎接他们的，依旧是高耸的城墙。

城上的守将梁虔已经接到命令，不给姜维等人开城门，反而大骂道：“大胆反贼，竟敢来骗我城池！我已经知道你们投降蜀国了！”

话音方落，乱箭暴雨般朝姜维等人射来。

姜维仰天长叹，进退两难，不知道该往何处去。他带着几个人漫无目的地走着，路过一片密林时，林间突然传来一声大喝。紧跟着，一群蜀军冲出来，把他们几个人团团包围了。

姜维等人人困马乏，抵挡不住，回马就逃。忽见孔明从山中走来，对姜维说：“伯约此时还不降？”

姜维想到自己无处可去，几个跟随自己的人也无法安顿，便下马投降了。

诸葛亮经过观察，发现姜维的心思极为缜密，便非常看重他，任他为仓曹掾，兼奉义将军，封当阳亭侯。这时，姜维刚刚二十七岁，风华正茂，年轻有为。

姜维降蜀后，对自己的职责十分用心，思考问题非常周密，为人处世德行高尚，诸葛亮认为他是凉州的上等士人。

诸葛亮考察姜维的军事才能，惊喜地发现，姜维格外敏于军事，既有胆略勇义，又精通用兵之道。更为难得的是，姜维忠心于大汉王朝，才能过人，非寻常可比。

于是，诸葛亮开始教导姜维，将自己平生所学都告知姜维，还将军事大权交给他，并派他进宫去朝见后主刘禅。

后来，姜维被升任为护军、征西将军，一时间威风八面。

公元234年，诸葛亮去世，姜维悲痛欲绝，决心完成诸葛亮的遗愿，继续北伐，恢复汉室。

此后，姜维任右监军、辅汉将军，统领各路兵马，几年后，又升卫将军,与大将军费祎共为录尚书事。

请战北伐

姜维从一个魏国降将成了蜀国的栋梁重臣。无论多么位高权重，他始终都没有忘记北伐中原的大事。

公元249年，魏国大将夏侯霸率兵投降蜀国。姜维接纳了夏侯霸，并仔细调查了夏侯霸投降的因由，发现夏侯霸并非诈降，是因为走投无路才降蜀的。

姜维带着夏侯霸去成都，朝见后主刘禅，讲述了夏侯霸投降的原因。

“陛下，司马懿为了控制魏主、掌握大权，杀害了魏国大将军曹爽，夏侯霸难以存身，不得不逃命至蜀国。”姜维说。

刘禅点点头。

稍后，刘禅问夏侯霸：“司马懿把持魏国朝政，你看他会不会有征伐别国的企图？”

夏侯霸回道：“司马懿正在处理朝政内务，还顾不上对外战争。但有一个叫钟会的人，年纪轻轻，如果他管理朝政，将是吴国和蜀国的忧患。”

刘禅又点点头。

此时，没有人留意这个叫钟会的人。

姜维对刘禅说：“司马懿专权，魏主曹芳懦弱，

夏侯霸，字仲权，三国时期魏国和蜀国将领，魏国征西将军夏侯渊的儿子，在魏国官至右将军。司马懿发动政变后，夏侯霸心中不安，投奔蜀汉，任车骑将军，多次参加伐魏战争。

现在魏国正是最薄弱的时候。臣在汉中多年，兵精粮足，臣请命北伐中原，重兴汉室，以报陛下之恩，完成诸葛丞相之遗愿。”

刘禅犹豫不决。

尚书令费祎道：“近来，蒋琬、董允去世，蜀国政局不稳。伯约可再等等，不要轻举妄动。”

“像这样一味拖延下去，何时才能恢复中原？”姜维说道。

“我们这些人与诸葛丞相比，相差甚远，丞相尚且不能恢复中原，何况我们呢！眼下，不如保国安民，休养生息，至于建立功业，要等待能人出现才可。万不可抱有侥幸心理，如果结果不像自己所设想的，后悔就来不及了。”

“我常居陇上，了解羌人，现在如果联合羌人，哪怕不能恢复中原，也能占据从陇地向西的地域。”

费祎仍然不同意，一再劝说姜维。

姜维也一再努力地说服他，并向刘禅表示，战备已足。

刘禅便道：“卿既然想伐魏，可尽忠竭力，不可失了锐气，负了朕命。”

姜维一听刘禅同意了，心中大悦，连忙谢恩。

不过，费祎还是不同意，因为连年征战消耗了大量物资，人口也在减少，他希望能让百姓好好休养，先富国强民，所以，他只拨给姜维很少的兵马。

联合羌人

按照姜维的想法，他因熟悉羌人等少数民族的风俗，可以把羌人拉拢过来，这样就能控制**陇西**了。

然而，费祎只给了他不到一万人的军队，他兵力不足，难以施展。

公元250年，姜维率军攻打西凉的西平，不克而还，俘虏了魏国中郎将郭修。

郭修表示，愿意投降蜀国，姜维便没有杀他。

后主刘禅任郭修为左将军。郭修表面上臣服蜀汉，心中却不愿意成为蜀臣。公元253年，费祎举办岁首大会，邀请郭修参加，郭修趁费祎酒醉，取出藏在马鞭中的小刀，刺中费祎，导致费祎数日后死去。郭修也被杀死。

费祎死后，再无人能阻止姜维出征，这一年夏天，姜维便率领大军北上伐魏了。

姜维令廖化、张翼为左右先锋，夏侯霸为参谋，**张嶷**（yí）为运粮使，向阳平关进发。

夏侯霸想与张嶷结交，说："我与将军虽然不熟，但心如旧交。"张嶷道："我不了解你，你不了解我，说什么心如故交！三年后你再说这话吧。"夏侯霸碰了一鼻子灰。

陇西，包括今甘肃陇西县及兰州以南的定西、天水、陇南等地。

张嶷，字伯岐，三国时期蜀汉名将，豁达豪壮，爱民如子，足智多谋，打通了越嶲郡到成都的道路，甚得民心，任荡寇将军，封关内侯。姜维北伐时，张嶷因风湿严重必须依靠拐杖才能站立，但仍执意跟随大军北伐，与魏将徐质交战，战死沙场，越嶲郡百姓听闻无不流涕。

姜维对夏侯霸道：“以往攻打雍州，雍州刺史陈泰顽强抵抗，我军无功而返，现在要准备妥当，将军有何高见？”

夏侯霸答：“与羌王结交，借助羌兵的力量，攻打南安，因为陇上各郡，只有南安钱粮最多，攻下之后，可作为大本营。”

“将军所言甚是。”

之后，姜维派人携带金银珠宝、绫罗绸缎入羌，送给羌王，并表达了想联合羌兵的愿望。

羌王得到礼物后，同意了，随即起兵，向南安进发。

魏国将军郭淮得到消息后，飞报朝廷，向司马师告急。司马师于是命大将**徐质**为先锋，弟弟司马昭为大都督，向陇西进发。

徐质，三国时期魏国将领，任讨蜀护军，多次随雍州刺史陈泰出征，抗拒蜀国将领姜维，曾杀死蜀将张嶷，后被姜维将士所杀。

姜维按原计划行军，到了董亭时，遇到了徐质的兵马，两军随即列成阵势。

徐质手拿开山斧，上前挑战。

蜀将先锋**廖化**应战，战了几个回合，廖化抵挡不住，拖刀败回。张翼纵马来战，未几，也大败而回。

徐质派兵冲杀蜀军，蜀军撤退三十里安营。

“徐质勇猛，如何对付他呢？”姜维道。

“明日可做好埋伏，然后假装战败，引他进入埋伏圈，杀他个措手不及。”夏侯霸道。

“魏兵屡次断我们粮道，不如利用此事设计，引诱徐质上当。”姜维思索着说。

于是，他向夏侯霸、廖化、张翼部署了如何设计一事。第二天，徐质带兵挑战，蜀军战了一段时间后，就战败回营，闭门不出。

当夜，一阵可疑的声音在铁笼山响起，只见两百多名蜀兵趁着夜色，驱使着一百多头木牛流马，正在偷偷运粮。

徐质带领魏军一直盯着蜀军的粮道，现在看到蜀

廖化，字元俭，三国时蜀汉将领，果敢刚直，曾为关羽帐下主簿，关羽败亡后，被东吴留用，用诈死之计逃归蜀汉，多次参加北伐战争，官至右车骑将军、并州刺史，封中乡侯。蜀汉灭亡后，其被迁往洛阳，中途病逝。

军又在运粮，立刻杀了出来，抢夺了蜀军的粮草。

徐质劫粮后往营地赶去，走到半路，就落入姜维等人事先设好的埋伏圈。埋伏已久的蜀兵蜂拥而至，拼命战斗。徐质人困马乏，不久，便支持不住，刚好魏国雍州刺史陈泰赶来救援，才保存了魏军。

姜维因为粮草用尽，也只好撤军了。

魏军将领
姜维

大战洮西

张缉，字敬仲，三国时期曹魏大臣，魏少帝曹芳的岳父，因不满司马师专权而与人密谋，机密泄露，被赐死狱中。

夏侯玄，字太初，三国时期曹魏大臣，一代名士，仪表出众，被称为“朗朗如日月之入怀”，被司马师所杀。临斩时，其神色不变，言行自若。

襄武，今甘肃陇西南。

公元254年，魏国陷于混乱中，原因就是：大将军司马师控制朝政、架空皇帝，张皇后的父亲**张缉**等人便密谋废黜司马师，然后，让太常**夏侯玄**代替司马师。不料，此事谋划不够机密，泄漏出来，司马师大怒，杀张缉、夏侯玄等人，废掉张皇后，使魏国朝野一片动荡。

姜维得知此事后，决定趁着魏国内乱，再次出兵陇西，讨伐魏国。

当姜维一路进军，杀到**襄武**时，与魏将徐质交锋。

这一次，姜维军斩杀了徐质。魏军当即大乱，迅速撤退。

姜维下令乘胜进击，并把河关、临洮、狄道三县的百姓迁到蜀汉。

公元255年，魏大将军司马师病亡，由弟弟司马昭接替他的位置。姜维得到消息后，认为司马昭刚刚掌握重权，一定不敢擅自离开都城洛阳，他决定趁此时机，大规模攻打魏国。

姜维与车骑将军夏侯霸、征西大将军张翼等人召集了数万将士。大军来到洮西后，遇到了由雍州刺史王经率领的七万魏军。

两军对阵，王经先派出四位干将，分别从左右两侧来战姜维。

姜维战了几个回合，便向自己的阵中纵马飞去。

狄道，陇西郡的郡治所在处，今甘肃省临洮县。

王经随即指挥大军杀了过来。

姜维带领蜀军背水一战，奋力厮杀。

魏兵大乱，死者大半，逼入洮水的人就难以计数。

王经率领残兵一百多骑，拼命杀出，往**狄道**城而逃。他们奔入城中后，就闭门防守。

进攻狄道

姜维犒赏三军，之后，打算进攻狄道城。

征西大将军张翼劝道："将军已建立功绩，威名大震，如果继续前进，倘若结果不如意，岂不是画蛇添足了？"

姜维摆摆手，道："以前兵败，还想着进取，纵横中原，如今洮西一战，魏人胆裂。我料定，狄道唾手可得，你不要再说这样的丧气话了。"

张翼再三劝阻，姜维不听，率兵直取狄道。

姜维命人围住狄道城，八面进攻，结果，连续数日无法攻下。姜维心中郁闷，无计可施。

这时，又有探子来报，魏国又有两路兵来，一路是征西将军陈泰率领的魏军，一路是兖州刺史邓艾率领的魏军。

姜维大惊，急忙与众将商议此事。

夏侯霸道："邓艾自幼通晓兵法，精通地理，如今他领兵前来，将是我们的一个劲敌，不可掉以轻心。"

姜维沉吟道："邓艾远路而来，我们不给他歇脚的机会，他的威胁就没那么大了。"

姜维于是下令，由夏侯霸带一队人马去抵御陈泰，由张翼留在此处继续攻城，自己则亲自去会一会邓艾。

姜维带兵行了不到五里路，突听东南方向一声炮响，鼓角震地，火光冲天。他骑马望去，周围冒出了很多魏军的旗帜。

"不好！中了邓艾的奸计。"姜维命大军退回，自己亲自断后。

蜀军撤退后，姜维这才知道，之前听到的鼓声，看到的旗帜和火光，都是虚设，魏军并没有多少兵马。

姜维设下一计，打算伏击魏国的援军，但未能如愿。无奈之下，他收兵退到钟题。

此战没能完成北伐大业，但姜维在洮西之战中有功，因此，刘禅封姜维为大将军。

惨败上邽

公元256年，姜维出兵祁山。这时，他得到消息，魏国大将邓艾对他早有防备，于是，他改变行军路线，变为从董亭进攻南安。

然而，邓艾抢占了武城山，据险坚守。

姜维缺乏地利，见强攻难以攻取，就夜渡渭水，去进攻上邽。

上邽，今甘肃天水。

胡济，字伟度，三国时期蜀汉将领，曾任蜀汉丞相诸葛亮主簿，为人不避嫌疑，敢于直言，多次向诸葛亮进谏，后官至镇西大将军、右骠骑将军。

此前，姜维与镇西大将军**胡济**已经确定作战计划，要一起进攻上邽。但姜维与为邓艾交战后，胡济并未来到战场。

胡济违背了誓约，没有发兵支援蜀军。

邓艾在段谷，大破姜维。蜀军溃散，死伤甚多。蜀军将士纷纷怨恨、指责姜维。

此时，陇山以西的地区也骚动不安。

姜维引咎自责，自求贬官削爵，降为后将军，但仍然行使大将军的职权。

离京避祸

公元257年，魏国征东大将军诸葛诞不满司马家族专政，联合东吴，在淮南起兵，反叛司马昭。司马昭分调关中兵去讨伐诸葛诞。

姜维想乘机攻取秦川，于是率兵数万，出骆谷，到达**沈岭**。

沈岭，后人称姜维岭，在今陕西周至县西南。

魏国在长城囤积大量军粮，但防守薄弱。魏军听说姜维到了，均惊恐万状。

魏国征西将军司马望和安西将军邓艾担心姜维偷袭长城，便合军据守。

姜维军行到芒水，依山扎营。

司马望、邓艾依傍渭水，坚守筑寨。

姜维多次发兵进攻，想引诱魏军出城交战，但不论如何挑衅，司马望、邓艾都不回应。

公元258年，姜维听闻诸葛诞战败，魏国内乱结束，于是撤兵，退还成都。

刘禅下诏，将他再次拜为大将军。

不久，魏国又发生变故。公元260年，**曹奂**登帝位，拜大将军司马昭为相国，封晋公，皇权完全归司

曹奂，三国时期曹魏末代皇帝，曹操之孙，由司马昭立为皇帝，为司马昭傀儡。司马昭死后，司马昭之子司马炎篡夺皇位，建立晋朝，魏国灭亡，曹奂被降为陈留王，在乱世中善终。

马氏所有。

姜维审时度势，于公元262年，再度起兵攻魏，攻入洮阳境。

魏国征西将军邓艾迎战。邓艾抓住姜维悬师远征、战线长、供给困难、难以持久等弱点，抢占有利地势，以逸待劳，阻击蜀军。

姜维与邓艾发生激战。之后，魏军发起反击，蜀军大败，损失严重。

在成都，宦官**黄皓**得知这个消息后，向后主刘禅进谗。

黄皓说："陛下，老奴听到一些传言，不知当讲不当讲？"

刘禅道："何种流言？快说。"

"老奴听成都百姓说，大将军怨恨陛下，不久就要向魏国投降，老奴日夜担心，所以，不敢隐瞒。"黄皓说着，偷眼看刘禅反应。

刘禅脸色一沉，道："宣姜维觐见。"

圣旨被火速送到姜维手中，姜维不知何事，日夜兼程地赶到成都。

刘禅见了姜维，心中的疑问已经消失了大半，想问又不好开口。

黄皓，三国时期蜀汉宦官，善于奉迎，得后主刘禅宠信，干预朝政，权势熏天，诸葛瞻（诸葛亮长子）等人不能压制，官至奉车都尉。黄皓挑唆刘禅废掉大将军姜维，后主未听，姜维为避祸，前往沓中，不敢再回成都。黄皓干政加速了蜀汉灭亡，魏将邓艾攻入成都后，将其杀死。

刘禅召姜维

姜维看到刘禅欲言又止的神色，心中有所明白，便对刘禅道："臣誓死讨贼，以报国恩，还望陛下不要听信小人挑唆，对我心生疑虑。"

"朕不怀疑卿。朕只是希望，卿能先回汉中，等待时机，再讨伐魏国。"

姜维跪下道："陛下身边的黄皓肆意妄为，祸乱朝政，简直就是灵帝时期的十常侍啊。陛下今天不杀黄皓，离灾祸就不远了！"

刘禅忙道："你们这些人为什么要跟一个微不足道的小臣过不去呢？这样吧，我叫黄皓来给你赔罪，你胸襟豁达，就原谅他吧。"

刘禅说完，命人唤黄皓过来向姜维认罪。

过了一会儿，人未到，哭声先传了出来。只听黄皓凄厉地哭喊着："老奴早晚只是侍奉陛下，并不敢干涉国政，大将军不要听从别人的挑唆，想要杀了老奴啊。老奴的命全依靠大将军的一句话，请大将军可怜可怜老奴吧。"

刘禅一听，顿时心软了，命人扶起黄皓，又对姜维说："你就原谅他吧。"

姜维见刘禅如此袒护黄皓，无可奈何，只得作罢。

于是姜维请求去沓中屯田。此后，黄皓仍向刘禅进馋言，姜维担心自己被害，不再回成都。

阳安关失守

公元263年，蜀国细作打听到，魏国将领钟会正在关中练兵，于是，便将此事报告给了姜维。

姜维随即上表给后主刘禅：臣听说钟会在关中整军，图谋蜀汉，当派张翼、廖化督率各军，分别护守阳平关、阴平桥头。这两处最为紧要，一旦失守，汉中就不保。臣会在沓中对抗魏军，并请陛下派遣使者向东吴求援。

奏章写好后，被加急送到了成都。

刘禅与宦官正在花园中游乐，忽然接到姜维的奏章，一时茫然无从。

“魏国钟会、邓艾正在集结兵马，向这边而来，如何是好？”刘禅沉吟着说道。

“陛下，不要惊慌，依奴才看，这是姜维想立功，才上表陛下，陛下请放宽心。”黄皓说。

刘禅听后，觉得很有道理。从此，他深信黄皓的话，不理姜维告急公文，更不去向东吴求援。

到了夏天，魏国权臣司马昭兵分三路，大举进伐蜀汉。

为了防患于未然，姜维立刻派右车骑将军廖化等人驻守阴平桥头，左车骑将军张翼等人驻守阳安关口。同时，姜维又火速上表刘禅，告知军情，说魏国大军已经浩荡而来。

奏章落到了黄皓手中，黄皓告诉刘禅，魏军根本就不会来，刘禅信以为真。

由于朝中遍布黄皓的爪牙，秘密隐瞒魏军来攻之事，满朝大臣竟然对此毫不知情。

等到魏军一路推进，钟会军快到骆谷，邓艾快到沓中时，刘禅这才知道魏军真的来了，这才派出军队去战场支援。

姜维被邓艾牵制，只得后退，驻守在阴平。

钟会派魏将胡烈等人进攻阳安关口。阳安关的守将是姜维器重的**傅佥**，副将是蒋舒。

蒋舒听闻魏军前来，便对傅佥说："现今魏军打过来了，我们闭门不出，这也不是个办法啊。"

傅佥说道："我们的任务是保卫城池，只要不失守，就是有功劳。要是违抗军令出城，擅自作战，一旦战败，有负国家，就算把我们杀了也无济于事了。"

傅佥，三国时期蜀汉将领，长于谋略，有胆有勇，甚得姜维喜爱。驻守阳安关时，副将蒋舒因为怀恨之前曾被解除职务，便率兵投降了蜀军，致使阳安关兵力不足，傅佥与魏军格斗而死。

蒋舒说道："既然你以保全城池为功，我以出战胜敌为功，那么，就请各人按照自己的意愿去做。"

之后，蒋舒就率兵出城了。

傅佥以为，蒋舒去与魏军作战了。谁知，蒋舒出城后，一路向魏军疾驰而去，向魏军将领胡烈投降了。

魏军的将领们与蒋舒交谈后，知道阳安关城内兵力空虚，便发起了猛攻。

傅佥拒不投降，在激战中死去。

阳安关被魏军攻下后，钟会便率领大军长驱直入。姜维、廖化只好放弃阴平，退守剑阁，阻挡钟会。

张翼、董厥等将领本来守卫阳安关口，没能守住后，也退守剑阁。半路上，遇到姜维的人马。

他们向姜维请罪："部下无能，没能守住阳平关口。黄皓向陛下进谗言，陛下听信巫师的话，不肯发兵，才导致我们今天如此被动。"

姜维道："我们暂守剑阁，再寻良机。"

这时，一位士兵奔入营帐，递给姜维一封书信。

姜维接过一看，是魏军将领钟会所写。信中大意

雪中剑阁栈道

季札、子产，春秋时期人物，有一年，季札访问郑国，见到子产，二人一见如故，互赠礼物。

是：久闻伯约文才武略了得，怀有超世之谋略，名声传遍华夏，远近莫不推崇、称赞。我每每想到往昔的历史，只有吴**季札**、郑子产之间的友情，才能和我们现在处境相比……

姜维读完，没有回信。

他根据剑阁的险要地势，巧妙布置兵力。

以身殉国

魏将钟会久久不能攻克剑阁，魏将邓艾便独自带领一支精兵部队，绕开了剑阁，走险峻高耸的阴平小道，进攻成都。

钟会带领大军留在剑阁，认为邓艾的行动不够高明。

然而，邓艾真的平安走过阴平小道，又在绵竹打败了蜀将诸葛瞻，眼看就要攻下成都了。蜀汉后主刘禅惊慌之余，向邓艾投降了。刘禅还派使者去剑阁见姜维，让姜维也投降。

姜维大惊失色，连忙召集部下传达了刘禅的旨意。帐下众将听后，个个义愤填膺，咬牙怒目。

有人拔刀砍石，大喊道："我等在此死战，陛下为何就投降了！"

姜维诈降

将士们的嚎哭声传出了数里，令人闻之动容。

姜维道：“我明白诸位的卫国之心，我有一计，可光复汉室。”

众将忙问：“是何计策？大将军快说。”

姜维与诸将附耳低言，众将听了纷纷点头。

之后，陡峭的剑阁关便竖起了降旗。

姜维带着将领张翼、廖化、董厥等人，来到钟会大营，向钟会投降。

钟会大喜，忙命人迎接姜维等人。

钟会对姜维说：“伯约为何来迟了？”

姜维道：“这已经算是快的了。”

钟会不禁感叹：“真是奇人啊。”

自此，钟会将姜维奉为上宾。二人的关系变得亲近起来。

姜维对钟会说道：“听说将军谋划周密，从不失策，司马昭能成为晋王，且势力越来越大，都倚仗将军的智谋。如今，将军又平定了蜀国，声名远扬，就怕主上担心将军功高盖主，图谋造反啊。不知将军想归隐山林、了此一生吗？想想韩信，对刘邦忠心耿耿，到头来还不是被夺了兵权，削了爵位，被杀死了。”

钟会听了，沉默不语。

姜维又道："还有越国大夫文种，不听范蠡的话退隐江湖，最终被诬陷谋反，不明不白地死去。如今，将军立下大功，为什么不效法范蠡，弃官而去呢？或者登上峨眉，跟随古代仙人赤松子去云游四海呢？"

"伯约说得严重了，还没到那种地步。"

“除了我说的这些，其他的无须我再啰嗦了。”

钟会被打动了，说道：“伯约真是我的知己啊。今日，我愿与伯约结为忘年之交，同生共死。”之后，钟会把姜维的大印、旗号、符节等都还给了姜维，让他照旧领兵。

姜维见自己的计谋得逞，心中暗想：“陛下，请暂且忍耐一些日子，等我把蜀国再夺回来，让幽暗的日月重新恢复光明。”

一天，魏国官员卫瓘拿着诏书过来，对钟会进行封赏，任他为司徒。

钟会接受封赏后，很不高兴，请来姜维商议。

钟会说：“邓艾被封为太尉，我任司徒，这是对我不认可啊。”

姜维道：“我听说邓艾出身卑微，之前他侥幸从阴平小路、攀爬悬崖通过，才立下功劳，这并不是什么良策。如果不是将军攻打剑阁，牵制我带领的蜀军，邓艾哪能成就此功？”

钟会听了姜维这样说，对司马昭和邓艾都更为不满了。姜维由此达到了离间的目的。

钟会问道：“如何能除掉邓艾呢？”

姜维道：“邓艾现在想封蜀主（刘禅）为扶风王，

为的是收买蜀国的人心，这种事是应该上奏朝廷的，不能自己随意决定，邓艾却自己决定了，司马昭一定怀疑他怀有二心。我们不如借司马昭对邓艾的疑心，污蔑邓艾谋反。司马昭必定会出兵讨伐邓艾，这样一来，就可以名正言顺除掉他了。”

钟会听从了姜维的建议，随即向洛阳上表，说邓艾专权，胡作非为，拉拢蜀人，有反叛的迹象。

司马昭看到书信大惊，一时迟疑不定。

钟会又派人截到邓艾的奏章，然后，模仿邓艾的笔迹，改写了一封言辞傲慢的书信，快马加鞭送到司马昭手中。

司马昭收到篡改后的书信后，果然大怒，命钟会追捕邓艾。

由于是奉诏收押邓艾，邓艾虽然悲愤，但没有反抗。

就这样，钟会到了成都，得到了邓艾的全部人马，实力大增。从此，钟会进入蜀国皇宫，经常与姜维商议大事。

一天，钟会正与姜维商议谋反的事，司马昭的书信到了。

信上说：我担心邓艾不服从你，因此，已派一支

司马昭

队伍前往，我自己也屯兵长安，以免节外生枝。

钟会读过信，心事重重地对姜维说：“我兵多将广，以我的能力一定能让邓艾服从，司马昭明知这一点，却又派兵前来，自己还亲自带兵，这是怀疑我有二心啊。”

姜维肯定地说：“君疑臣死，臣不得不死，邓艾就是这个下场。”

钟会说道：“好，那就起兵！”

姜维故意说道：“起兵反叛不是小事，将军一定要想清楚啊。”

钟会道：“我意已决，成则得天下，败则退到西蜀，大不了做个‘刘备’。”

二人于是密谋起来。

此时，魏国郭太后刚死不久。他们决定，诈称太后留下遗诏，要钟会讨伐司马昭，这样就师出有名了。

然而，钟会秘密召集的将领才来了一半，这件事就被人泄露了出去。南安太守胡烈得知了这个谋反计划，暗中联系各部的将士，准备诛杀钟会和姜维。

夜里，蜀宫外，人声鼎沸，钟会命人出去察看，原来是魏军杀了过来。

钟会猝不及防，在混乱中被杀死。

姜维和他的妻儿，以及蜀将张翼、太子**刘璿**等，也都被杀。

这一年，姜维六十二岁。

刘璿，字文衡，蜀汉昭烈帝刘备长孙，后主刘禅长子。蜀汉灭亡后，姜维和钟会因起兵之事泄漏，二人被杀。刘璿当时也在宫中，被乱兵杀死，时年四十一岁。

吴书

太史慈

古人之风

奇人奇事

二十一岁的太史慈披星戴月，飞奔在前往洛阳的路上。

太史慈，字子义，东来郡黄县人，本来是郡里的小官，正赶上他所在的郡与州发生矛盾，谁先上报奏章，便对谁有利。郡守生怕自己失利，便征召人才，作为郡吏，前往洛阳递交奏章。太史慈身长七尺七寸，是一个神射手，又满腹学识，被郡守选拔了出来。

太史慈作为郡吏，日夜兼程地飞奔洛阳。

到了洛阳，太史慈先到公车门前等候，当他看到州吏也到了的时候，便走过去。

太史慈假意问州吏："大人从哪里来？"

州吏道："从青州来。"

"也是来递交奏章的吗？"

"是的。"

"奏章在哪里？"

"在车上。"

"奏章的题署名称确定无误吗？可否取来看看？"

州吏以为太史慈是洛阳查验奏章的官吏，便从马车上取出了奏章，递给太史慈。

黄县，今山东龙口东。

太史慈接过奏章展开后，突然从怀里掏出刀子，以迅雷不及掩耳之势将奏章毁掉了。

州吏这才意识到，原来太史慈并不是洛阳的官吏，而是郡吏，当即惊慌大叫："有人毁坏我的奏章！"

太史慈见状，强行将州吏拉入车内，诱骗他说："虽然是我将你的奏章毁坏的，但是倘若你不把奏章给我，也不会发生这样的事情。"

"你说什么？"州吏又气又急。

"我的意思是，如果这件事报了官，你我都逃不脱干系，都会被问罪，我的罪名是毁坏奏章，你的罪名是擅自把奏章给别人看。"

州吏听了，哑口无言，焦急、恐惧。

太史慈说："不如我们一同逃走，这样也就不会遭受刑罚了。"

州吏问："你是郡里派来毁坏我们的奏章的，你的任务已经完成，为什么还要逃跑呢？"

"郡里派我来，是让我查看一下州里的奏章递交上去没有，但我将事情做过了头，弄坏了奏章，现在回去复命会被问罪。"

州吏听了，竟然相信了太史慈，鬼使神差地听从太史慈的建议，与他一同朝城外逃去。

逃出城外后，二人分路而行。太史慈一个人偷偷返回城里，将郡的奏章偷偷递交了上去。

因为这件事，州府失利，受到很大委屈。太史慈却因此名声大振。太史慈也因此成为州府仇视的人，他担心州府报复他，便逃到了**辽东**。

辽东，今辽宁省全部、吉林省一部分、河北省东北部等。

向孔融报恩

北海相孔融听说这件事后，十分惊讶，便在太史慈出逃后，多次派人给太史慈的母亲送来钱财，照顾她的生活。

公元193年，孔融为抵御黄巾军，屯兵于**都昌**，不料，却遭到黄巾军围困。

太史慈从辽东回到家里，母亲对他说：“你和孔北海没有见过，但自从你出行后，他对我殷勤照顾，亲戚朋友都不如他。如今，他被贼众所困，你当赴身相助。”

太史慈听了，留家三日后，就独自一人前往都昌去了。

当时，黄巾军的包围圈还不够紧密，太史慈等夜晚到了，乘隙冲入重围，去见了孔融。

都昌，今山东省昌邑县。

孔融，字文举，因任北海相，也被称为“孔北海”。东汉末年官员、名士、文学家，孔子的二十世孙，建安七子之一。孔融在北海修城，举贤，建学校，治绩极高，后入朝，任太中大夫等职，因抨议时政时言辞激烈，触怒了丞相曹操而被杀。

孔融一听说太史慈来了，顿时心中大喜。二人相见，太史慈向孔融施礼、谢恩。

孔融打量着太史慈，见太史慈身材魁梧，相貌英俊，气质文雅，言谈举止有古人之风，不禁连连赞许。

孔融问太史慈：“如今我被围困，子义为何以身犯险，独闯重围？”

太史慈道：“我在出逃辽东期间，多亏府君对家母多有照应，我感激不尽。家母得知府君遭到围困时，特派我前来相助。”

“子义果然重情重义啊，只是我等被如此围困，不知子义有什么好办法吗？”

“如今战局，唯有出兵力战，才可突破重围，不然拖到最后，城内粮草用尽，后果不堪设想。”

“子义言之有理，只是我军势单力薄，万一不能突破重围，岂不是落个全军覆没的下场？”

“如果一味守城，援军不能及时抵达，也会全军覆没。”

“只是，我不能拿着将士和百姓的身家性命冒险啊！”孔融最终拒绝了太史慈的作战计划。

然而，事实正如太史慈所料，援军久久未到，城中军民粮食不足，士气衰落，死伤增多。

妙计出重围

眼见黄巾军围城更加紧迫，孔融想要求助于当时的平原相刘备。

“素闻平原相刘备的军队是一支仁义之师，如能向他求援出兵，到时里应外合，便可大破贼兵了。只是，谁肯冒死突出重围，去向刘备求援呢？”孔融说完，看了看四周的将领们。

无一人应声。

“我愿一试！”一人说道。

孔融一看，是太史慈。

孔融摇摇头，拒绝道：“子义，你刚冒着生命危险冲入城中不久，不可再冒险了。如今重围甚密，众人都说难以突围，你胸有壮志，但此事还是太艰难了。”

太史慈道：“昔日，府君细心照料家母，家母感恩在心，才令我前来救急，这是因为，家母知道我能解围。众人都说不能突围，如果我也说不能突围，那么，家母派我来这里做什么呢？我能进来，就能出去，情势紧急，府君不要犹豫。”

孔融听了，大为感动，又见太史慈如此坚定，也无其他人选，便答应了。

第二天，天亮后，太史慈带着两名骑兵，吃饱了饭，一身披挂，带上弓和箭囊，出了城门。

城楼下的黄巾军异常惊骇，赶紧列阵防备。

但太史慈只是纵马冲到了城壕边，便停了下来。

他让两个骑兵在不远处插好箭靶，然后，他拉开弓箭向着靶子射去。习射之后，他又带着两个骑兵回到了城中。

第二天早晨，太史慈又这样做了一遍。黄巾军不再紧张、惊讶，防备松懈了许多。只见有的人站着，有的人坐着，甚至还有人卧在地上休息。

到了第三天，太史慈又冲出城门，黄巾兵军彻底放下了戒备，都坐卧着，没有人站着戒备。

于是，太史慈纵马向前冲去，突破重围。

黄巾兵这才反应过来，慌忙去追。太史慈回过头去，搭弓射箭，把追兵射死了。

黄巾军见太史慈射术高超，都不敢向前追击。

说服刘备

太史慈突破重围后，继续快马加鞭，赶往平原郡。

到了平原郡，他向平原郡的军士们说明了情况后，被带到了刘备的官邸中。

太史慈见了刘备后，说道："我是东莱太史慈，有急事见使君。"

刘备道："不知为何事？"

太史慈坦诚地说道："我与孔北海之前并不认识，他却在我危难之时照料我老母。如今，北海被黄巾军围困，孤穷无援，危在旦夕。孔北海久闻使君素有仁义之名，能救人急难，因此，盼望使君能够援助。所以，我甘愿冒死突出重围，从万死之中赶来，告知使君此事。”

刘备听了，立刻正色道：“孔北海居然也知道世间有刘备啊。”

随即，刘备令人整顿军马，与太史慈前往都昌。

在都昌，孔融正焦急地站在城头之上，忽然看见城下的黄巾军骚乱起来，不禁欣喜若狂。

“是太史慈带着刘备的援兵到了！快，打开城门杀出去！”孔融急忙下令。

孔融的军队与刘备援军两面夹击黄巾军，黄巾军溃散而去。

之后，孔融更加看重太史慈。他对太史慈感叹：“你是我的少友。”

黄巾军撤退后，太史慈与孔融告辞，回到了母亲身边。

他的母亲说：“我很庆幸你能报答孔北海。”

归降孙策

刘繇，字正礼，东汉末年宗室大臣，官至扬州牧、振武将军，四十二岁病逝。

帮助孔融解围后，太史慈名声大噪。公元195年，太史慈到曲阿，去了同乡**刘繇**那里，受到刘繇的欢迎。

一日，太史慈带着一名骑兵外出侦查，路上，突然遇到孙策。孙策是刘繇的敌对势力，太史慈立刻警惕起来。

孙策骑着一匹高头大马，身边跟着十余人，他目光凌厉，上下打量着太史慈，激起了太史慈的愤怒。

太史慈舞开手中的戟，催马向前，直逼孙策。

孙策的护卫们见此情景，不禁吃了一惊，还没等他们反应过来，孙策早已挥动手中的长矛，迎面而上。

随着叮叮当当的碰撞声，二人大战三十回合，不分胜负。太史慈与孙策各自在心中暗暗称奇，又斗了十余个回合。

突然，孙策刺向太史慈的战马，趁势夺得了太史慈系在脖子上的短戟。

太史慈见状，迅速伸出手，一把夺走了孙策的头盔。

正在打得难解难分之时，忽听得两方背后传来一阵阵杂沓的声音，原来是两家的主力部队都到了。太史慈和孙策这才罢战，各自策马回营。

孙策回到营帐后，黄盖、韩当都对孙策说："将军是军中统帅，怎么可以轻易上阵作战？将军若有什么闪失，岂不是因小失大？"

孙策笑道："当时也是情况紧急，况且，我也想与那人切磋一下。只是那人确实身手了得，这样的人若能归顺我们，对我军将会大有裨益啊！"

孙策
太史慈

黄盖道："那人就是太史慈，文武双全，为人忠义，他如何肯轻易来降？"

孙策遗憾地点点头。

韩当道："当年太史慈只身突破黄巾军的重重包围，义救孔融，有勇有谋。以后若再遇到太史慈，将军万不可轻易与之对战啊。"

孙策道："将军言之有理，以后再不会这样做了。"

之后，刘繇与孙策再次交战，刘繇抵挡不住孙策的进攻，兵败至芜湖。

太史慈退兵到泾县，为了抵抗孙策，他招抚了许多**山越**之民。但在孙策大军的围攻之下，太史慈终于兵败被俘。

太史慈被带到孙策跟前。

孙策一见，立刻说道："谁叫你们如此请子义将军过来的？"说完，他亲自为太史慈松绑。

太史慈有点儿不知所措。

孙策问太史慈道："如果你捉到了我，你会怎么做呢？"

太史慈老实地回答道："那可不好说，难以想象啊。"

山越，汉末三国时期活动在孙吴诸郡县山区的山贼式武装集团。

孙策道："如今江东大势已定，刘繇兵败已成定局。我久闻将军忠义，如果将军不嫌弃，希望将军能与我共图大业！"

说完，孙策就要对太史慈施礼。太史慈急忙阻止。

太史慈说："将军不可如此。败军之将，能保全性命，已是万幸，如何让将军如此屈尊？"

孙策追问道："将军愿意共谋大业吗？"

太史慈沉吟片刻，说道："承蒙将军不弃，我愿效犬马之劳。"

孙策大喜，任命太史慈为门下督，领兵镇守吴郡。

后来，刘繇病死，留下一万士兵，太史慈自告奋勇，前去招抚。

孙策左右的人急忙对孙策说："不可让太史慈前去招抚，只恐此人去了就不回来了。"

孙策摇头道："太史慈为人忠义，必定不会负我！"

到了出发这一天，孙策一直把太史慈送到了昌门外。

孙策依依不舍地问道："子义这一去，多少天能回？"

"六十日便可回！"太史慈说罢，策马而去。

六十天后，太史慈果真带着刘繇的一万士兵回来了。

此后，孙策对太史慈更加亲近、信任。

英年早逝

刘磐是荆州牧刘表的族人，骁勇善战，经常在江东作乱。孙策便命太史慈为建昌都尉，统帅诸将，抗拒刘磐。从此，刘磐再也不敢侵扰江东。

麻保城的贼人作乱时，太史慈率兵前去征讨。贼人站在城楼上，对太史慈破口大骂，还在言语中辱骂孙策。

太史慈张弓搭箭，一箭朝骂人的贼射去，射出的箭将贼人的手腕牢牢地钉在了城楼的柱子上。众人这才知道，太史慈有百步穿杨的本领。后来，太史慈一举平定了众贼。

曹操听说太史慈的本领后，一心想说服太史慈归顺他，便派人送了一封劝降信给太史慈，太史慈不为所动。

孙策死后，他的弟弟孙权接替了他的位置。孙权把压制刘磐的任务交给了太史慈，并让他镇守南方。

公元206年，太史慈去世，终年四十一岁。

临终前，太史慈哀叹道：“大丈夫生而为人，应当携带七尺之剑，列位在天子身边。我的志向还没有实现，怎么就死了呢？”

太史慈的死讯传到孙权耳中，孙权大为可惜，哀悼良久。

周瑜

雄姿英发

英才两相遇

在丹阳太守的府内，一个侍从走过来，交给太守的侄子周瑜一封书信。

周瑜拆开一看，原来是好友孙策写给他的。

“伯符（孙策）兄要东渡长江了，现在历阳，我得去迎接他！”周瑜高兴地说。

周瑜立刻把**部曲**召集起来，前去迎接孙策。一路上，周瑜回想着与孙策在一起的过往。他们同岁，从小玩在一起，关系非常好。

周瑜，字公瑾，父亲周异做过洛阳令。董卓入京乱政时，军阀孙坚前去讨伐，临走前，将儿子孙策和其他家眷迁到周瑜的家乡舒县。周瑜与孙策同岁，经常在一起嬉戏、读书、练武，结下了深厚的情义。周瑜家还将一所大宅院让给孙策居住。在周瑜的帮助下，孙策结交了很多江东贵族。眼下，周瑜来到丹阳，看望当太守的叔父。孙策得知后，便写信告诉了周瑜，周瑜便来迎接孙策。周瑜行到半路，只见对面来了一支军队，为首的正是孙策。

“伯符兄！”周瑜高兴地喊道。

“公瑾，我也想你啊！你看信了吧？”

原来，孙策的父亲孙坚已经去世，孙策接管了父

部曲，古代豪门大族的私兵。

亲的兵马，希望周瑜能辅助他巩固势力，开疆拓土。

周瑜道：“信我已看过，愿效犬马之劳！”

孙策大喜，道：“我有了你，事就成了。”

人称“周郎”

当初，周瑜与孙权的哥哥孙策是好友，孙策的母亲让孙权用兄长之礼对待周瑜。那时候，孙权还是级别不高的将军，各将领和宾客不大重视他，见到他，只行一般的礼节，但周瑜很尊敬他，像臣子对君主那样对待孙权。周瑜性情开朗，宽宏大量，很得人心。

周瑜年少时，曾钻研音乐，即使在酒过三巡后，弹奏者若有差错，他一定能听出来，听出来就会回头望一望。时人就编出歌谣道：“曲有误，周郎顾。”

周瑜成为孙策的大将后，先是跟随孙策攻下横江与当利。之后，他们又进攻秣陵，然后攻克了湖孰、江乘，并进军曲阿，打败刘繇。

孙策的势力越来越大，军队扩展到了数万人。

孙策对周瑜说：“现在这支军队足够我攻取吴郡、会稽郡，平定山越，你还是回军丹阳，镇守丹阳。”

于是，周瑜便回到丹阳。丹阳太守仍是他的叔父周尚。没过多久，袁术派堂弟袁胤来到丹阳，取代了周尚的太守之职，周瑜便与叔父一起去了**寿春**。

寿春，今安徽寿县。

袁术欣赏周瑜的才干，打算把他纳入自己麾下，但周瑜知道袁术不能成大事，便请求袁术，让他担任居巢的县长。袁术同意了。

居巢，今安徽省合肥市巢湖市居巢县。

周瑜当上**居巢**县长后，结识了鲁肃，他带着鲁肃从居巢回到了江东的吴郡。这一年，周瑜二十四岁。

回到东吴时，孙策亲自迎接周瑜，任命他为建威中郎将，拨给他两千士卒、五十匹坐骑。周瑜身体修长，相貌俊美，文武双全，智力超群，吴郡的人亲切地把他称为“周郎”。

江东乔公有两位女儿，都有倾国之色，孙策娶了大乔，周瑜娶了小乔。

婚后不久，他们再度进兵，打败了江夏的**刘勋**，

刘勋，东汉末年大臣，与曹操是旧相识，后为袁术部下。袁术败亡后，割据江淮之间，因被孙策攻打而投奔曹操。其官至征虏将军，封华乡侯。刘勋恃宠而骄，图谋不轨，被告发后，下狱遭诛杀。

平定了豫章与庐陵。“周郎”的名声更加远扬。

公元200年，孙策去世，孙策的弟弟孙权接替了孙策的位置。孙权命周瑜统领东吴的军队，周瑜便留在吴郡，以中护军的身份与长史张昭一同掌管东吴的军政大事。

拒降曹操

周瑜相貌堂堂，文武双全，世间罕见，曹操请蒋干去劝降周瑜，结果未能如愿。

蒋干，字子翼，小说《三国演义》将他刻画成了小丑形象，其实他是东汉末年名士、辩论家，仪容超凡，才辩惊人。曹操曾请他劝说周瑜归附自己。蒋干与周瑜相见后，相谈甚欢，回来后，向曹操称赞周瑜雅量高致，不能离间，曹操于是放弃招降之心。

公元208年，曹操南下，占据荆州，得到荆州的水军，拥有了几十万人。

这一消息传到东吴，将士们都非常惊恐。

孙权召集部下，征询对策。

众人议论纷纷，有的说："曹操是虎狼之人，但他借着大汉丞相的名义，挟天子以征天下，动不动就说是天子的旨意，如今想要抗拒他，不一定会顺利啊。"

也有人说："东吴能够抵御曹操的，就是长江天险。现在，曹操占据了荆州，还得到了荆州训练有素的水军，还有上千艘大船、战舰。一旦曹操水陆齐发，长江天险就成了曹操与东吴共有的了。"

还有人说："在实力上，敌众我寡，东吴的兵力实在太少了，不能与曹军相提并论啊。"

众人议论的结果就是：为今之计，就是向曹操投降。

孙权不置可否，问周瑜："公瑾有何良策？"

周瑜道："曹操虽托名大汉丞相，其实是汉贼。主公拥有神武雄才，还有刚烈之性，又有数千里的土地，且有大量精兵，为天下英雄所向往。主公正应该借此战号令天下，为大汉铲除汉贼。况且，曹操是主动来送死的，怎么可以向他投降？”

“哦，公瑾此话怎讲？”

“如今，北方并没有完全平定，关西的马超与韩遂是曹操的后患；而曹操的北方士兵不懂水战，荆州的水兵是被迫投降的，这正是他的短处；马上就是冬天了，曹操必将缺少战马草料；北方士兵在水网密布的南方，会因水土不服而患病。这些都是兵家大忌，而曹操却犯了多个兵家大忌。主公如果想生擒曹操，今日便可下决心。我请求带领三万精兵，进驻夏口，保证击败曹操！”

“好！公瑾说得好！曹操老贼早想篡位，只是忌惮袁绍、袁术、吕布、刘表与我罢了。如今，三个已被曹操打败，只有我还在。我与汉贼势不两立，公瑾所言，正合我意！”

众人听了，还想劝阻，孙权站了起来，拔出宝剑，一下砍断了座前的几案。

“谁要再敢说投降曹操的话，将同此案！”孙权厉声道。

众人面面相觑，谁也不敢劝谏了。

不久，刘备的军师诸葛亮来到东吴，请求与孙权结盟，共抗曹操。孙权便让周瑜与诸葛亮相见、商榷。

之后，诸葛亮又带着周瑜、程普一道，去见刘备，一同详细商量破曹大计。

周瑜的船队到达樊口后，刘备乘着小船前来迎接。之后，周瑜、刘备等人上岸，商定了破曹大计。

火烧赤壁

《三国演义》中记载，赤壁之战时，周瑜想使用火攻，但又忧心忡忡。诸葛亮猜到他的心思："万事俱备，只欠东风"。于是，诸葛亮筑七星坛，祭祀求风，成就了火攻。

《三国演义》中，孙权谋士阚泽向曹军投诈降书，一番妙言使曹操相信了诈降书。

孙刘联盟结成后，周瑜开始调兵遣将。在周瑜的指挥下，吴军与曹军在赤壁一带对峙多日。

曹操军中有不少士卒不习惯南方的水土，染上了疾病，在与周瑜初次交锋中，就战败了。

曹操退兵至长江北岸，两军在长江两岸驻扎。

几日下来，周瑜没能想到破解的方法，寝食难安。这天，黄盖来到了周瑜的营中。

黄盖献策道："敌众我寡，长期相持，恐怕会对我军不利。我看曹操的战船，首尾相接，连在一起。只要有天时地利，就可以用火攻来破曹。"

周瑜听了，连声叫好，说道："真是良策啊！"

公元208年，孙刘联军与曹操在赤壁大战。

周瑜调拨了几十艘战舰，将船内装满柴草，在柴草上浇满油膏，外面罩上帷幕，上面插上牙旗。之后，周瑜让黄盖写信给曹操，向曹操表达投降之意。

等到曹操给黄盖回信，接纳了黄盖投降后，周瑜又准备了一些轻便快捷的小船，把这些小船绑在战舰的后面，让黄盖指挥船队向曹营驶去，假作投降。

曹操远远眺望，以为黄盖真的引兵来投降了，因此，没有防备。

当黄盖的船只靠近曹军的舰队时，黄盖命令将士们解开各个小船，然后，将战舰点火。

东风呼荡，燃烧的战船火势熊熊，冲向曹操的舰队。曹操的舰队立刻蔓延起火海，很多曹军士兵葬身火海。

风势越来越猛烈，大火烧到了岸上的曹军营寨。片刻之间，烟火冲天，曹军人马被烧死、被淹死的不计其数。曹操狼狈而逃。

赤壁之战令曹操元气大伤，不得不撤回北方，只留下大将曹仁驻守江陵城。

大战江陵

为了夺取荆州，周瑜决定，与大将程普进攻**南郡**，大将甘宁则攻打**夷陵**。

夷陵很小，但位置十分重要。据守江陵的曹仁得到情报后，害怕夷陵失守，便派出一支军队去围攻甘宁。

甘宁正在攻打夷陵城，不料，却被曹仁派来的曹军包围，他只好向周瑜告急。

周瑜留下大将**凌统**领军，自己与吕蒙去夷陵支援甘宁。

周瑜率军到了夷陵城下，勇猛冲锋，大破曹军，所杀过半。

南郡，郡治在江陵，今湖北荆州江陵。

夷陵，今湖北宜昌市。

凌统，字公绩，东汉末年吴国名将。合肥之战中，魏将张辽等包围孙权，凌统带兵三百冲入重围，救出孙权，之后回身再战，左右士兵皆战死，凌统依旧杀敌数十，受伤严重，差点儿死去。凌统为人谦逊，亲贤礼士，轻财重义，有国士之风。

曹军乘夜逃走，半路，遇到用树木堵塞的险路，只好弃马步行。周瑜率兵追击，获得战马三百匹，军威大振。

唐朝杜牧《赤壁》诗中有两句是：“东风不与周郎便，铜雀春深锁二乔。”大意是，赤壁之战中，周瑜如果没能“乘风”取胜，曹操获胜后，周瑜和孙策的妻子大乔和小乔恐怕就会被曹操关进铜雀台了。

之后，周瑜在北岸扎营，约定好日期与曹仁大战。

战期到了，两军布阵，周瑜亲自骑马督战，不料，被曹军发射的乱箭射中右胸，伤势非常严重，只好回营。

曹仁探知周瑜卧床不起，心中大喜，亲自率兵出战，攻打周瑜。

周瑜勉强支撑，强自起床，带伤巡察军营，鼓励将士杀敌勇气。众将士奋勇抗敌，使曹军无法获胜。曹仁无可奈何，只好撤离了。

此后，交战时常发生，一直持续了一年左右，周瑜始终占据上风，杀伤甚众。曹仁最终放弃江陵，领兵撤退。

欲伏“蛟龙”

孙权驻扎在京口，刘备前去拜谒，要借南郡落脚。

周瑜知道后，急忙给孙权写了一封信。

“刘备是天下的枭雄，况且，他有关羽、张飞这样的虎将，一定不会屈尊于人下。应该把刘备留在江东，为他修建豪华宫殿，赐赏多位美女，让他纵情享

赤壁

受，消磨他的意志，再把他与关羽、张飞二人分开，各自安置在不同的地方，派人监视与控制他们，还要让他们与我们一起作战，如此，大事可定。如今，借出南郡给他们落脚，让他们三个人聚在一起，又在重要的战略要地，怕是蛟龙得到云雨，不会甘做池中之物啊！”

周瑜极力劝说孙权不要把南郡借给刘备。但孙权考虑到，曹操在北方，联合刘备比较稳妥，又担心刘备并非一时可以制服，所以，没有听从周瑜的话。

就这样，孙权把南郡让给了刘备。之后，孙权之妹又被嫁给了刘备，以巩固孙刘联盟。

陨落巴丘

益州牧刘璋遭受汉中张鲁的威胁，周瑜得到这个消息后，急忙去京口谒见孙权。

“主公，曹操刚被我军打败，无暇再与我们作战，趁着刘璋陷入困境，我们可以一举攻下益州。之后，我们与马超交好，缔结联盟，共伐曹贼。”周瑜说道。

“公瑾言之有理，就按你说的做！”孙权回道。

周瑜得了命令，即刻返回江陵，部署军力，向益州进发，准备攻打益州。然而，大军到达巴丘后，周

孙权之妹

瑜染病，不幸去世，终年三十六岁。

孙权听说了周瑜的死讯，大为惊讶，也大为悲痛，亲自为他穿戴素服服丧。周瑜的灵柩运回吴郡时，孙权又去芜湖亲自迎接。后来，孙权称帝，对文武百官说："如果没有周公瑾，我便做不了这个皇帝。"

诸葛亮等人也哀悼、祭祀了周瑜。

周瑜死后，东吴放弃了夺取益州的计划，最终让刘备夺取了益州。

周瑜有一个儿子，很有他的气质风度，但年纪轻轻就死了。

哀悼周瑜
诸葛亮

吕蒙

旷世俊才

少年之勇

山野间弥漫着狼烟，吴军正在与山越交战，只见刀戟闪烁，箭如流星，杀得极为激烈。

其间有一位十五六岁的少年，头戴兜鍪盔，身披筒袖铠甲，一手持盾，一手拿刀，勇猛无惧。虽然年纪很小，但是有万夫难当之气势。他就是将领邓当的小舅子吕蒙。

吕蒙，字子明，汝南富陂人，很小的时候，就南渡长江，投奔了他的姐夫邓当。

邓当是孙策的帐下之将，常常与山越作战。吕蒙十五六岁时，偷偷地跟随邓当参加战斗。有一次，邓当回头时，偶然发现吕蒙，大吃一惊，严厉呵斥他，不准他参战，以免受伤。但吕蒙不听，坚持入山杀敌。

此战过后，邓当非常担心，便将此事告诉了吕蒙的母亲。

吕蒙的母亲非常生气，想要处罚吕蒙。

吕蒙说道："我们家一直过着穷苦卑贱的日子，只是不入虎穴焉得虎子，一旦立下战功，就能求得富贵。"

吕蒙的母亲听了，非常怜惜吕蒙，便饶恕了他。

正式领兵

邓当部下有一个官吏，见吕蒙年纪小，非常轻视他，说道：“那小子能干什么，不是送肉去喂虎吗？”

过了一段时间，这个官吏见到吕蒙，又嗤笑他，侮辱他。

吕蒙怒不可遏，当即抽刀刺去，把官吏杀死了。

吕蒙杀人后，逃到了一个同乡家里。后来，他又通过别人向上面自首，孙策便召见吕蒙，问吕蒙事情经过。

在交谈中，孙策感觉吕蒙非同一般，便把吕蒙留在了自己身边。

几年后，吕蒙的姐夫邓当去世了，吕蒙接替了邓当的位置，被任命为别部司马。

孙策去世后，孙策的弟弟孙权掌管江东大权。孙权想把一些能力不强的年轻将领检选出来，合并到一个队伍中。吕蒙担心自己被合并之后，只能当一个寂寂无名的小兵，便悄悄借了些钱，为士兵们做了红衣和绑腿，并用心操练。

等到孙权来阅兵时，看到吕蒙的军队整齐威武，训练有素，好像征战沙场多年的老兵一样，不禁大喜过望。

孙权非但没有将吕蒙合并，反而给他增派了士兵。

之后，吕蒙多次随孙权出征，立下了累累战功。

在讨伐黄祖的战争中，吕蒙亲临前线，杀死了黄祖的部将陈就，活捉了黄祖，孙权任命吕蒙为横野中郎将，赐钱千万。

孙权劝学

一日，孙权召见吕蒙。

“子明，最近可好？”孙权问吕蒙。

“回主公，一切安好。”

“最近都在读什么书啊？”

“这……”吕蒙支支吾吾，说不出话来了。

“子明可还记得我为你推荐了哪些书吗？”孙权又问。

“记得，主公让我读《战国策》《左传》《孙子兵法》《史记》。”吕蒙汗颜道。

“你读了几本呢？”

“主公，军中事务繁多，无暇读书，况且我带兵打仗，读书做什么用呢？”吕蒙直言不讳地说道。

“这是什么话？你现在身为将军，要掌管诸多事务，很多知识不都得从书中获得吗？让你读书是为了让你了解历史及兵家战术和谋略。你说你事务繁忙，你有我忙吗？我经常忙里偷闲读书，感觉大有益处。你生性聪明，有悟性，只要肯学一定会有收获。”孙权的脸色慢慢地严肃起来。

“是！”吕蒙回道。

“你不仅要会打仗，还要懂得谋略，做一个文武双全的将军。曹操之所以厉害，就在于他脑中有谋略。他的谋略从哪里来？不就是从书中所得吗？刘备的部将关羽，一有闲暇就读《左传》，心有筹谋。这些人都值得你学习啊。"

吕蒙使劲儿点头。他记下了孙权的话，此后，总是抽出时间来读书。

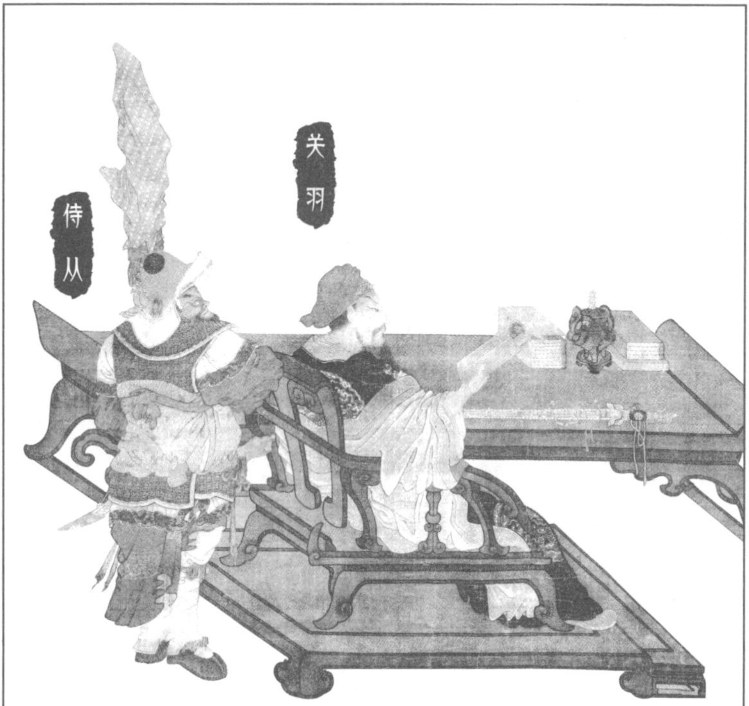

吴下阿蒙

吕蒙年少时，不爱读书，后来勤学奋进，成为文武双全的统帅。

昔日，江夏太守蔡遗曾弹劾吕蒙，吕蒙并不怨恨。有一年，豫章太守顾邵去世，孙权问吕蒙，谁能接替顾邵？吕蒙回答，蔡遗是个好官。孙权笑着同意了。

将领甘宁粗暴好杀，常常违背吕蒙的命令，也违背孙权的命令。孙权分外恼火，想要惩治甘宁。吕蒙多次为甘宁求情："天下未定，像甘宁这样的猛将十分难得，应该对他宽容忍耐些。"孙权于是厚待甘宁，后来果然得到回报。

公元210年，鲁肃接替周瑜的职务，总督江东军事。

当时，吕蒙正在陆口，鲁肃经过陆口时，觉得吕蒙只是一介武夫，因此，不想去拜访他。

鲁肃的部下说："吕蒙现在功名远扬，不可不去拜访啊。"

鲁肃听了，这才去见吕蒙。

吕蒙见鲁肃来了，心中十分高兴。

二人相谈，吕蒙问道："将军现在担负着江东的重任，与关羽为邻，如果发生了变故，将军用什么策略来应对呢？”

鲁肃道：“到时候再因时制宜吧。”

吕蒙笑道：“我们和刘备、关羽虽然是盟友关系，但是关羽是熊虎之将，不可不防，怎能不提前定好计谋呢？”接着，吕蒙向鲁肃说出了五条应对关羽的计策，每条计策都非常高明。

鲁肃听了，大感惊讶。他高兴地拍了拍吕蒙的背，感叹道：“子明啊，我没想到，你的才干与谋略竟然达到了如此高的水平，早已不是昔日**吴下阿蒙**了。”

鲁肃称赞吕蒙有长进，不再是原来吴地的阿蒙。后来，人们用“吴下阿蒙”的典故来指学识浅薄的人。

“士别三日，当刮目相待，兄长知道这件事太迟了啊。”吕蒙哈哈大笑起来。

鲁肃也哈哈大笑。

之后，鲁肃去拜见了吕蒙的母亲，从此与吕蒙结成了朋友。

计取三郡

庐陵的贼寇作乱，孙权派诸将前去征讨，都大败而回。

孙权叹道：“鸷鸟上百只，不如一只鹏。”

他心里的“鹏”就是吕蒙。于是，他派吕蒙前去征讨。

吕蒙赶到庐陵，很快杀死了贼寇的首领。对于贼寇徒众，他都放归家园了，让他们安心耕地、谋生。

孙权得到消息后，心里非常欣慰。

赤壁之战后，刘备命关羽镇守荆州，孙权多次向刘备索要荆州，刘备再三拖延不还。

孙权非常生气，对吕蒙说：“当时我竟把荆州数郡借给刘备，还把妹妹嫁给他，简直失策啊！”

吕蒙道：“主公千万不要自责，当时主公也是出于安抚天下豪杰共抗曹贼的考虑，只是刘备奸佞，只借不还，令人气愤。”

“对于眼下的局势，你有什么看法吗？”

“眼下的形势可谓三足鼎立。北有曹操，东有主公，西有刘备。但无论是曹操还是刘备，都不能与东吴结成长久的联盟关系。”

“依你所言，东吴该如何作为？”

“最要紧的事就是攻取荆州数郡。”

“好！我现在就命你前往荆州，攻取长沙、零陵、桂阳三郡！”

吕蒙当即领命，率军而出。

吕蒙没有贸然交战，而是先给长沙郡、桂阳郡送去了劝降信。这两个郡很快便投降了。只剩下零陵郡的太守郝普坚守不降，吕蒙便命人将郝普的旧友邓玄之从南阳郡接来，准备让邓玄之劝说郝普归降。

就在这时，吕蒙突然接到孙权的急信，让他暂时放弃零陵，速去救援鲁肃。

吕蒙问使者："发生了何事？"

使者道："刘备从益州赶到了公安，派关羽前来攻夺我们所占据的荆州各郡。主公已命鲁肃将军驻扎在**益阳**，主公命将军放弃零陵郡，前去益阳，与鲁肃将军会合，共抗关羽。"

益阳，今湖南境内。

"此事我已知晓，你暂且不要声张。"吕蒙嘱咐道。

"是，将军！"

吕蒙默默分析着局势，思索着计策，然后，召集各位将领商讨攻城的计划，并未将孙权让他撤兵的命令告诉他们。

之后，吕蒙命人把邓玄之请来，对邓玄之说道："关羽和刘备首尾各处一方，自救都来不及，哪有余力再救零陵啊！郝普性命难保，却在苦苦等待根本不可能到来的救援，这就像一条鱼被困在牛蹄印坑中

的积水里，一心盼望用江河之水来活命，这怎么可能呢？”

“将军说得是。”邓玄之沉思着点头。

“现在，我已做好攻城的准备，不出一日，便可将零陵郡攻破。城破之后，郝普必然身死，他百岁的老母，白发苍苍，也会被人诛杀，他难道不痛心吗？先生是郝普的旧友，希望能将局势说与郝普，避免惨败。”

邓玄之答应了，离开吕蒙后，赶往零陵郡，求见郝普。

邓玄之将吕蒙的意思告诉了郝普，郝普有些惧怕，便同意了投降。

邓玄之便出了城，向吕蒙汇报，说郝普随后就来。

吕蒙吩咐四位将领，各带一百名士兵，等郝普一

出城，他们就马上进去守住城门。

一会儿，郝普果然出来了。吕蒙迎上去，握住郝普的手，向郝普问候。

寒暄完毕，吕蒙取出孙权写给他的信，给郝普看，并忍不住拍手大笑。

郝普看了信，这才知道，刘备和关羽就驻扎在附近，随时都能赶来救援。他顿时惭愧、悔恨，恨不得找个地缝钻进去。

然而，一切都晚了。

吕蒙大为高兴，随即率军奔赴益阳，援助鲁肃。

面临大军压境，刘备不得不请求恢复盟好。

从此，孙刘双方以湘江为界，划江而治。

反对联盟

对于孙刘联盟，鲁肃一向认为，孙刘两家要互相帮助，共抗曹操。但吕蒙不这样认为。

吕蒙偷偷对孙权说："派一支军队据守南郡，再派一支军队进驻白帝，再派一支军队沿着长江不停地巡察，贼军出现在哪里就赶去哪里，我则占据襄阳，这还担忧曹操什么呢？还依赖关羽什么呢？再说关羽和刘备，狡诈无常，怎么能把他们当成好朋友呢？趁着我们这些将领还活着，不如举兵攻打关羽和刘备。等到我们年老力衰了，或者死了，想战胜他们还可能吗？"

孙权听了，深以为是。他问吕蒙："攻打徐州怎么样？"

吕蒙回道："徐州只通陆路，是骑兵驰骋的地方，就算我们今天攻下徐州，十天内曹操就会来夺取。就算我们用七八万人来坚守它，也不一定能守住，还不如攻打关羽，占据整个长江流域，别人夺不走。"

孙权觉得，这个建议更好，更实际。

公元217年，鲁肃病逝。孙权命吕蒙接替鲁肃的位置，任都督，驻兵陆口，鲁肃原来的人马都归吕蒙指挥。孙权又任吕蒙为汉昌太守。

吕蒙的辖区与关羽的辖区毗邻，二人各守其土。吴军将士与关羽的将士互不干涉。

吕蒙知道关羽善战，且位于吴军的上游，两军绝不会长时间相安无事。于是，他积极备战，同时表面上与关羽建立友好的关系，内心准备着随时收回整个荆州。

白衣渡江

公元219年，关羽出兵攻打曹军占据的樊城。消息传来，吕蒙大喜，忙令细作到南郡与樊城去打探消息。

细作返回后，告诉吕蒙，关羽水淹曹军七军，获得大胜，关羽还在南郡留下了守备部队。

吕蒙点点头，决定利用曹、刘大战的机会攻打关羽。

当晚，吕蒙给孙权写了一封书信。信中写道："关羽讨伐樊城已有数日，还没有攻下来，军队已经疲惫不堪。关羽在南郡留了一些重兵把守，无非是怕我攻取他的后路。关羽素来知道我身体不好，请让我以养病为名，带一部分士兵返回都城，这样一来，关羽一定放下戒备，把南郡的兵调走，去支援樊城。到时候我就可以昼夜兼程率军袭击他的后方南郡，关羽无论可退，我便可以击杀他了。"

孙权看后，拍手称快，赶紧回信同意了吕蒙的计策。

一切不出吕蒙所料，关羽听说吕蒙回都养病后，果真中计，将南郡的守军调去攻打樊城。

吕蒙于是组织精兵，让他们躲在船内，穿着白衣，打扮成商人的样子，划着船朝南郡飞速驶去。

他们骗过了沿途的守军，抵达了南郡。镇守南郡的糜芳不久就向吕蒙投降了。

吕蒙率军进入南郡后，严格约束将士，不许他们惊扰当地的百姓。有一名士兵是吕蒙的老乡，私自拿了百姓家的一个斗笠，被吕蒙严惩。一时间，吴军惧怕，都不敢胡作非为。这样一来，南郡的百姓便不再对吕蒙军怀有敌意。

关羽在樊城前线听到南郡沦陷的消息后，十分震惊，赶紧派人与吕蒙交涉。

吕蒙见到关羽的使者，格外体恤，厚待来使，但并不打算归还南郡。

吕蒙还让南郡的百姓给当兵在外的儿子写信。那些士兵接到家里书信后，得知南郡城中的家人安好无事，还得到了吕蒙的优待，很多人都没有了斗志。他们趁机逃走，回到南郡和家人团聚。到了最后，关羽身边只剩下百余人马。

不久之后，关羽被孙权的部将**马忠**擒杀，就这

马忠，东汉末年至三国时期吴国将领。公元219年，在麦城之战中设伏，擒获关羽、关平等人。

样，孙权得到了整个荆州。

盛年而终

吕蒙袭取南郡有功，被孙权任命为南郡太守，封孱陵侯，赐钱一亿，黄金五百斤。

对于孙权赏赐的金钱，吕蒙推辞不要，孙权不答应。不过，封爵的圣旨还没有下达，吕蒙就病了，病情十分严重。

孙权分外焦急，忙令人将吕蒙接至自己的内殿，悬赏千金为他医治。有的医者治病时，用针扎刺吕蒙，孙权见吕蒙忍受着疼痛，心里异常难过。

孙权时不时就想去看望吕蒙，又怕吕蒙强撑病体接待他，从而更加劳累，便忍住不去。但又分外担心吕蒙，于是，他在墙壁上凿了孔洞，悄悄观望吕蒙。只要见到吕蒙能稍微吃一点儿东西，他就欣喜若狂，对身边的人有说有笑起来；如果吕蒙病情加重，他就不停地叹息，夜里也无法安稳入睡。

有几日，吕蒙的病情有所好转，孙权大喜过望，忙下令大赦，群臣都上前庆贺。

后来，吕蒙病情又加重了，孙权到病榻前一看，心情一落千丈，忙命道士在繁星之夜，为吕蒙祈求。

吕蒙自觉大限已至，提前把孙权赏赐给他的财物交给府库收存，嘱咐主管人员，等他死后，全数上交。

孙权听说后，越发悲痛，大为感动。

不久，吕蒙病逝，终年四十二岁。

孙权伤心不已，为此减少了娱乐活动，食量也减少了。

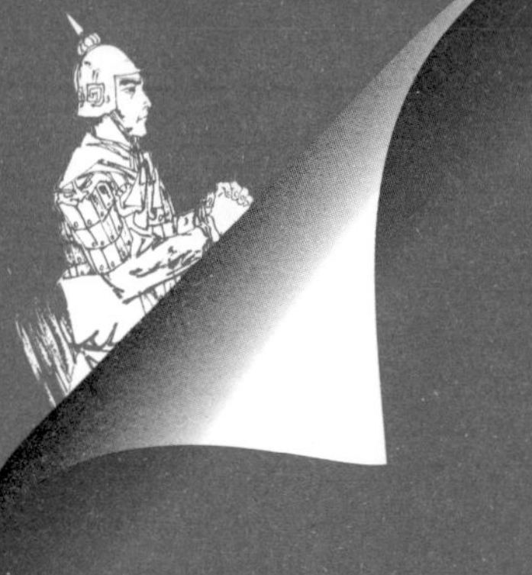

甘宁

轻财敬士

锦帆贼

土路上，一群游手好闲的少年嬉笑打闹着。

这时，一个壮硕的少年骑着马飞驰而来。只见他挟弓持弩，身上插着羽毛做的装饰品，腰间带着一个铃铛，铃铛叮当作响。

嬉笑打闹的少年们听到铃声，立刻聚拢到一起，跟在骑马少年的身后。

骑马少年名叫甘宁，字兴霸，巴郡**临江**人。他天生孔武有力，又喜好打抱不平，想行侠仗义。于是，他结交了很多轻薄少年，组建了一个小队伍，自认为首领，带领这帮不学无术的人整日游荡、作乱。由于甘宁腰间总是佩戴着铃铛，当地人一听到铃声，就知道是甘宁来了。

临江，今重庆忠县。

很多人都想与他结交，以免被他祸乱。但只有隆重接待他的城中官吏，他才与之结交，一起玩乐。对于不隆重接待他的官吏富豪，他就带着轻薄小哥去抢夺对方的财物。

甘宁的派头很足，每次出行，都会安排好几辆车，如果是走水路，就会雇用几艘大船，组成船队。停船的时候，他们不用麻绳来系船，而是用华美的锦绣布帛，等到要开船时，就直接把锦绣砍断，扔到河里。

因此，当地人用“锦帆贼”来称呼他们。

甘宁做了一些害人的事，直到他二十多岁时，他才觉悟过来，认为自己不应该这样度日。

暂投黄祖

甘宁在二十多岁时，停止了抢劫作乱，开始学习先秦诸子之书，后来在蜀地谋得了一个郡丞的职务。

管理蜀地的刘焉死后，他的儿子刘璋接替父亲掌管蜀地。这时，有人怂恿甘宁叛乱，甘宁头脑一热，便举起了叛旗，对抗刘璋。

刘璋的正规军训练有素，很快打败了甘宁的乌合之众。甘宁无法再在蜀地落脚，便带着剩下的八百多人，一路逃奔向东，投奔了刘表，留在南阳。

刘表是读书人，对莽夫一样的甘宁不大器重，没有重用他。

当时，天下英雄纷纷崛起，甘宁认为刘表不重视军事，无法成就大事，便离开刘表，想去投靠正在招纳俊秀名士的孙权。

甘宁前往江东时，路过夏口，军队无法通过，他无可奈何，只好暂时投靠了江夏太守黄祖。

夏口，今湖北武汉。

这一滞留就是三年时光，甘宁依然没有受到礼遇和重用。

公元203年，孙权攻打黄祖。黄祖的军队大败，溃败逃亡。吴军紧追不舍，善于射箭的甘宁负责断后，射杀了吴军校尉凌操，保全了黄祖的性命。然而，黄祖逃脱回城后，依旧没有提拔甘宁。

甘宁苦闷至极，终日愁眉苦脸，想要离开黄祖，又担心黄祖用武力拦阻。

黄祖的都督苏飞看穿了甘宁的心思，便邀请他一起饮餐。

苏飞对甘宁说："我多次向主公推荐你，但他始终不予重用。人生苦短，你还是远走他乡吧，或许能遇到知己。"

甘宁沉默良久，之后说道："我虽有此意，但不知如何行事才好。"

苏飞答道："我推荐你出任**邾县**县长，等到了邾县，你就可以自行决定去留了。"

郏县，今湖北省黄冈市。

甘宁听后，欣喜地说："我有你这样的朋友真是太幸运了。"

甘宁谢过苏飞后，按照苏飞的建议行事。不久，黄祖就任命甘宁为邾县县长了。

终投孙权

甘宁到郏县上任后，四处招募人才，很快，他的队伍迅速壮大至数百人。

之后，甘宁便带着这些人前往东吴，周瑜和吕蒙见到甘宁后，一起向孙权推荐他。

就这样，甘宁得到了孙权的器重。

孙权对甘宁格外优待，把他当做老臣一样看待。

甘宁受宠若惊，立刻向孙权献策。他说：“汉朝日渐衰败，曹操日益骄横，终将篡位。南方的荆州，山川丘陵地形复杂，江河纵横，正是我们扩大势力的良机。刘表目光短浅，他的儿子软弱无能，都不能做大事。主公可进攻荆州，不可让曹操抢先。”

孙权问道：“那要怎么做呢？”

甘宁接着说：“若想攻取荆州，必须先拿下黄祖。黄祖老迈，十分昏聩，钱财粮草都备不足，部下常欺骗他，官吏因得不到应有的待遇也怨恨他。他的武器装备都得不到保养，百姓也懒于农耕，荒废了土地。主公现在出兵，定能取胜。”

孙权点点头。

甘宁道：“攻破黄祖之后，我们再一鼓作气向西前进，攻取益州蜀地。”

甘宁的这个想法，与鲁肃的提议不谋而合。孙权听后，深表赞同。

这时，长史张昭却站起来，提出了质疑。

张昭说：“江东尚未稳定，如果出兵，怕是会出现混乱。”

甘宁反驳道：“江东把重任委付于长史大人，长史大人却只想着安居守业，担心国家动乱，难道是效仿古人享受太平吗？”

张昭听后，觉得羞愧，没有说话。

孙权满意地笑出了声。他举着酒杯嘱咐甘宁道：“既然如此，西进讨伐之事，就如这杯酒，全权交给兴霸了！兴霸只管出谋划策，建功立业，一定要打败黄祖。”孙权的话鼓舞了甘宁，甘宁越发意气风发。

公元208年，孙权率领大将周泰等人西进，甘宁

周泰，字幼平，三国时期孙吴名将，最初加入孙策军，数有战功。孙权非常喜爱周泰，向孙策请求让周泰跟随自己，周泰于是跟随孙权左右，多次保护孙权安危，身上受伤达几十处，如刻在皮肤上的雕画，官至汉中太守、奋威将军，封陵阳侯。

跟随孙权作战。几乎没有任何悬念，吴军大胜，活捉了黄祖。为了表彰甘宁的军功，孙权交给甘宁军队，让他屯守当口。

孙权攻破黄祖后，令人制作了两个木盒子，打算装黄祖和苏飞的首级，作为祭品。苏飞听说后，吓得魂飞魄散，立即派人向甘宁求救。

甘宁对使者说：“难道苏飞不说，我就会忘掉他的恩情吗？”

于是，甘宁去见孙权。他跪在地上叩头，磕得额头直流血。他声泪俱下地对孙权说：“苏飞论罪当杀，但苏飞过去对我有恩，若不是苏飞，我早已身死填沟壑，哪能有幸到主公麾下效命呢？请求主公把他交给我。”

孙权被甘宁的真情感动了，但依旧心存疑虑。他问甘宁：“如果我把苏飞交给你，他要是逃走了怎么办？”

甘宁毫不犹豫地回答：“苏飞获得了赦免，有了再活一次的机会，赶他走，他都不会走的。如果他真的逃走了，那么，我愿代他而死，把我的头装进木盒里。”

孙权听完这番话，便赦免了苏飞。

临危不乱

公元208年，曹操率军南下，占领了荆州，但又被孙刘联盟在赤壁之战中打败，仓皇北逃。

大都督周瑜指挥吴军紧追不舍，一直打到了江陵。江陵由大将曹仁驻守，周瑜久攻不下。

甘宁给周瑜提议，可以改变战略，进攻曹军据守的另一个地方——夷陵。

周瑜觉得有理，便同意了。

周瑜让甘宁带领一支精兵前去进攻夷陵。

甘宁到了夷陵后，发现夷陵根本没有多少驻军。他顿时喜不自胜，赶紧出兵，几乎不费力气就占据了夷陵。

曹仁得知甘宁攻占夷陵后，又气又急，命令五六千士兵去围攻甘宁。

当时，甘宁的军队只有几百人，加上刚刚征得的新兵，一共也才一千人左右。面对来势汹汹的曹军，夷陵的防线岌岌可危。士兵们都很害怕，不知如何是好。甘宁却镇定自若，不慌不忙，一边加强防御，一边暗中派人把军情报告给周瑜。

周瑜得到消息后，亲自率军前来救援，一直奋勇杀到夷陵城下，击溃了曹军，给甘宁解了围。

濡须之战

公元213年，曹操带领四十万大军出兵**濡须**，企图饮马长江。

孙权率七万军队应战，命大将**徐盛**等人从征，并让甘宁率领三千精兵为先锋。

出征前，孙权秘密告知甘宁，可趁夜袭击曹军。甘宁接受了命令。孙权赐甘宁美酒佳肴，以

濡须，今安徽巢湖。

徐盛，字文向，三国时期孙吴名将，曾以一百人拒敌数千人，大破敌军。曹操进军濡须口时，徐盛乘蒙冲战船作战，遭遇暴风，战船被吹到曹军岸边，诸将恐惧，不敢出船，只有徐盛领兵抗战，风停后回到大营。徐盛敦厚，有智谋，有器量，官至安东将军，封芜湖侯。

激励士气。

甘宁挑选了一百名得力的将士，共同享用丰盛的盛宴。甘宁一口气喝了两碗酒。他另外倒满一碗酒，递给手下的都督。

都督心里害怕，连忙跪地，不敢接酒。

甘宁冷笑一声，拔出刀子，放在膝盖上，瞪着都督斥责道："你怎么配得上主公的器重？我都不怕死，难道你这么怕死？"

都督见状，赶紧接过酒，一饮而尽，还给每位士兵倒了一碗酒。

待到午夜时分，吴军衔枚含珠，悄无声息地潜入曹军营地。他们径直奔向曹军营地，悄悄拔掉阻挡在前的鹿角形障碍物，翻越过去，进入曹营，开始突袭。

曹军始料不及，慌忙迎战，甘宁一举斩杀了数十名曹兵。

曹兵吓得魂飞魄散，营地一片混乱。等他们燃起火把，想要集中兵力对付这群神出鬼没的突袭者时，甘宁已带领手下安全地回到了吴营。

孙权闻讯大喜，赞扬道："这次一定把曹操吓到了吧？甘宁真是英勇无畏！"

为了奖励甘宁的胆识，孙权赏赐甘宁绢千匹、刀一百口。

从此，孙权对甘宁更加器重，常常对众人说：“曹操有猛将张辽，我有甘兴霸，他们足以匹敌。”

一个多月后，曹军被吴军的迅猛所震慑，最终退出了濡须。

牵制关羽

公元215年，孙权和刘备因为争夺荆州而剑拔弩张，孙刘联盟也因此产生了很大的裂隙。

孙权下令，由吕蒙进攻荆州南部，甘宁和鲁肃一起在益阳牵制关羽。

关羽武艺高强，吴军将领都不敢主动挑战，只有甘宁毫不畏惧，说道：“我现有三百勇士，只需给我增加五百勇士，我便足以对抗关羽。我敢保证，关羽一听到我的名字，就会胆战心惊，不敢轻举妄动。只要关羽敢渡河，定然会落入我的手中！”

鲁肃被甘宁的气魄折服了，立即挑选出千名精兵，补充给甘宁。

甘宁带领士兵连夜出发，在河上游设下防线。

关羽得知甘宁率军赶来，果然犹豫不定，没敢轻易渡河，而是筑起篱笆军营，加强了防御。

随后，吕蒙等人也率军赶来支援甘宁，与关羽形成对峙。

孙权对甘宁的功绩给予嘉奖，任命他为西陵郡太守。

合肥救主

公元215年，吴军攻打合肥，甘宁为将领之一。

开战后，吴军战事不利，加上疫情肆虐，开始撤军。当大部分军队撤离后，只剩下孙权的千余名羽林军，以及吕蒙、**蒋钦**、凌统和甘宁，跟随孙权驻扎在逍遥津北边。

这几位将领中，凌统一直对甘宁怀恨在心。昔日，凌统的父亲凌操跟随孙权讨伐黄祖，当时甘宁还是黄祖的部下，甘宁为了抗击吴军，一箭将凌操射死，凌统因此仇视甘宁。

甘宁为了避免冲突，小心地避开凌统，尽量不与凌统见面。孙权也严令凌统不得对甘宁怀恨、报复。

有一次，两人在吕蒙家中意外相遇。酒兴正浓时，凌统拿刀起舞，眼神中透露着敌意。甘宁于是站起来说："我能拿双戟起舞。"吕蒙见气氛紧张，便

蒋钦，字公奕，东汉末年东吴名将，合肥之战中，大战曹军，掩护孙权撤退，后升为右护军。蒋钦信守约定，性格豁达，朴素节约。

说：“兴霸，你虽然能舞双戟，但是不如我舞得好。”说完，吕蒙拿起刀和盾，站到甘宁和凌统之间，用身体将他们隔开，化解了冲突。

这次的合肥之战，甘宁和凌统再度相见，气氛还是很紧张。

就在这时，曹军将领张辽发现了孙权的行踪。张辽一声令下，率领步骑兵向孙权围攻过来。

孙权大为惊慌。

甘宁连忙策马而出，张弓搭箭，射向张辽的骑兵。只听嗖的一声，利箭离弦而去，顷刻之间，便取下了一个曹兵的性命。

“鼓手、号手在哪儿？为何不为我军奏起战鼓！”甘宁大喊道。

鼓手见状，连滚带爬地竖起了战鼓。不一会儿，震耳欲聋的战鼓声响彻了战场。

吴军将士们深受鼓舞，纷纷举起武器，与曹军厮杀。

甘宁纵横往来，勇不可当，大大挫伤了曹军的锐气。吕蒙、蒋钦为了掩护孙权撤退，也奋勇战斗。凌统也暂时放下了与甘宁的恩怨，和甘宁一起攻打曹军。

凌统带领三百卫兵，趁着甘宁牵制曹军的机会，保护孙权冲出了曹军的包围圈。

很快，甘宁也摆脱了曹军，飞奔而来，赶上了孙权。

孙权和甘宁一路狂奔，逃到了逍遥津，却见眼前只有一处断桥，桥的一半都没有板子。

眼看后面的曹军就要追上来了，甘宁对孙权大喊道：“主公只管跳过去，我来阻挡追兵！”

孙权听了，扬起马鞭，冲着断桥疾驰而去。只见战马飞身一跃，竟然越过了断桥，孙权就这样保全了性命。

为了掩护孙权，凌统也在拼死决战，他所带领的三百勇士全部战死，最终只有他一人生还。当他逃出后，忍不住痛哭流涕。

此战过后，孙权发现，凌统和甘宁的恩怨仍然没有真正化解，于是让甘宁镇守半州，以避免二人的恩怨影响大局。

半州，今江西九江市西。

不久后，甘宁去世。孙权甚为惋惜。

陆逊

社稷之臣

玉树之姿

滴答滴答，一串串透亮的雨珠滑落屋檐。吕蒙的仆人正在檐下说话。

“将军日夜操劳国事，所以生了病。”一人说道。

“可是要好好休息一阵子呢。”另一人回道。

仆人们正说着，忽然听到敲门声。

“是谁雨天来访？”一个仆人嘟囔着，跑去打开大门。

门外站着一位年轻男子，玉树临风，温文尔雅。

年轻男子见了仆人，非常礼貌地说道：“在下陆逊，听闻吕将军途径芜湖，特来拜望。”

陆逊，字伯言，出身于江东大族，很小的时候，父亲就去世了，跟随堂祖父生活。陆逊二十一岁时，做了孙权的官吏。他爱惜百姓，学识渊博，又懂军事谋略，多次征讨贼寇有功。孙权非常器重他，任他为帐下右部督，常与他商讨国家大事，还把自己的侄女嫁给了他。

这一年，陆逊刚刚击败曹操煽动的叛军，整编了几万人的精锐部队，驻扎在芜湖。

他听说都督吕蒙病了，已离开吴军驻扎的陆口，准备回到**建业**养病，此时刚好经过芜湖。于是，他便

建业，今江苏省南京市。

前来探望。

吕蒙的仆人听到了陆逊的名字，赶紧把陆逊迎进来，自己又进去通报吕蒙。

吕蒙听说陆逊来了，便走出来接待陆逊。

计败关羽

陆逊与吕蒙相见后，便说起了当下的战事。

陆逊问吕蒙道："如今关羽的驻地与东吴接壤，都督却离开了接壤处的防线，就不怕出现后顾之忧吗？"

吕蒙不动声色地说道："伯言的担忧正是我的担忧啊。我本来是想夺取关羽所占据的荆州，但是，关羽却留下了强悍的守城部队，这叫我怎么夺取呢？"

陆逊沉思片刻，对吕蒙说："办法也不是没有，关羽这个人十分自负，现在他打败了于禁统领的七军，名声威震华夏，会更加轻敌。如果他听说都督病重了，必然会松懈。到那个时候，都督再攻打关羽，就能轻松擒获关羽了。过几日，等都督回到建业，见到了主公，应当与主公商讨一下这个计划。"

吕蒙听后，心下一惊，为陆逊的智谋而赞叹。

原来，吕蒙并没有生病，而是为了麻痹关羽，让他轻敌而故意装病的。他的计策与陆逊的计策不谋而合。

但为了确保计策不泄露出去，吕蒙叹了一口气，说道："关羽可是一员虎将，与他对阵，实在太难了。他又爱惜体恤百姓，荆州的百姓很拥戴他，不是我们可以轻易图谋的。”

陆逊极力劝说，吕蒙仍旧不置可否，陆逊只得告辞了。

没想到的是，没过多久，陆逊就得到消息，吕蒙回到建业后，向孙权推荐了他，称赞他是难得的江东才俊。于是，孙权任命陆逊接替了吕蒙的职位，担任偏将军右部督。

陆逊得到命令后，迅速赶到陆口，走马上任。

之后，陆逊为了麻痹关羽，给关羽写了一封信，信中充满了对关羽的吹捧之词，还表现出自己对孙刘联盟的重视。

这一招果然有效，关羽越发傲慢轻敌，他为了攻克曹军据守的樊城，把荆州的守城部队也调到了前线。关羽认为，把所有军队调去攻打樊城，虽然荆州空虚，但是东吴不会趁虚而入，攻打荆州。

然而，关羽中计了。他把守城部队调走后，吕蒙与陆逊紧密配合，派兵袭取了荆州。最终，关羽被擒杀了。

夷陵之战

关羽之死令刘备悲痛欲绝，他不顾群臣劝阻，执意对吴国宣战。

此时，陆逊为吴国大都督，他率领**朱然**、潘璋等五万将士，前去抗击刘备。

刘备大军出蜀后，一路南下，势如破竹，迅速攻到了夷陵。

刘备在夷陵设了几十个军屯，还用金银财宝诱使当地人，想让他们反叛东吴，造成东吴内乱。

孙权大为惊慌，因为一旦夷陵失去，荆州就失去了屏障，很容易被刘备攻破，而荆州一旦有失，之前设计杀死关羽的努力就付诸东流了，还会威胁到东吴的存亡。

朱然，字义封，三国时期吴国名将，年少时与孙权为好友，曾跟随吕蒙擒杀关羽。吕蒙死后，代替吕蒙镇守江陵。夷陵之战中，与陆逊合力大破刘备。魏国攻吴时，围攻江陵六月之久，朱然坚守不出，从此“名震敌国”。后官至左大司马、右军师。

孙权下令给陆逊，让陆逊拼死守住夷陵。

陆逊接受了命令后，并未出兵攻打刘备的蜀军，反而严格地约束将士们不许私自出战。

一连多日，不管蜀兵们如何叫骂挑战，陆逊都不予理睬，吴军将领们数次想出战，都被陆逊制止了。

陆逊不断地派出探子，去探听刘备军队的动向。

终于有一天，陆逊将众将召集到一起，说道：“很久没有出战，诸位都着急了吧？”

众将不约而同地点点头，请求出战。

陆逊说道：“我知道你们对东吴忠心，刘备是一个狡猾的枭雄，关羽又是他的爱将和义弟，他此次出兵，既是为关羽报仇，也是想夺回荆州。之前，蜀军士气高涨，一路攻城略地，直逼夷陵，所以我才下令坚守不战，以避开他们的锋芒。如果我军经不住挑衅而贸然出战，很容易中了刘备的圈套，若夷陵落到刘备手中，荆州就危险了。现在，蜀军驻扎了这么久，锐气已经消失殆尽，此时我军出战，定然大胜！”

于是，陆逊令吴军进攻刘备的营地。然而，此次进攻并没有成功，还折损了不少士兵。

将士们垂头丧气地回营来，陆逊笑道："现在，生擒刘备的时候到了。"

将领们见陆逊如此乐观，纷纷询问策略。

陆逊答道："所谓骄兵必败，现在，蜀军一定更加懈怠了。蜀军的营帐是连在一起的，只需我们送去大火，他们就会大乱。"

将领们恍然大悟。

陆逊道："即刻部署下去，要士兵们准备好火把，到时候扔到蜀军的营帐中。用火攻的办法，定能大破刘备！"

果不其然，刘备的连营顿时燃起熊熊大火，由于营帐彼此相连，很难救援，无数蜀兵惨死在火海之中。

刘备依靠将士们的拼死保护，才躲过吴军的追击，狼狈不堪地逃入白帝城。

陆逊破蜀有功，孙权任命他为辅国将军，兼荆州牧，后又封江陵侯。

不久，刘备病逝，刘禅继位。在诸葛亮的主持下，蜀国与东吴重修旧好，共同对抗曹魏。

火烧连营

孙权知道陆逊性格沉稳，便命陆逊负责两国联合的事宜。为了便于陆逊与诸葛亮通信，孙权甚至雕刻了一枚自己的玉玺，放在陆逊的住所，可见他对陆逊的信任。

石亭之战

周鲂，字子鱼，三国时期吴国将领。石亭之战中，周鲂诈降曹休，引诱曹休率军接应，使曹军中了埋伏，一败涂地，战后升为裨将军，封关内侯。

清脆的马蹄声，打破了周围的寂静。孙权骑在马上，来到了宛县。

陆逊赶来迎接，拜见孙权。

孙权见陆逊的将士精神抖擞，十分威武，心里非常满意。孙权对陆逊说："眼下，我们与蜀国再度结盟，不必担忧蜀国来犯，荆州算是保住了。"

陆逊点点头，说道："诸葛亮的目的是北伐中原，不会为了一个荆州而消耗力量。"

孙权道："魏国却又兴兵了，我们自然不会束手就擒。此次我来宛县，就是想表明我们抵御魏国的决心。我已派**周鲂**（fáng）向曹休诈降，接下来，就靠伯言了。"

陆逊道："我自当尽心尽力，让曹军有来无回。"

孙权道："好，我等着你的好消息！"

孙权走后，陆逊立刻调兵遣将。他命令朱桓、全琮率军居于左右两翼，他自己率军居于中央，大军从三路进发。等到**曹休**率军来接应假装投降的周鲂时，发兵与曹军大战，在石亭击溃曹军。

曹休，字文烈，东汉末年至三国时期曹魏将领，早年跟随曹操讨伐董卓，被称为“千里驹”。曹操对他亲如父子，让他领虎豹骑宿卫。其多次击破吴军，后官至大司马，为魏军最高统帅，封长平侯。他在石亭之战中大败吴国，引发背上毒疮发作而死。

此战下来，曹军死亡万余人，大量辎重被吴军获得。曹休幸得有援军来救他，才不至于被陆逊活捉，但不久他就因此气愤，发病而亡。

石亭之战的胜利，让孙权大悦，拜陆逊为上大将军，右都护，并命陆逊前往武昌辅佐太子，统领武昌的宫府事宜。

悲愤而亡

全琮，字子璜，三国时期吴国名将，早年仁义，爱惜百姓，招募士兵守卫牛渚，任偏将军。石亭之战时，其配合辅国将军陆逊打败魏军，升东安郡守，后娶孙权的长女，任大都督，又升右大司马、左军师。全琮逝世后，他的儿子全怿后来投降魏国。

公元244年，陆逊被孙权任命为丞相。

陆逊位高权重，但他并没有因此而骄奢淫逸。相反，他总是克制自己、约束家人，对国家大事始终保持深思静虑的状态。

当时，鲁王孙霸想争夺孙和的太子之位，很多大臣派子弟支持孙霸或孙和。陆逊知道后，认为这些子弟会各自拉帮结派，引发内乱。

在众子弟中，就有**全琮**的儿子全寄。全寄与鲁王孙霸结成党羽。

陆逊非常着急，毕竟全琮是吴国重臣，如果因为此事而牵连进去，有可能会有杀身之祸。

于是，陆逊给全琮写了一封信，真诚地劝他严格约束自己的儿子，以免酿成祸事，羞辱家门。

全琮读了陆逊的信，大为不悦，从此开始怨恨陆逊。

孙权嫌恶太子孙和，父子关系恶化，太子孙和十分恐惧，偷偷召来陆胤商议。陆胤是陆逊同族的子弟，请求陆逊帮太子说好话。

陆逊认为，一旦太子孙和被废，孙权的其他儿子定会争夺太子之位，到时候，吴国会因为这场争斗而元气大伤。想到这里，陆逊便给孙权上书，向他陈述了太子孙和对于国家的重要性。他还提出请求，要进京去见孙权。

孙权接到奏疏后，发现**禁中语**泄露，怀疑陆逊与太子结党，勃然大怒，下令抓捕了陆胤等人。

禁中语，帝王在宫内与亲近者所说的不会公开的话。

此时，全琮又向孙权进谗言，说陆逊的外甥顾谭也与太子结党，于是，顾谭被流放。

太子的一位官员因为与陆逊有书信往来，被孙权下狱处死。孙权没有抓捕陆逊问罪，但派人写信给陆逊，责备陆逊打听宫中秘事。

陆逊还被诬陷了二十条罪名，不胜悲愤之下，一病不起，怀恨而终，终年六十三岁。

陆逊一向节俭，去世时，家里没有余财。

陆逊的长子早就去世了，孙权下令让陆逊的次子陆抗袭爵，让他安葬陆逊的灵柩，领陆逊部众五千人。

后来，陆抗去见孙权，洗清了陆逊被栽赃的二十条罪行。

公元251年，**陆抗**回建业治病，孙权哭泣道："我过去听信谗言，与你父亲不和，也辜负了你。"

陆抗听了，泪流满面。

后来，陆逊被追谥为昭侯。

陆抗，字幼节，三国时期吴国名将，陆逊次子，陆逊被洗清冤屈后，镇守西陵。末帝孙皓即位后，其多次出征，官至大司马、荆州牧，四十九岁病逝。陆抗与陆逊父子均为吴国中流砥柱，并称“逊抗”，是吴国最后的名将。

诸葛恪

威震其主

智得驴

朝会上，孙权对身边的侍从悄声说了几句话，侍从点头答应，转身出去了。

群臣不知何意，继续讨论朝政。

突然，只听得一阵呱嗒呱嗒的声音传过来，群臣举目一看，只见侍从牵着一头驴子走进大殿。

驴子的脸上贴着一个很长的纸条，上面写着“诸葛子瑜”几个字。群臣一见，不禁忍俊不禁，哄堂大笑。

原来，孙权取笑的是朝廷重臣诸葛瑾，他长着一张长脸，颇似驴脸。

孙权看着诸葛瑾大笑不止。诸葛瑾微微含笑，依旧儒雅端庄。诸葛瑾是诸葛亮的兄长，字子瑜。

这时，一个年轻人向孙权跪下，说道：“陛下，恳请让我用笔再加两个字。”

年轻人名诸葛恪，字元逊，诸葛瑾的长子。他年少时就有才名，二十岁被任命为骑都尉，侍奉太子孙登。

孙权饶有兴味，命人给了诸葛恪一支笔。

诸葛恪走到驴子跟前，在纸条上写了两个字——“之驴”，使纸条上的字变成了“诸葛子瑜之驴”。

群臣读后，不禁赞叹诸葛恪的才华，又都欢笑起来。

孙权非常高兴，便将这头驴送给了诸葛恪。

又有一天，孙权设宴，再次见到了诸葛恪。

孙权很喜欢他，问他道："你的叔父（诸葛亮）和你父亲哪个更厉害？"

诸葛恪不卑不亢地回答："我父亲更厉害。"

"为什么这么说呢？"

"因为我的父亲知道该为什么人做事，我的叔父却不知道，所以，我父亲更厉害些。"

孙权听了，欢喜大笑。

孙权让诸葛恪给群臣依次敬酒，诸葛恪听命，一一敬酒。当敬到老臣张昭面前时，张昭已有醉意，不肯再饮。

张昭对诸葛恪说："这不是敬老的礼节。"

孙权则对诸葛恪说："如果你能让张公理屈词穷，张公就不得不饮这杯酒了。"

诸葛恪听了，对张昭说："在古代，太师姜尚九十岁执旗持钺，还没有说自己老。如今，打仗冲锋时，张公在后，饮酒吃饭时，张公在前，张公怎能说这不是敬老的礼节呢？"

张昭讶然，无言以对，只得饮了酒。

诸葛恪才思之迅捷，可见一斑。

平定山越

孙权觉得诸葛恪不是寻常人，想要用具体的政事考查他，便任他为节度，掌管军队粮草。但诸葛恪不喜欢，因为公文十分繁杂，他更想去平定丹阳郡的山越。

丹阳郡山道险阻，多数山越人都深居在深山老林之中，诸葛恪想招降和引诱那些山民出山，把他们征为吴国的士兵。他预计，三年之内，他可以得到四万士兵。

诸葛恪极力请求去完成这个任务。

孙权让诸葛恪布置好仪仗队，擂鼓吹号，列队开道回家。这一年，诸葛恪三十一岁。

诸葛恪的父亲诸葛瑾并不高兴，他觉得诸葛恪此行不会成功。因为丹阳郡地势险峻，绵亘数千里，山谷上万重，居住在偏远深山老林里的山民，常年身带兵器在深山中活动。他们用山中的铜、铁制作兵器、铠甲。由于从小生活在深山，他们先天尚武，登山越险、穿越荆棘如履平地，还能像猿猴那样攀缘跳跃。他们还很机警狡猾，一旦窥伺到可乘之机，就冲出深山打杀抢劫，作战时蜂拥而至，败仗时如鸟兽窜逃，很难管制他们。

诸葛瑾叹道："恪儿的性格不能使我们家族兴旺，只会令我们遭受灭族之祸啊。"

可诸葛恪非常兴奋，他荣耀地归家之后不久，就带领部队出发了。

到了郡府，诸葛恪马上写信给邻郡的官员，要求他们守好各自的疆域，严格整军，接受归降的平民，并教化他们，安顿好他们。同时，他又分兵部署，牢牢地把守险要地段，不放山中的山民出来，也不与山民作战。

当粮食成熟时，诸葛恪命令士兵去抢收，不把粮食留给山民，连种子也不准留下。

山民没有办法，只好吃陈粮。等到陈粮也吃光后，山民饥饿难耐，一些人便试探着出山，向诸葛恪投降了。

诸葛恪又下令，对于归降的山民，要安抚慰问，不得嫌弃他们，怀疑他们，更不能抓捕他们。

有一个山民名叫周遗，此前极为凶恶、刁蛮，因受困才暂时出山投降，臼阳县县长胡伉知道后，把他绑起来，送到郡府。

诸葛恪勃然大怒，认为胡伉违背了自己的命令，将胡伉杀了。

仍旧躲藏在深山的山民听说后，明白官府只是想要他们出山生活而已，并不是要杀死他们，于是，他们扶老携幼都出山了。

三年后，诸葛恪就得到了壮丁四万人，正如他原先预算的那样。

诸葛恪大喜过望，自己督领一万人，其余三万人分发给了各位将领。

孙权更加器重诸葛恪，任诸葛恪为威北将军，封都乡侯。

致信陆逊

诸葛恪向孙权恳求，要驻扎在庐江、皖口一带，并在那里耕种，孙权同意了。

诸葛恪看准时机，率领轻兵，袭击了舒县，带回了那里的百姓。他又派出探子，察看通往寿春的道路和险要之地，企图夺取寿春。

孙权十分认可诸葛恪的才干，但觉得攻取寿春的时机未到，便没有同意。

魏国大将司马懿想要攻打诸葛恪，孙权觉得出战不利，便让诸葛恪转移到了柴桑。

不仅孙权看重诸葛恪，连魏国、蜀国也都觉得诸葛恪不能小觑，但总督吴国军事的丞相陆逊却很嫌弃诸葛恪。

诸葛恪于是给陆逊写了一封信。

大意是：作为君子，不应该对一个人求全责备。孔子有三千门徒，但最优秀的也不过七十二人，这七十二人也各有短处，至于那些不如他们的人，就更多了。然而，孔子并不因为他们有缺点，就不把他们当成朋友，并不因为一个人有短处，而放弃他的长处。当今选拔人才，更要比古人宽容对待人才才对，因为当下形势复杂多变，德才兼备的人非常罕见，只要有人本性不奸邪，又有志奉献才力，就可以任用，至于个人行为有微小的不足之处，都不应该计较、责备……

过了一段时间，陆逊去世了。孙权把诸葛恪升为大将军，命他驻兵武昌，代替陆逊管理荆州。

托孤之臣

公元251年，孙权病重，他内心十分沉重。因为太子孙亮年仅十岁，他担心孙亮无法承担东吴偌大的基业。而昔日追随自己征战的臣子，老的老，死的死，放眼朝廷上下，能够辅佐幼主的大臣，眼下唯有诸葛恪了。可是，他虽器重诸葛恪，但又嫌弃诸葛恪刚愎自用的性格。

孙权征求大臣们的意见，大臣们都认为诸葛恪最适合主持大政。

孙峻更加支持诸葛恪，说文武大臣中，没有任何一个人能比得上诸葛恪，他担保诸葛恪能担起大任。

孙峻，字子远，三国时期吴国宗室、权臣，年少时骁勇能干，孙权病危时，与诸葛恪一同辅政，之后与诸葛恪不和，设计杀死诸葛恪，掌握大权，三十八岁时征伐魏国病死。

孙权于是下令，召诸葛恪来建业。

诸葛恪到了建业皇宫后，被引入内室。他看到孙权奄奄一息地躺在病榻上，赶紧上前跪下，哭了起来。

孙权下诏道："朕时日无多了，怕是没有再见的机会了，诸事都托付于你。"

诸葛恪悲泣道："臣深受皇恩，一定以死遵从诏书，陛下不要担心。"

孙权便命诸葛恪兼任太子太傅，几乎把所有的事情都交给了诸葛恪。

公元252年，孙权去世。

按照孙权的遗嘱，中书令孙弘担任太子少傅。孙弘与诸葛恪一向不和，孙权一死，孙弘就发动宫廷政变，封锁了孙权去世的消息，准备颁布假圣旨，把诸葛恪诱骗入宫，借机把他杀死。

孙弘，三国时期吴国大臣，孙权去世后，与诸葛恪、孙峻同为顾命大臣。

孙弘但孙弘没有想到的是，计谋被侍中孙峻泄露出去了。

一日，孙弘正为自己的计谋暗自高兴，侍从来报，说诸葛恪请他到府中议事。

孙弘一点儿防备也没有，以为诸葛恪还蒙在鼓里，就去了诸葛恪的府中。

孙弘入府落座后，还没说几句话，就被埋伏好的士兵绑了起来。

“放开我！”孙弘大声叫道。

诸葛恪冷笑着走过来，骂道：“你居然敢秘不发丧，还想杀我，看看今天谁杀掉谁！”

“元逊，你误会了，这一定是他人挑拨！”

诸葛恪哪里肯听，命士兵行动，把孙弘杀死了。

东兴凯旋

东兴，今安徽含山西南。

孙亮即位后，诸葛恪向朝廷建议，取消耳目之官监察官民的制度，取消民间拖欠的赋税。

百姓获得了恩惠和利益，都分外高兴。

诸葛恪大获民心。他每次外出之时，百姓都引颈相望，都想目睹他的样子。

诸葛恪征集百姓，在**东兴**修筑水堤，水堤的两

宫廷政变

边各筑一城。他派人守城后，自己便率军返回了建业。魏国派出大将胡遵、诸葛诞等人率兵七万，想要围攻两座城，毁坏水堤。

诸葛恪知道后，迅速发兵四万，日夜兼程赶来援救。胡遵等人让魏兵造浮桥，以便渡水，分兵进攻两城。不过，这两座城都建在高耸、陡峭的地方，一时之间，难以攻破。

诸葛恪派丁奉等人率领先头部队，去拦阻魏军。

丁奉，字承渊，三国时期吴国将领，少时从军，先后隶属于甘宁、陆逊等人，立下显赫战功，官至右大司马、左军师，封都乡侯。丁奉聪明敏捷，计略过人，能断大事。

行军时，丁奉对留赞等人说："各部行军太慢，如果魏军占据了有利地形，我们就难以与他们对抗了。"

于是，丁奉离开大部队的行军路线，自己带领五千兵马单独前进。正值冬天，北风呼啸，丁奉指挥士兵乘船渡水，两天就到了前线，抢占了徐塘。

天寒下雪，魏军的将领们聚在一起饮酒。丁奉见他们人少，就让士兵们脱去铠甲，只戴着头盔，拿着刀和盾牌，慢慢接近魏军。

魏军发现了他们，但都取笑他们没有铠甲，只有短兵器，并没有加以防备。

丁奉立刻率军奋起砍杀，正好留赞等人也到了，一通鼓噪呐喊，都拼命冲杀起来。魏军受到惊扰，四

散逃走。他们争着抢着过浮桥，导致桥坏绳断，纷纷跌入水中，又自相践踏，死者有几万人。

吴军缴获了数千车辆、牛马、驴骡，物资军器堆积如山。诸葛恪凯旋，被封为阳都侯，加荆州牧、扬州牧，督率内外军事。

渐渐地，诸葛恪开始变得傲慢、轻敌。第二年春天，他又打算出兵。群臣都极力劝阻，诉说将士们和百姓都已劳困不堪，但诸葛恪不听。

中散大夫蒋延坚决争辩，惹怒了诸葛恪，诸葛恪令人将他挟持出殿。群臣见了，都十分震动。

诸葛恪为了说服群臣，写了一篇文章。大意是：

“天上没有两个太阳，地上难容两个皇帝。如今，我们还能抵抗魏国，是因为曹操的将领已经或老或死，新的将领还没强大，这个时候，正是讨伐魏国的好时机。古代圣人说，要抓紧时机，说的就是这样的时机啊。如果我们不早早用兵，等到我们的将领也都衰老或死去后，就来不及了。

“大家都说百姓贫苦，将士劳累，想让他们休养，这是只看到小事情，而忽略了大危难啊。

“我整夜辗转反侧，思虑的就是这些。如果有一天我死了，志向没有实现，也想让后世知道我所忧虑的是什么。”

诸葛恪才华横溢，文章引经据典，写得华彩不凡。但是，众人都知道，这是他在为自己出兵找借口。只是，再也无人敢劝阻了。

丹阳太守**聂友**一向与诸葛恪交好，他写信劝说诸葛恪。信中说道："以现在的形势，应该按兵不动，养精蓄锐，并不是说之前打了胜仗，接下来就一定还会得胜。勉强任意行事，我心里非常不安。"

诸葛恪读了信后，给聂友回信道："你说的话很有道理，但缺乏大局眼光。不如看看我的文章，你就可以开悟了。"

聂友，字文悌，三国时期东吴名将，有文采，时论精辟，声名四扬。孙权想攻打珠崖（位于今海南琼山），军师全琮说异域瘴海，水土有毒，不宜出兵。孙权不信。诸葛恪推荐聂友为珠崖太守，结果获胜，孙权升聂友为丹阳太守。孙峻嫉妒聂友，想要给他降级，还没等实施，聂友就病逝了，年仅三十三岁。

新城之战

公元253年春，诸葛恪率领二十万大军，北伐曹魏，目标直逼合肥的新城。

出兵之前，许多大臣们都反对征战，认为东吴的百姓需要休养生息，但诸葛恪不为所动，坚持己见。

他违背众人意愿，大肆征兵，征得二十万人，使百姓骚动不安。

大军到达新城后，与守城的魏兵展开了激战。

魏军猛烈抗击，吴军无法取胜。

战斗一直持续了几个月，新城还是没能攻破。

将士们劳苦不堪，加上天气酷热，身体不适，又经常喝河水，很多人都腹泻，甚至两腿水肿，大约一半的人都病倒了，军营中到处都是死伤之人。

各营军官每日向诸葛恪报告病人数量，诸葛恪听到病人数量很大，认为军官们是在撒谎，要杀死他们。从此，再也没人敢报告了。

诸葛恪心里已经认识到，进攻新城是很大的失策。然而，他已经骑虎难下，只得硬撑着，每天都满脸怒色。

将领**朱异**给诸葛恪写信，说可以去偷袭魏军占据的石头城，数日可克。诸葛恪回信否决了。朱异很生

朱异，字季文，三国时期吴国将领，幼年就有才名，官至镇南将军。其曾献计攻破魏国樊城外围，击败过魏将诸葛诞，后来随军出征时，因军中缺粮撤退而被杀。

吴兵

气，将回信扔到地上。

诸葛恪知道后，立即剥夺了朱异的兵权，将朱异降为平民。

都尉蔡林多次提出计策，诸葛恪都不采用。蔡林气愤至极，骑马离营，投奔魏国而去。

蔡林告知魏军诸葛恪的状况后，魏军迅速挺进，并派出援兵来围攻诸葛恪。

诸葛恪抵挡不住，终于撤退了。

撤退途中，士兵们病伤严重，路上到处都是掉队者，很多人死在坑沟中，有的被魏军活捉，活着的人愤恨不已，全军上下呼天抢地，一片悲戚。

诸葛恪却安然自若，到江中小洲上闲住了一月，想要建造田园之所。直到召他回朝的诏书一封接一封送到，他才不慌不忙地班师回京。

从此以后，百姓对他极为失望，产生了怨恨之情。

大军回到建业后，诸葛恪命仪仗队导引他回到大将军府。

随即，他命人叫中书令孙嘿来见，厉声责问道："你们怎敢几次妄作诏书？"

孙嘿内心恐惧，噤若寒蝉，退出来后，推说有病，辞官回家了。

死于谋杀

诸葛恪为了掩饰自己出兵失利的事实，更加处处显示威严，经常怪罪、责备他人，每一个要见他的人，都诚惶诚恐。

他还改换了宫中的警卫部队，由他的亲信担任，又命军队整装待发，准备进军青州、徐州一带。

侍中孙峻想要除掉诸葛恪，便把自己的想法偷偷报给了皇帝孙亮。孙亮早就不满诸葛恪威震其主，便与孙峻商定，以诸葛恪出征辛苦为由，在宫中设酒宴，为诸葛恪洗尘，其他大臣同来欢聚，然后，在酒宴上杀死诸葛恪。

这日，诸葛恪接到圣旨，说是明日宫中设宴，请他赴宴。他没有多想，只是，到了晚上时，他心里极为烦躁不安，结果一夜未睡。

天亮了，他起来洗漱，闻到水里有腥臭味，侍者递给他衣服时，他觉得衣服上也有臭味。他感到奇怪，命人换新水、换新衣，但还是有臭味。他为此惆怅不悦。

当他走出门时，狗突然冲过来，咬住了他的衣服。

他沉思道：“狗不想让我出门吗？”

他转身回来，在屋里坐下。过了一会儿，他又起身出去。狗又跑来，咬住他的衣服。他让随从赶走了狗，登车上路。

不久，车在宫门前停下了。

此时，孙峻已经在宫内帷帐后埋伏好了士兵。他担心事情败露，便亲自出来迎接诸葛恪。

孙峻试探诸葛恪道："大将军若尊体不适，可改日晋见，我自会向陛下禀告。"

诸葛恪答道："我自当强撑身体入宫。"

诸葛恪向宫内走去，散骑常侍张约、朱恩等人过来问候，偷偷递给他一个条子。

诸葛恪一看，上面写着：今日部署不同往日，恐有变故。诸葛恪顿时停下脚步，转身离去。还没走出宫殿大门，诸葛恪遇到了太常滕胤。

诸葛恪说："我突然腹痛，不便入宫。"

滕胤不知孙峻的计谋，说道："大将军回京后还未朝见陛下，陛下今日宴请大将军，大将军也已到宫门，还是该勉力进去为好。"

诸葛恪犹豫着又返回来。

诸葛恪带剑穿靴上殿，拜谢了孙亮，然后坐在席上。

斟上酒后，诸葛恪担心酒里有毒，一直不喝。

孙峻道："大将军伤病未愈，应当带着疗伤的药酒，可以自饮。"

诸葛恪这才放下心来，取出了自己带的酒，畅饮起来。

酒过三巡，孙亮回到了内殿休息。

孙峻起身，对诸葛恪说道："大将军稍等，我去小解，稍后就来。"孙峻说完，就离开了席位。

诸葛恪不知是计，继续饮宴。

孙峻到了厕间，脱掉长袍，换上短装，带着伏兵持刀返回，直奔诸葛恪。

孙峻大叫道："有诏捉拿诸葛恪！"

诸葛恪吃了一惊，急忙拔剑，但剑未出鞘，孙峻已一刀落下。诸葛恪立刻倒下了。

散骑常侍张约是诸葛恪的心腹，立刻挥刀砍向孙峻，孙峻左手受伤。他随手回砍张约，把张约的右臂砍断了。伏兵立刻抓住了张约。

孙峻挥了挥手，对群臣说："旨意要抓的是诸葛恪，他现已死去。"

孙峻令士兵刀剑入鞘，打扫干净场地，又继续饮酒。之后，诸葛恪被苇席裹上，又用竹篾束在腰上，扔到了石子冈。

诸葛恪的几个部下找到他的尸体，给他重新安葬了。

诸葛恪的长子是诸葛绰，很早就死了。孙权在世时，诸葛绰牵连到太子争位一事，孙权让诸葛恪严格管教他，后诸葛恪用鸩酒将他毒杀了。

诸葛恪的次子是诸葛竦，小儿子是诸葛建，他们听说父亲诸葛恪被杀后，用车载着母亲逃走。孙峻派人追赶，将诸葛竦杀死。诸葛建逃过长江，想去投靠魏国，慌忙走了几十里地后，被追兵赶上活捉了。

诸葛恪的外甥都被诛灭三族。

这时，很多人都想起了诸葛恪的父亲诸葛瑾说的那句话："恪儿的性格不能使我们家族兴旺，只会令我们遭受灭族之祸啊。"